PRÉCIS

HISTORIQUE, THÉORIQUE ET PRATIQUE

DE

SOCIALISME

Par B. MALON

I. LE SOCIALISME DANS LE PASSÉ. — II. LE SOCIALISME IDÉALISTE. — III. LES SOCIALISTES DE TRANSITION. — IV. LE SOCIALISME RÉALISTE. — V. LE COLLECTIVISME MODERNE. — VI. LES RÉFORMES SOCIALES URGENTES. — VII. PERSPECTIVES.

PARIS

FÉLIX ALCAN
LIBRAIRE-ÉDITEUR
108, Boulevard Saint-Germain.

LIBRAIRIE
de la *Revue Socialiste*
10, Rue Chabanais

PREMIER MILLE : OCTOBRE 1892

OUVRAGES DU MÊME AUTEUR

OUVRAGES DU MÊME AUTEUR

LUNDIS SOCIALISTES

I

PRÉCIS

HISTORIQUE, THÉORIQUE ET PRATIQUE

DE

SOCIALISME

Par B. MALON

I. LE SOCIALISME DANS LE PASSÉ. — II. LE SOCIALISME
IDÉALISTE. — III. LES SOCIALISTES DE TRANSITION.
— IV. LE SOCIALISME RÉALISTE. — V. LE COLLEC-
TIVISME MODERNE. — VI. LES RÉFORMES SOCIALES
URGENTES. — VII. PERSPECTIVES.

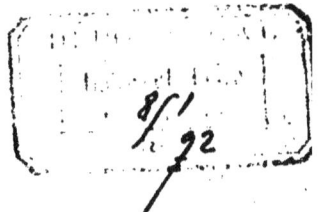

PARIS

FÉLIX ALCAN
LIBRAIRE-ÉDITEUR
108, Boulevard Saint-Germain.

LIBRAIRIE
de la *Revue Socialiste*
10, Rue Chabanais

1892

PRÉFACE

C'est pour obéir à des instances amicales réitérées que l'auteur du présent ouvrage (dont la première série des *Lundis socialistes* a fourni l'ébauche) a entrepris — en puisant largement dans ses plus récentes publications, et notamment dans le *Socialisme intégral*, — des doctrines, des revendications, des aspirations socialistes, cette condensation, dont l'utilité ne saurait guère être contestée.

Tels sont, en effet, les progrès du socialisme, depuis ces dernières années, et si graves, les éventualités qui peuvent surgir d'un moment à l'autre, que jamais il ne fut plus urgent d'inventorier les systèmes, d'expliquer les situations, d'analyser les revendications, de dégager les possibilités et de sérier les probabilités.

A chacun donc d'apporter son grain de sable : j'apporte le mien. Vétéran du socialisme révolutionnaire, je dis par quelles réformes on pourrait prévenir les conflits sanglants; ancien militant du socialisme ouvrier, je m'adresse surtout à la Bourgeoisie, pour lui dire que le temps est passé où elle pouvait, sans danger immédiat, méconnaître la signification révolutionnaire des événements qui se précipitent.

Elle a été souvent avertie par les socialistes, cette Bourgeoisie, dont la mission historique pourrait être si bienfaisante, si glorieuse encore. Pour n'en citer qu'un exemple, ne flamboient-elles pas encore, ces lignes qu'en 1849 Victor Considerant écrivait dans la *Démocratie pacifique*?

« J'ai essayé de vous démontrer que le Socialisme était l'irrésistible force historique du temps, l'idée même de l'époque; qu'il fallait le prendre corps à corps et résoudre ses problèmes ou périr. Nous n'avons plus de roi, plus de bouc émissaire à charger, avec les siens, des péchés d'Israël, et à renvoyer, par la voie de Cherbourg ou du Havre à Hólly-Rood ou à Claremont. Une nouvelle révolution serait le signal d'une guerre civile épouvantable. Il faut à tout prix l'éviter. Il n'y a qu'un moyen: c'est que vous Gouvernement, vous Bourgeoisie, vous Influence, vous consentiez à étudier le Socialisme, à l'entendre à fond et à vous faire socialistes vous-mêmes, afin de le contenir, de le diriger, de prendre, dans la pratique sociale, l'initiative du Progrès dont il renferme les germes, et qu'il vous appartiendrait de féconder et de faire mûrir. C'est le seul moyen d'écarter les dangers. »

Au lieu d'écouter le grave avertissement, la Bourgeoisie française qui, auréolée de tant d'éclat, avait tant de devoirs, se refusa égoïstement, peureusement à tout examen de la question sociale, à toute réforme sérieuse; après avoir cruellement sévi contre les socialistes, elle fit *chorus* avec les méprisables calominateurs de la rue de Poitiers.

Il arriva, comme l'avait prédit Considerant, que la résistance amena les désastres; et la Némésis qui suit les grands crimes sociaux ne se fit pas attendre. Trois ans après sa faillite morale, la Bourgeoisie française était à jamais déchue de son rôle d'initiatrice des peuples, et la France révolutionnaire qui, par peur du socialisme, avait été infidèle à son passé, sombrait dans les hontes, elle aussi, du second empire, d'où elle ne devait sortir que découronnée, mutilée, amoindrie, au point d'être désormais menacée dans son existence, elle qui, depuis un siècle, était la tête de colonne de l'Europe progressiste.

Que les Bourgeoisies européo-américaines méditent sur cet exemple ! Qu'elles songent aussi que les folles résistances, si chèrement payées, de la classe dirigeante française ne firent, par surcroît, que favoriser l'extension du socialisme, qui, de force presque exclusivement française qu'il était, est devenu une force internationale, formidablement grandissante et déjà irrésistible, n'ayant d'ailleurs cessé, depuis lors, de se manifester par une série ininterrompue de faits révolutionnaires.

On peut énumérer.

Aux abdications de 1851, il fut répondu par l'*Internationale;* aux lâchetés gouvernementales de 1870, par la Commune de Paris.

La Commune de Paris a été vaincue, dira-t-on. C'est vrai, mais elle a implanté la République en France ; mais elle a légué au Socialisme, comme une semence de justices futures (et aussi, hélas ! de haines populaires), le sang de ces trente-cinq mille fusillés, la torture de ces quarante mille captifs, la souffrance de ces cinquante mille proscrits. Elle a fait du Dix-Huit Mars une date mondiale, une *Pâque socialiste,* que célèbrent fidèlement, en témoignage d'invincible espérance, les prolétaires des Deux-Mondes.

Enfin, l'insurrection sociale parisienne a été suivie, en Espagne, de l'insurrection cantonaliste, qui, quatre mois durant, a fait flotter sur les murs de Carthagène le drapeau rouge, devenu, depuis 1871, l'étendard fédéral des Prolétariats socialistes.

Et la protestation révolutionnaire ne s'est pas arrêtée là.

En Russie, où il ne semblait pas devoir faire de sitôt son apparition, le socialisme, prenant la tutelle de la liberté, a engagé contre le despotisme une lutte terrible. Cent mille des siens y ont trouvé ou la mort dans les supplices, ou la torturante et meurtrière captivité dans les bagnes sibériens ; mais un Tzar a péri, mais la terreur est entrée, depuis quinze ans, dans les palais impériaux : elle n'en sortira qu'avec l'émancipation du peuple russe.

Dans l'Amérique du Nord, cette tant célébrée Terre promise de l'individualisme bourgeois, les puissantes organisations ouvrières répondent aux provocations capitalistes par des grèves colossales, et livrent aux soldats de l'ordre de véritables batailles dont l'issue finale n'est pas douteuse.

Que serait, à la juger par ces prodromes, la conflagration que pourrait amener, s'il se prolongeait, l'aveugle déni de justice des classes diri-

geantes? Les symptômes d'exaspération, les actes
anarchistes de propagande par le fait qui, dans
ces derniers mois, ont pu donner à réfléchir aux
gouvernements et aux privilégiés les plus obtus,
indiquent assez, semble-t-il, le caractère qu'à
l'encontre même des socialistes, qui seraient dé-
bordés, prendraient les luttes suprêmes.

Évidemment ce n'est pas par des condamna-
tions que l'on préviendra les imminents cata-
clysmes. La voie à suivre, le socialisme l'indique.
« Il est divin de combattre la douleur par de la
vertu, » disait l'oracle de Cos ; il est noblement
humain, ajouterons-nous, de combattre les justes
mécontentements et les haines aveuglantes par
de la justice et de la fraternité.

Au surplus, il faudra bien qu'on en arrive là.

Le socialisme est devenu si puissant en Allemagne, qu'il s'appuie sur un million et demi
d'électeurs, ce qui représente plus de trois millions d'adhérents. En France, il a commencé la
conquête des municipalités, dont trente sont
déjà en son pouvoir ; dans le nombre, celles de
Marseille, Roubaix, Narbonne, Montluçon, Com-
mentry, Montvicq, Bezenet, Saint-Ouen, Thizy,
La Ciotat, Tours, Saint-Denis, etc., etc., et il a
émis de fortes garnisons dans les municipalités

de Paris, Lyon Toulon, Beaucaire, Toulouse, Tours, Cette, Béziers, Saint-Quentin, Oullins et de combien d'autres villes françaises !

Tandis qu'en Suisse, c'est le gouvernement fédéral qui, s'appuyant sur les Fédérations ouvrières, s'est mis sérieusement aux réformes ; en Belgique, c'est le socialisme ouvrier qui, par la belle organisation de ses formidables établissements coopératifs, se prépare à l'administration de la chose publique...

Mais l'énumération serait interminable, car partout les partis ouvriers mettent en ligne leurs phalanges innombrables. Pendant ce temps, le socialisme théorique, qui a franchi la période des écoles rivales a formulé son Symbole dans d'imposantes assises internationales, et sa voix retentit dans les Parlements, dans les Universités, parfois même dans les Académies et, qui plus est encore, dans les Temples !

Tant de signes annoncent que les répressions seront désormais impuissantes, que le vieux système ne peut plus suffire aux besoins affinés et accrus, aux nouvelles conceptions éthiques des contemporains, qu'un monde plus juste veut naître et qu'il naîtra, car la situation actuelle n'a pas d'autre issue possible.

La civilisation chrétienne, que d'aucuns voudraient approprier aux aspirations contemporaines, ne saurait plus vivre dans l'ambiant
scientifique et social moderne. Elle est bien
morte, quoiqu'elle fasse semblant de vivre ; elle
doit aller rejoindre, dans la fosse commune de
l'histoire, la civilisation gréco-romaine, qu'elle
avait détruite et remplacée.

Si même elle a paru survivre à l'irruption de
la Révolution française, c'est que les Bourgeoisies, qui prirent alors la conduite des affaires
humaines, n'avaient que le sens de la liberté,
mais manquaient totalement du sens social et
n'avaient guère que des préoccupations d'ordre
matériel. Souscrivant à leur incapacité philosophique et morale, elles laissèrent la direction
des consciences au Christianisme épuisé, auquel
elles-mêmes ne croyaient plus, et elles bâtirent
leur société sur le principe antisocial du *Chacun
pour soi*, cette systématisation de la guerre de
tous contre tous, du heurt continuel et meurtrier
des intérêts, des activités et des buts.

Les conséquences, on les connaît.

Partout des antagonismes, partout des conflits,
partout des iniquités, partout des souffrances,
et, dans tous les esprits, le désarroi, le mécon-

tentement de soi et des autres ; si bien que, âgée
d'un siècle à peine, la société bourgeoise, qui devrait être pleine encore de sève et de jeunesse,
est déjà maudite et décadente, semblable à ces
enfants vieillots qui, épuisés par quelque mal où
quelque vice secret, n'atteindront pas l'adolescence.

C'est que, pour fonder un ordre nouveau,
pour jeter dans le moule de l'histoire une civilisation vivace, capable, comme les civilisations
païenne et chrétienne, de fournir une carrière
cyclique de quinze siècles, il ne suffit pas d'arbo-
rer de nouveaux intérêts particuliers, de nouvelles exigences individuelles.

Il faut aussi accepter une nouvelle conception
synthétique du monde et se plier à une nouvelle
règle sociale commune de conduite, telles l'une
et l'autre de donner satisfaction à la mentalité
des plus éclairés, à la sensibilité des meilleurs,
à la conscience des plus justes, telles enfin de
pouvoir orienter l'humanité vers une civilisation
supérieure. Or cette conception synthétique du
monde, la science moderne en peut donner les
éléments; or cette règle sociale commune de
conduite, le socialisme l'apporte.

Le Socialisme devient ainsi l'inévitable aboutissant des modernes transformations économiques, car, au degré de développement intellectuel et moral où nous sommes arrivés, une pression n'est plus possible.

Le plus sage est donc, surtout pour les Bourgeoisies, de chercher comment, sans bouleversement, sans trop de lésions d'intérêts, on pourrait procéder graduellement à l'instauration des justices sociales réclamées par les prolétaires et par les meilleurs des classes éclairées.

Voilà ce que l'auteur aurait voulu rendre évident. Il se trouvera largement récompensé s'il a pu désarmer quelques hostilités, s'il a fait cesser de tenaces malentendus, si enfin il a réussi à gagner quelques adhérents de plus à la sainte cause de la rénovation sociale, dont il voudrait pacifique et graduel le triomphe, qui est proche peut-être, inéluctable à coup sûr.

Reconnaître ce caractère palingénésique de la situation mentale, politique, économique actuelle et favoriser la transition, ce serait faire acte de prévoyance sociale ; ce serait aussi faire acte de haute moralité.

Parties intégrantes d'une Humanité qui approche de sa majorité, et qui, bientôt, saura et voudra pleinement jouir du pouvoir qui est sien, d'adoucir, dans le rayonnement de son action, la cruelle, mais partiellement modifiable nature des choses, et de faire régner la solidarité et le bonheur parmi ses membres ; atomes conscients de ce monde social en formation, quel plus noble usage pourrions-nous faire de la vie que de la consacrer à l'extinction du mal moral et social, à l'extirpation de l'injustice et à la suppression de toutes les souffrances évitables ?

En ce temps de sombres conflits, de douloureuses fins et de laborieuses genèses, participer au bon combat des naissants altruismes, des enthousiasmes humanitaires contre les vieilles rapacités, contre les persistantes cruautés, est encore, pour tous ceux qui ont de la justice dans la conscience et de la pitié dans le cœur, la seule vie qui soit digne d'être vécue.

Paris, 25 août 1892.

B. MALON.

PRÉCIS DE SOCIALISME

LIVRE PREMIER

LE SOCIALISME DANS LE PASSÉ

CHAPITRE PREMIER

LE SOCIALISME ET LA SOCIÉTÉ ANTIQUE

Considérations générales sur l'évolution du socialisme. — La guerre des classes dans l'antiquité. — Citations d'Aristote. — La légende de l'Age d'or. — Platon. — Analyse de la « République ». — Une citation de Lucien. — Dureté et condamnation de la société antique.

En faisant précéder ces modestes esquisses d'une partie historique, je n'aurai pas l'approbation de certaines impatiences. « A quoi bon nous soucier de ce que l'on a dit ou tenté autrefois? objecte-t-on, Agissons, car le temps presse; les iniquités sociales sont à leur comble. C'est de la sape, non d'un flambeau, que doit se munir le militant socialiste. »

Agir, soit; mais raisonner son action ne gâte rien. « Les expériences des peuples sont des catastrophes », a dit Lamennais, et l'histoire confirme. Plus que tous autres nous devons, nous socialistes, profiter de l'avertissement; allant à l'inconnu, nous devons, pour le moins, procéder du connu, suivre la piste de l'évolution humaine, et passer nos idées au crible de l'histoire, puisque nous ne pouvons les passer au crible de l'expérience.

Ce faisant, nous découvrirons que le soleil s'est levé avant nous, qu'avant nous, on a combattu pour la justice, que l'armée de l'avenir n'est pas restreinte à notre petit bataillon, enfin que les bribes d'idées critiques ou reconstructives que nous avons ramassées dans le milieu ambiant et que nous croyions nôtres sont des lieux communs pour tous ceux qui ont quelque connaissance de l'histoire des doctrines socialistes. En mettant ainsi les choses au point, pour le passé et pour le présent, nous nous guérirons du fanatisme étroit de ceux qui croient avoir tout inventé, et le socialisme y gagnera.

Le mépris de tout ce qui a été avant nous, de tout ce qui est en dehors de notre cercle sectaire, avait moins d'inconvénients autrefois. Quand les partis socialistes avaient des chefs qu'ils suivaient aveuglément, l'armée pouvait être moins instruite, cela ne l'empêchait pas d'être, à l'occasion, un bon instrument.

Aujourd'hui, il en va autrement. Les adeptes du socialisme, — et ils ont raison, — veulent juger par eux-mêmes : d'où pour nous tous le devoir catégorique d'acquérir de ce même socialisme et des tendances de la société moderne une idée d'ensemble.

Or comment y parviendrons-nous si nous ne savons rien de la genèse et de l'évolution des grandes idées novatrices dont s'inspirent, en ces temps de crise et de transformation, les prolétariats militants ?

La grande protestation sociale du siècle n'est pas

une génération spontanée de la mentalité contemporaine, ni même des présentes conditions politiques
et économiques, qui n'ont fait que la renforcer. Elle
est la fille d'un long et douloureux passé, qu'il nous
faut connaître, au moins dans ses caractères généraux,
pour bien analyser notre époque et ne pas nous
laisser aveugler par la poussière qui obscurcit l'arène
où nous devons prendre part à la mêlée furieuse
des intérêts antagoniques et des partis trop souvent
aveuglés par la lutte.

Savoir pour prévoir, a dit l'un des plus glorieux
précurseurs du socialisme (1); en effet, tout dépend,
tout s'enchaîne,tout a ses lois de succession et de simi-
litude, dans ce que le vieux Montaigne appelle « la
branloire perenne » des choses humaines ; et le socialisme, cet idéal mouvant des minorités généreuses
soulevées contre des iniquités devenues intolérables
et en marche pour aller à la conquête de la terre
promise des justices nouvelles, le socialisme ne fait
pas exception.

Lui aussi plonge dans le passé, et il doit opérer la
rénovation humaine, qui est son but suprême, sous le
poids de tous les antécédents de l'histoire, d'où la
nécessité de l'interroger sur son passé et sur les
formes multiples de son présent, condition *sine quâ
non* pour bien saisir son orientation véritable.

Je sais bien qu'on dit volontiers que le socialisme,
tirant son origine de la Révolution française et surtout des conditions économiques du xixe siècle, n'est,
par suite, qu'un phénomène particulier à notre temps.

(1) Saint-Simon : *Lettres d'un habitant de Genève à ses contemporains* (1803).

Cela n'est vrai que pour la forme actuelle du socialisme, qui est, en effet, dominée et, pour ainsi dire, tonalisée par les réclamations et l'intervention active du prolétariat, au point qu'on a voulu — à tort — réduire la grande protestation sociale qui trouble la société moderne aux strictes proportions d'une revendication anticapitaliste, à une simple question de plus-value.

Pour nous, considérant que le socialisme entraîne dans son tourbillon de maturations historiques et de nécessités économiques toutes les questions morales et politiques que le passé a léguées à notre temps, nous ne saurions prendre une phase du socialisme pour le socialisme tout entier, et nous approuvons qu'Émile de Laveleye ait écrit dans son *Socialisme contemporain* : « Les aspirations socialistes, tantôt sous forme de protestation, tantôt sous celle de plans utopiques de reconstruction sociale, se firent jour dès que l'homme eut assez de culture pour ressentir les iniquités sociales. »

D'ailleurs nos contradicteurs en conviennent, en disant que « tantôt latente, tantôt manifeste, la lutte des classes — cette principale raison d'être du socialisme — est le fond tragique de l'histoire ».

Et l'on peut citer, comme exemple illustre, que ce sont les luttes de classes occasionnées par l'ancienne organisation propriétaire et par l'esclavage (cet abus de la propriété étendue criminellement à l'homme), qui firent sombrer la civilisation gréco-romaine, si brillante, mais si dure.

Telle était, aux plus beaux jours de la Grèce, la violence des antagonismes sociaux, que dans certaines Cités les élus de l'oligarchie devaient, en entrant en charge, jurer haine au peuple et s'engager à lui faire le plus de mal possible. Les despotes n'étaient pas plus doux aux plébéiens. Aristote nous l'apprend dans sa *Politique*, où l'on lit (ch. VIII) : « Un autre principe de la tyrannie est d'appauvrir les sujets, pour que, d'une part, sa garde ne lui coûte rien à entretenir, et que, de l'autre, occupés à gagner leur vie de chaque jour, les sujets ne trouvent pas le temps de conspirer. C'est dans cette vue qu'ont été élevés les pyramides d'Égypte, les monuments sacrés des Cypselides, le temple de Jupiter Olympien par les Pisistratides, et les grands ouvrages de Polycrate à Samos, travaux qui n'ont qu'un seul et même objet, l'occupation constante et l'appauvrissement du peuple. »

Le même Aristote, qui, du reste, cite ces pratiques sans les blâmer, glorifie aussi dans sa même *Politique* (ch. VII) l'esclavage, dans les termes les plus révoltants :

« L'utilité des animaux privés et celle des esclaves, dit-il, sont à peu près les mêmes ; les uns comme les autres nous aident, par le secours de leurs forces corporelles, à satisfaire les besoins de l'existence. La nature même le veut, puisqu'elle fait les corps des hommes libres différents de ceux des esclaves, donnant à ceux-ci la vigueur nécessaire pour les gros ouvrages de la société, rendant au contraire ceux-là incapables de courber leur droite stature à ces rudes labeurs, et les destinant seulement aux fonctions de la vie civile, qui se partage entre les occupations de la guerre et celles de la paix. »

Seulement les victimes de cet abominable ordre choses ne l'acceptaient pas si philosophiquement, d'où les insurrections plébéiennes et les révoltes serviles qui remplissent l'histoire ancienne. Notons, de plus, que ces revendicateurs ne protestaient pas seulement contre l'iniquité présente, ils s'élevaient contre ce qu'ils croyaient une usurpation propriétaire d'origine relativement peu ancienne.

On sait, en effet, que chez tous les peuples de l'antiquité, il était de croyance générale, avec quelques variantes de forme, qu'une longue période de liberté joyeuse, de justice idéale, de communisme universel, avait fleuri autour du berceau de tous les peuples. Tous auraient été primitivement innocents et heureux, auraient ignoré les fléaux de la guerre, de la servitude, de la misère et des iniquités de tout genre dont, véritable boîte [de [Pandore, l'individualisme subséquent inonda la pauvre espèce humaine.

La légende, trop universelle pour n'être pas la réminiscence idéalisée du collectivisme vague et rudimentaire qui précéda l'individualisme propriétaire et le despotisme familial, était à la fois une tradition religieuse et une tradition sociale ; elle avait même son efficacité non dédaignable par la célébration cultuelle et universelle des *Saturnales*, pendant lesquelles, sept jours durant, l'esclave redevenait un être humain.

Qu'ils admissent ou non la réalité historique d'une égalité première, les législateurs éclairés concevaient la légitimité d'une rançon propriétaire et la nécessité d'importantes réformes sociales, dont deux monuments nous sont restés : dans l'ordre pratique, la réforme athénienne de Solon, et, dans l'ordre théorique, les *Lois* de Platon.

Comme toujours les ailes du rêve effleureront le front des réformateurs sociaux, à l'auteur des *Lois* est due la première utopie socialiste, cette célèbre *République*, que la magie du style a immortalisée.

Nous n'admirons pas cette œuvre, si vantée, où l'on ne sent nulle part, sauf dans les questions d'éducation et d'égalité de droit pour les sexes, palpiter l'âme progressive de l'humanité militante. De sa défectuosité on pourra se faire une idée par cette très sommaire analyse :

On a vu que, d'après la célèbre légende de l'*Age d'Or*, l'individualisme régnant était considéré comme une déchéance, et on le prenait tellement ainsi, que les prêtres de tous les hauts sanctuaires et les adeptes de toutes les grandes écoles philosophiques vivaient en commun, en signe de supériorité intellectuelle et morale.

Platon voulut simplement étendre ce communisme à la *Cité*, avec des restrictions cependant, car il était encore imbu de l'opinion sacerdotale et philosophique d'alors que la vie communautaire doit rester le privilège des supérieurs.

En effet, la Cité platonicienne est divisée en quatre classes :

1º *Les magistrats et les sages ;* 2º *les guerriers ;* 3º *les artisans, les laboureurs et les commerçants ;* 4º *les esclaves. Les deux premières classes pratiquent la communauté complète,* et, même chez les guerriers, les femmes sont communes.

Pour les travailleurs, il y a égalité seulement, non communauté absolue ; les terres sont inaliénables, mais partagées périodiquement entre les familles des laboureurs, qui doivent les cultiver au profit de l'État.

Pour tout le monde cependant : repas communs, éducation égale, vêtements uniformes, habitations

semblables. Les enfants appartiennent à la société.
Dans la troisième classe, le mariage est réglé à la manière samnite ; chaque année on tire au sort, et chaque
homme a la femme qui lui est attribuée ; il la
garde un an, après quoi le sort est de nouveau con-
sulté.

Un homme peut avoir ainsi (car la monogamie es
de rigueur) quinze ou vingt femmes successives ; de
même, la femme, qui jouit d'ailleurs de la même éducation et des mêmes droits que les hommes, peut avoir
quinze ou vingt maris successifs. Comme il importe
pourtant que les mariages soient physiquement assor-
tis, les magistrats usent de fraudes pieuses, pour faire
que le sort se prononce conformément à leurs vues.

Les enfants sont élevés aux frais de la République
et ne connaissent pas leur père.

Comme on trouve bien en tout ceci le mépris des anciens pour les sentiments intimes de l'âme humaine !

Aussi comprenons-nous bien que les contemporains
de Platon ne se soient pas inscrits en foule sur les registres de sa *République ;* mais non pas que toutes les
réclamations des souffrants aient été repoussées par
les patriciats spoliateurs. Fermer la porte de l'espérance
sur tant d'iniquités, c'était aller aveuglément aux catastrophes, et on y courut vertigineusement, lorsque
Lucien, en ses *Epîtres Saturnales*, eut, en quelque
sorte, cette dureté oligarchique et propriétaire à sa
manière, en faisant répondre par Saturne aux pauvres qui réclamaient contre l'inégalité des fortunes :
*Il est trop difficile de rectifier les destins filés par
Clotho et les autres Parques. Résignez-vous, je dirai
aux riches de ne pas trop abuser.*

Les pauvres et les opprimés ne se *résignèrent* pas ; ils

allèrent aux révolutionnaires d'alors, les premiers Chrétiens, et l'on connaît la fin.

C'est que, à chaque stade marquant de la voie ténébreuse et douloureuse que, en la teignant de son sang, elle parcourut péniblement, l'Humanité voit se dresser devant elle un Sphinx autrement redoutable que celui dont Œdipe triompha aux portes de Thèbes. Il n'y eut pas d'exception pour la société antique. Le monstre divin, que les initiés représentaient avec une tête humaine, des seins de femme, des ailes d'aigle, des fiancs de taureau et des griffes de lion, pour symboliser respectivement l'intelligence, la bonté, l'audace, la constance et la force, le Sphinx éternel, se dressant dans toute sa hauteur sur la route de l'avenir, lui posa le terrible *devine ou meurs*, sous cette forme :

« Abolis l'esclavage, ferme tes cirques ensanglantés, qui sont un outrage à l'humanité, respecte la dignité personnelle, fonde la liberté civile et politique, honore le travail, confie, sous ta suzeraineté, la terre aux travailleurs agricoles, moralise tes administrations publiques, ouvre toutes larges les voies aux progrès moraux et sociaux qu'annoncent tes penseurs et qu'appellent tes plèbes, sinon tes jours sont comptés. »

Et, de fait, c'est en vain que, le front ceint d'une gloire artistique et littéraire incomparable, la société antique s'était en outre élevée par ses Pythagore, ses Héraclite, ses Démocrite, ses Épicure, ses Aristote, ses Platon, aux plus hautes spéculations philosophiques ; en vain que, par ses stoïciens, elle s'appliquait aux plus nobles disciplines de la morale individuelle ; en vain même que, pendant la splendide *époque antonine*, elle avait montré aux nations cette anomalie sublime : la philosophie revêtue de la pourpre du pouvoir suprême et assise sur le trône le plus élevé de la terre. Pour avoir manqué de clairvoyance, de justice et de pitié, la civilisation ancienne fut condamnée à périr, et l'exécution de la terrible sentence ne se fit par attendre. Chrétiens et Barbares purent bientôt se partager les dépouilles d'une civilisation épuisée.

Après cet effondrement, l'Humanité progressive dut de nouveau, pendant de longs siècles, amasser dans les ténèbres, dans la douleur, les éléments d'une nouvelle civilisation, qui est enfin mûre pour la justice sociale, qu'elle aussi doit réaliser, sous peine de périr déshonorée et maudite comme sa devancière, car, une fois encore, le Sphinx a fait entendre sa voix dans le tonnerre des grandissantes insurrections sociales et dans le croissant grondement des revendications prolétariennes.

Mais continuons notre excursion historique.

CHAPITRE II

LE SOCIALISME ÉVANGÉLIQUE ET LE CHRISTIANISME OFFICIEL

Espérances que suscita le Christianisme naissant. — Les premières Communautés chrétiennes. — Les protestations égalitaires des Pères de l'Église. — Le caractère antiprogressiste du dogme catholique. — Opinion d'Edgar Quinet. — Conclusions à tirer. — Les derniers protestataires évangéliques. — Les frères Moraves et Munzer.

Tels avaient été les aveuglements et les cruautés de la société antique, que le Christianisme, son destructeur, suscita les plus ardentes espérances.

Ces espérances (qui devaient être cruellement déçues) de tous les souffrants furent dès l'abord justifiées par le caractère égalitaire et communiste des premières prédications chrétiennes, et, ce qui est plus significatif encore, des premiers groupements de la nouvelle formation religieuse.

« La multitude de ceux qui croyaient n'avait qu'un cœur et qu'une âme, et nul ne disait des choses qu'il possédait qu'elles fussent à lui en particulier ; mais toutes choses étaient communes entre eux. Il n'y avait personne parmi eux qui fût dans l'indigence, parce que tous ceux qui possédaient des champs ou des maisons les vendaient, et ils en apportaient le prix, et ils le mettaient aux pieds des apôtres, et il

était distribué à chacun, selon qu'il en avait besoin. »
(Saint Luc : *Actes des Apôtres*).

Évidemment, il ne s'agit ici que d'une pratique de
charité mutuelle entre les affiliés à une même fraternité, et non d'un principe social susceptible d'application universelle. On le vit bien, lorsque l'Évangélisme
populaire fut refoulé par le Christianisme politique,
devenu religion d'État, sous le nom ambitieux et
injustifié de catholicisme.

N'importe, si forte avait été la première impulsion
communiste, qu'elle ne put jamais être complètement
étouffée ; elle inspira les plus formidables rébellions
hérétiques. Dans l'orthodoxie même et parmi les plus
illustres pères de l'Église, le communisme évangélique
trouva longtemps des interprètes indignés, généreux
et d'une virulente éloquence.

Les affirmations communistes et les invectives
contre les riches des saint Jérôme, saint Grégoire,
saint Basile, saint Clément, saint Ambroise, etc., ont
été trop souvent citées pour que nous ayons à les reproduire ici. Mais nous ne pouvons nous empêcher de
communiquer à nos lecteurs les lignes suivantes, bien
moins connues, et qu'on dirait écrites hier, de saint
Jean Chrysostome, contre les accapareurs :

« Le territoire de notre ville fut frappé d'une grande
sécheresse ; les grains ensemencés ne parvenaient pas
à germer, et, suivant l'antique prédiction de Moïse, un
ciel d'airain était suspendu immobile sur nos têtes. La
famine approchait, on la voyait, on l'attendait, et avec
elle la plus cruelle des morts... Tout à coup, le ciel
d'airain s'amollit, des nuages s'amoncelèrent et, s'en-
tr'ouvrant soudain, laissèrent tomber la pluie avec tant
d'abondance qu'à sa vue toutes les poitrines haletaient

de joie. Ivres de bonheur, les citoyens se mirent à courir les rues comme des échappés à la mort. C'était une fête générale, des transports d'allégresse inexprimables. Au milieu de toutes ces joies, un homme cheminait triste et comme exténué sous le poids de quelque grande douleur. C'était un riche, un des opulents de la cité, et, comme on lui demandait pourquoi il était triste dans le délire commun, il ne put garder au fond de son cœur le sujet de sa peine, et, de même qu'une maladie intérieure déborde et éclate dans le paroxysme de sa violence, la maladie de cet homme éclata hideuse à tous les yeux.

« — J'avais amassé, dit-il, dix mille mesures de blé, et je ne sais ce que j'en ferai à cette heure. »

« Voilà quel était le sujet de ses angoisses ! Dites-moi, je vous prie, ne méritait-il pas d'être lapidé comme un ennemi public ? »

> On ne sut pas longtemps à Rome
> Cette éloquence entretenir.

Pélage était excommunié, lorsqu'il argumentait de la sorte :

« On dit : Si tout le monde, sans exception, se dépouille de son avoir, où pourra-t-on se procurer les moyens de faire la charité ? Comment recevoir les pauvres ? leur donner l'hospitalité ? etc. On croit donner ainsi une grande preuve de pitié, en faisant passer les besoins des pauvres, avant les devoirs à rendre à Dieu. Plût au ciel que, sous ces dehors de pitié, il fût réellement question de la cause du pauvre, et non de la défense de la richesse ! Quand voudra-t-on comprendre enfin que le grand nombre est dans l'indigence et dans la misère, parce que certains possèdent le *superflu* ? Que les riches disparaissent, et la pauvreté disparaît en même temps ! Que nul ne possède rien au delà du nécessaire, et tous auront le nécessaire ! Il suffit de l'existence d'un petit nombre de riches pour créer une multitude innombrable de pauvres. »

« Je juge du passé par le présent et, de ce que je vois, j'en conclus à ce qui m'est caché. *Connaissez-vous des gens devenus riches, sans que l'iniquité et le vol ne soient pour quelque chose dans l'acquisition de leurs possessions ?* Il est à peu près impossible que la richesse puisse s'acquérir sans qu'elle soit accompagnée de toutes sortes de crimes et d'actes immoraux. *Voulez-vous devenir riche ? Au préalable, rendez-vous apte au mensonge, au vol, à la fraude, à l'adultère même si cela est utile.* C'est la concupiscence qui peuple les mers de pirates, les campagnes de brigands, les villes et les villages de voleurs, et la terre entière de ravisseurs de toute espèce. Intrigues, rapines, mensonges, faux témoignages, fraude, cruauté, etc., on ne recule devant aucune de ces nécessités infâmes pour satisfaire de sordides inclinations. C'est ainsi qu'on spolie les pauvres, qu'on opprime le malheureux et que l'on n'épargne ni la veuve ni l'orphelin. Ainsi les mœurs se corrompent et toutes les bonnes inclinations se pervertissent. »

Alliée aux « puissants de la terre » depuis le concile de Nicée, l'Église catholique ne pouvait tolérer de si subversives affirmations, elle devait rejeter Pélage comme, pour garder dans la personne de ses chefs et de ses miliciens congrégatifs la puissance et la richesse, elle devait imposer silence aux sentiments de justice, de quelque façon qu'ils se manifestassent ; par suite, se montrer particulièrement impitoyable pour les novateurs égalitaires, des Gnostiques et des Millénaires aux Hussistes et aux Anabaptistes, qu'elle combattit, en effet, par le fer et par le feu, en des guerres d'extermination, et dont elle eut finalement raison, après ses sanglantes victoires du xvie siècle.

En cela, elle fut cohérente avec son dogme.

Prêcher la soumission aux puissances, quelles qu'elles soient ; déclarer que la vie présente n'est qu'un motif d'expiation ; qu'elle est écrasée par l'éternité, qui sera une éternité de délices pour quelques privilégiés et une éternité d'inénarrables supplices pour l'immense majorité, pour ceux notamment qui auront eu souci des biens de la terre ; prêcher tout cela, c'était évidemment faire un devoir du renoncement à la recherche du mieux être, c'était commander l'acceptation de toutes les servitudes et de toutes les iniquités sociales.

La conséquence, on la devine :

« Puisque l'inégalité est dans le ciel, comment ne serait-..e pas sur la terre ? Pourquoi les uns ne seraient-ils pas immuablement prédestinés à jouir de la vie future? Un petit nombre d'élus dans le ciel, un petit nombre d'élus sur la terre !

« Ne doutez plus que ces idées ne soient liées souvent dans les esprits et que ce ne soit une des raisons pour lesquelles le principe de l'inégalité sociale a si longtemps persisté, sans contradiction, au milieu même des révolutions religieuses. » (Edgar Quinet, *le Christianisme et la Révolution française.*)

Au moins l'Évangélisme, l'antagonisme direct du dogme catholique, combattit vaillamment pendant

quatorze siècles (du II⁰ au XVI⁰), et il ne succomba
pas sans avoir montré ce que peut l'association fraternelle, dans l'union des volontés et des cœurs.

Deux exemples seulement.

Fondées en 1630 par Gabriel et Hunter, avec les
débris des Anabaptistes, les colonies communautaires
des *Frères Moraves*, qui bientôt comptèrent plus
de 70,000 membres, firent le bonheur de leurs
membres et l'admiration de leurs contemporains; elles
imposèrent le respect à leurs plus hostiles historiens,
au point que l'un des plus violents détracteurs des
Anabaptistes, après s'être émerveillé de la prospérité
des *Colonies* et de leur esprit de fraternité, ne put
s'empêcher d'écrire : « On peut dire que dans les
Colonies des Frères Moraves tous les vices étaient
bannis. »

Ce n'est pas le témoignage d'un ennemi que nous
invoquerons pour parler de la *Communauté* que,
sous le feu d'un ennemi implacable et écrasant par le
nombre, improvisa l'héroïque et magnanime Münzer :

« Mulhausen offrit alors un spectacle qui vaut qu'on
le rappelle dans l'histoire des triomphes de la pensée.
Sans qu'une goutte de sang eût été répandue, sans
l'intervention de la force, et par l'unique effet de
l'entraînement général, tous se mirent en famille,
comme aux temps des apôtres. Aux moins forts, les
moins durs travaux, et à chacun dans la hiérarchie
sociale des fonctions conformes à ses aptitudes. Toutes
les fonctions étant également honorées et n'aboutissant à d'autre différence que celle des devoirs, absence
d'orgueil dans le commandement et obéissance volontaire. Dès lors, aussi, nulle prise pour les brigues,
pour la cupidité, pour les rivalités haineuses, pour

les sordides ambitions. C'était la famille agrandie. (Louis Blanc, *Histoire de la Révolution*, note finale du premier volume.)

Qu'elle vienne d'Alexandrie ou de Galilée, d'exégètes initiés ou de pauvres prolétaires, transfigurés par une personnalité supérieure, la poussée religieuse qui s'inspirait de tels principes et inspirait de tels actes est, par bien des côtés, admirable et sublime.

Mais cet évangélisme est vaincu depuis plus de trois siècles, et, s'il peut encore produire de temps à autre un Tolstoï, animer quelques individualités d'élite, inspirer quelques groupements de réformateurs, modérés mais actifs et sincères, il n'a plus le pouvoir de passionner les foules ; son dogmatisme fermé s'y oppose. Or, l'Évangélisme épuisé, il ne reste rien de ce qu'on a appelé la fraternité chrétienne, car on ne saurait rien attendre du christianisme officiel, forcément hostile aux novations intellectuelles politiques et économiques qui l'attaquent dans son essence, en effritant son dogme.

Il en est encore ainsi, même en ce moment, où, guidé par Léon XIII, le chef le plus éclairé qu'ait eu l'Église depuis Clément XIV, par un pape qui se montre habile, libéral et même conscient, semble-t-il, de quelques-unes des nécessités sociales de notre époque, le catholicisme ose rêver la tutelle des classes ouvrières. Son socialisme ne peut pas aller au delà de la réglementation du travail, cet article premier des programmes socialistes, et de la constitution d'un patronat chrétien, oppresseur des consciences et confiscateur de toutes les libertés intellectuelles et morales du travailleur.

Voilà tout ce que peut offrir le catholicisme déclinant (1) aux déshérités à un moment où, selon l'expression de l'un des siens (le chanoine Winterer) « le monde entier porte son attention sur ce qui va se passer, est saisi d'une agitation immense, et se demande avec angoisse quelle sera la solution du plus formidable problème qui se soit jamais posé ».

C'est sous d'autres portiques qu'il nous faut rechercher les éléments de l'élaboration socialiste pendant les trois derniers siècles. Nous trouverons dans la société civile des précurseurs d'une plus ferme logique et d'une autre envergure.

(1) *Déclinant*, dira-t-on, au moment où il reconquiert les classes dirigeantes françaises, où il gouverne la Belgique, où il est devenu une puissance en Suisse et s'est fait l'arbitre des partis politiques en Allemagne ? *Déclinant* au moment où il fait reculer le protestantisme en Angleterre et aux Etats-Unis, pendant qu'il garde toutes ses positions en Italie, en Espagne, en Portugal et dans l'Amérique du Sud ?

Nous maintenons pourtant le mot.

Le paganisme était déclinant lorsque, rendant compte à Trajan de son enquête sur les progrès du christianisme abhorré, Pline le jeune disait : « Jamais les Dieux de l'empire n'ont été si universellement honorés ; jamais nos temples n'ont été si remplis ; jamais les sectateurs des divagations orientales n'ont été si éloignés du triomphe. »

Tout cela était factice : le flambeau de l'ancienne religion jetait un dernier éclat avant de s'éteindre. Il en est de même aujourd'hui pour le christianisme ; l'analogie est complète.

CHAPITRE III

THOMAS MORE ET LE COMMUNISME UTOPIQUE

Caractère révolutionnaire du xvi⁰ siècle. — Rénovation générale. — Thomas More. — Eloge et analyse de l'Utopie. — Les imitateurs de More inférieurs à lui. — Analyse de la Cité du Soleil *de Campanella. — Influence de l'Utopie sur les théoriciens ultérieurs.*

Nous sommes à l'aube de ce xvi° siècle, que Louis Blanc (*Histoire de la Révolution*) a qualifié de « siècle de l'intelligence en révolte »; l'ère moderne s'ouvre, apportant un renouveau esthétique, philosophique, politique et économique complet.

L'art retrouvé et unissant les incomparables plasticités antiques aux expressions d'une sensibilité affinée, brille d'un éclat inouï au firmament de la *Renaissance*.

Cependant l'imprimerie prélude à l'émancipation de la pensée, et la science révolutionnée par les Copernic, les Kepler, les Bacon, éclaire d'une lumière meurtrière les infirmités du dogme chrétien. Cela au moment où de sanglantes guerres religieuses mettent fin à la formidable unité doctrinale qui avait permis au christianisme de courber, pendant de longs siècles, l'Europe sous son écrasante domination et vont se terminer par le triomphe de la *Réforme*, venue d'Allemagne et acceptée par sept grandes nations occidentales.

Vaincue par les communes et par les royautés, la
Féodalité a fait place aux monarchies nationales d'où
va sortir un nouvel ordre politique.

Enfin la découverte du Nouveau Monde, complétée par les voyages de circumnavigation, en ouvrant
de nouvelles carrières au travail et à l'échange, est le
prodrome d'une importante révolution économique.

Dans de si solennelles circonstances, la pensée
sociale, qui, jusque-là, s'était presque exclusivement
inspirée de l'Évangélisme, vieux de quinze siècles et
improgressif, étant fondé sur un dogme immobile,
la pensée sociale devait, elle aussi, puiser ses principes à des sources plus modernes, sous peine de rester
en arrière de l'évolution générale.

Il en fut ainsi, et c'est un grand chancelier d'Angleterre, homme privé irréprochable, homme d'État d'un
haut mérite, dont la mort tragique, sous le néronien
Henri VIII, fut d'un héros et d'un martyr; c'est Thomas More qui eut l'honneur de montrer les nouveaux
horizons aux novateurs et aux militants du progrès
social.

Son *Utopie* fit époque. On a remarqué qu'avant
lui tous les plans de réforme générale prenaient le
titre de *République* (en hommage au livre de Platon);
depuis, c'est le nom d'*Utopie*, qui est devenu l'appel-
latif commun de tous les plans de reconstruction
idéale.

Thomas More méritait cette gloire.

Incomparablement supérieure aux compartiments
platoniciens, aux violences stériles des Pères de
l'Église, l'*Utopie* ouvrit véritablement des routes
inexplorées aux généreux qui vont à la recherche
d'un avenir meilleur. Et l'on peut dire que, sur beau-

coup de points l'*Utopie* est restée le premier monu-
ment du socialisme moderne, basé qu'il est (et ce fut
là une nouveauté grande) sur le respect de la liberté
humaine et sur une connaissance approfondie des
conditions économiques. Aussi, lorsqu'on tient compte
de l'époque de la publication, on est, à toute page,
frappé d'admiration.

More commence par justifier de la sorte la transformation communiste qu'il préconise.

« *Pour répartir les choses avec égalité et justice et
ne pas troubler la félicité des hommes, il faut, au
préalable, abolir la propriété, car, tant qu'elle sub-
sistera, la classe la plus nombreuse et la plus estimable n'aura en partage que disette, tourment et
désespoir.* »

C'est par la description d'un Eden imaginaire,
après une pénétrante critique de l'individualisme, que
le grand communiste complète sa démonstration.

L'*Utopie* (de deux mots grecs *ou toupos*, non lieu,
pays imaginaire), fut publiée en latin, à Louvain, en
1546. Le sujet est des plus simples :

Un voyageur intrépide, le Portugais Hytholdée, a
découvert l'île d'Utopie, et il raconte à Pierre Gilles, à
J. Raphaël Clément et à More lui-même les merveilles
qu'il a vues chez ce peuple, « digne de servir de modèle à tous les autres », et il déclare qu'à son avis
dans tous les États où la possession est individuelle,
où tout se meut par l'argent, on ne pourra jamais
faire régner la justice ni assurer la prospérité publique. Pour rétablir un juste équilibre dans les affaires
humaines, il faudrait nécessairement, conclut-t-il,
abolir le droit de propriété. « Tant que ce droit subsis-
tera, la classe la plus nombreuse et la plus estimable

n'aura en partage qu'un inévitable fardeau d'inquiétude, de misère et de chagrin. »

Hytholdée loue donc Platon d'avoir préconisé l'égalité, qui ne peut être observée là où règne la propriété
individuelle, car alors chacun veut se prévaloir de
divers titres, pour attirer à soi tant qu'il peut; et la
richesse publique, si grande qu'elle soit, finit par
tomber au pouvoir d'un petit nombre d'individus
qui ne laissent aux autres que l'indigence.

« Je sais, ajoute-t-il, qu'il y a des remèdes qui
peuvent soulager le mal; mais ces remèdes sont impuissants pour le guérir radicalement. On peut décré-
ter, par exemple, un maximum de possessions individuelles en terre ou en argent, ou bien se prémunir
par des lois fortes contre le despotisme et l'anarchie.
On peut flétrir et châtier l'intrigue, empêcher la vente
des magistratures, supprimer le faste et la représentation dans les emplois élevés, afin qu'on ne soit pas
obligé de donner aux plus capables. Ces moyens sont
des palliatifs qui peuvent endormir la douleur; mais
n'espérez pas voir se rétablir la force et la santé, tant
que chacun aura une propriété individuelle. Il y a
dans la société actuelle un enchaînement si bizarre,
que, si vous voulez guérir l'une des parties malades,
le mal de l'autre s'aigrit et empire, car on ne saurait accroître l'avoir d'un particulier que quelqu'un
n'en souffre ou n'y perde quelque chose. »

Quel est donc le remède aux innumérables douleurs
de l'individualisme? Hytholdée va nous le dire, en
nous racontant ce qu'il a vu :

L'île qu'il a découverte est une République de cités
fédérées. Chaque cité est entourée de campagnes. Les
maisons sont spacieuses et bien distribuées. La famille,

maintenue, est tempérée par le divorce très facilité.
Pour les enfants, instruction commune. Les lois pro-
posées par les gouvernements électifs ne sont exécu-
toires que lorsqu'elles ont été ratifiées par les assemblées populaires. C'est le *referendum* démocratique,
actuellement appliqué par la Suisse.

La terre est commune, et les produits agricoles et
industriels sont enmagasinés par les soins de magistrats élus et temporaires qui les distribuent selon les
besoins de chacun dans la mesure des ressources
communes. Outre l'agriculture, aux travaux de laquelle tous [participent, chaque Utopien apprend un
métier. Les jeunes hommes se font maçons, menui-
siers, forgerons, ferblantiers, tisseurs, etc. ; les jeunes
femmes apprennent surtout les métiers qui concer-
nent le vêtement : filage, blanchissage, couture, etc.
Si quelqu'un veut changer de métier ou s'il veut
apprendre plusieurs métiers, on le lui accorde tout de
suite. Mais tous doivent travailler six heures par
jour, en retour de l'abondance dont ils jouissent. Trois
heures avant-midi, repos de deux heures, puis une
autre séance de trois heures après midi. *On va au travail comme à une fête, et on revient de même au son
des instruments de musique.*

Huit heures sont accordées au sommeil, et chacun
emploie, comme il l'entend, les heures de loisir. Les
salles d'études sont toujours ouvertes à tous. L'été
dans les jardins, l'hiver dans les salles, on fait de la
musique, on s'exerce au chant, aux échecs et aux jeux
innocents et agréables de tous genres.

Quand nous aurons ajouté que la description de
l'organisation utopienne est précédée d'une critique,
qui supporte encore la comparaison avec celle de

Marx, des envahissements de la grande propriété anglaise, on admettra que nous n'avons pas trop loué le grand ancêtre du communisme moderne.

Parmi les imitateurs de Thomas More, on cite : Francesco Doni (*le Monde des sages*), Giovanni Bonifacio (*la République des Abeilles*), Fénelon (*le Télémaque*), mais surtout Campanella, le célèbre auteur de la *Cité du Soleil*.

Villegardelle, le fidèle traducteur de More et de Campanella, avance que la *Cité du Soleil* est supérieure à l'*Utopie*.

Cette appréciation n'est pas soutenable. Campanella est tout à fait rétrograde sur la question de la famille, puisqu'il revient purement et simplement aux idées platoniciennes et qu'il sacrifie entièrement la liberté individuelle, en armant ses magistrats sacerdotaux d'un pouvoir absolu.

Le *grand Métaphysicien* ou maître suprême des *Solariens* porte le nom de *Sol* (soleil). Il est assisté de trois chefs : *Pon*, *Sin* et *Mar* (Puissance, Sagesse, Amour).

Puissance est chargée de ce qui concerne la paix et la guerre ; *Sagesse* a la direction des arts libéraux et mécaniques, de l'instruction et des sciences, *Amour* a pour principale fonction de veiller à ce qui regarde la génération et de régler les unions sexuelles, de telle sorte qu'il en résulte la plus belle race possible. Mais rien ne se fait que sous la présidence du grand *Métaphysicien*. Les magistrats répartissent les biens consommables avec égalité ; les repas sont d'ailleurs pris en commun.

Le travail est distribué aux deux sexes selon les aptitudes et les forces de chacun, si bien distribué d'ailleurs que quatre heures de travail par jour suffisent, et tout le temps non employé par le travail est consacré à d'agréables exercices intellectuels, artistiques et gymnastiques. L'instruction et le travail sont rendus le plus attrayants possible et sont communs aux deux sexes ; les femmes vont à la guerre aussi bien que les hommes. Les unions ne sont pas libres ; les magistrats choisissent les conjoints ; accouplent par exemple un brun avec une blonde, un maigre avec une grasse ; ils assortissent les beautés et fixent la date et la fréquence des cohabitations.

Si deux jeunes gens s'aiment, ils ne seront libres de cohabiter (à moins que les magistrats ne les aient unis) que dans le cas où la femme serait enceinte ou reconnue stérile.

L'intrusion gouvernementale n'a pas de limites ; toutes les vertus sont d'ordre administratif et ont leurs titulaires.

Ainsi, les magistrats s'appellent *Magnanimité, Courage, Chasteté, Libéralité, Justice, Equité, Adresse, Vérité, Bienfaisance, Reconnaissance, Gaîté, Activité, Modération,* etc.

Ces magistrats veillent à tout : ils distribuent les logements et les vêtements, prescrivent la propreté corporelle, la dose de parfums qu'on doit employer, etc. Bref, le royaume de Procuste. Thomas More avait une autre conception de la dignité humaine. Sur un point, pourtant, Campanella lui fut supérieur. Elles sont de l'héroïque moine calabrais, ces paroles qu'avouerait un cosmopolite contemporain : « Puissent les peuples s'unir dans une communion pacifique, la science multipliée, et les échanges et les voyages augmenter le bien-être et les lumières de tous ! »

Sur ce point seulement Campanella l'emporte : c'est donc en toute justice que l'*Utopie* a été déclarée supérieure, que pendant deux siècles et demi elle a été le livre maître des novateurs, et qu'à ce titre elle a agi puissamment sur les esprits émancipés. De cette action lente, mais forte, nous trouverons encore des traces chez les hardis réformateurs du xviiie siècle, qui vont maintenant s'offrir à notre analyse.

Mais nous ne passerons pas aux vivantes élaborations sociales de la grande époque sans saluer un grand et généreux méconnu du xviie siècle, qui fut si stérile en conceptions novatrices.

Le Testament du curé Meslier, publié seulement en 1760 par Voltaire, qui supprima toute la partie économique, de beaucoup la plus remarquable, n'a été imprimé intégralement que de nos jours. Ce n'est donc que de nos jours que les socialistes ont pu rendre justice à cet éminent précurseur, à la destinée si étrange et aux prévisions si géniales.

Après une éloquente et saisissante critique des maux qu'a engendrés la propriété individuelle et qui dévorent l'humanité, Meslier conclut, avec une précision parfaite :

« Si les hommes, dit-il, possédaient et jouissaient en commun des richesses, des biens et des commodités de la vie ; s'ils s'occupaient, unanimement tous, à quelque honnête et utile travail ou au moins à quelque honnête exercice, et s'ils ménageaient sagement entre eux les biens de la terre et les fruits de leurs travaux et de leur industrie, ils auraient suffisamment bien tous de quoi vivre heureux et contents ; car la terre produit toujours assez suffisamment et même assez abondamment de quoi les nourrir et les entretenir, s'ils faisaient toujours bon usage de ces biens, et c'est fort rarement quand la terre manque à produire le nécessaire à la vie, et aussi chacun aurait suffisamment de quoi vivre paisiblement, personne ne manquerait de ce qui lui est nécessaire. »

Dans un prochain volume (1), nous reviendrons plus en détail sur les plans politiques et sociaux de Jean Meslier ; disons seulement que ses *Communautés économiques* ne le cèdent en rien aux meilleures conceptions des Morelly, des Mably, des Spense, ces plus sagaces réformateurs du siècle fécond, dont, dès 1690, le curé philosophe et socialiste avait désiré, pressenti et annoncé l'aboutissement révolutionnaire.

(1) LES LIVRES ET LES DOCTRINES, deuxième série des *Lundis socialistes.*

CHAPITRE IV

MORELLY ET LE COMMUNISME AU XVIII° SIÈCLE.

Apologie du XVIII° siècle. — Énumération des plans utopiques publiés de 1750 à 1780. — Morelly, sa supériorité; analyse du Code de la Nature *— Les invectives de La Harpe; le* Code de la Nature *longtemps attribué à Diderot. — Communisme politique de Mably et de Spense.*

Si riche de science et d'œuvres que soit notre XIX° siècle, le siècle du Philosophisme et de la Révolution française reste toujours le grand siècle, et il gardera justement ce titre, car, en même temps qu'un émancipateur de la pensée, qu'un briseur de privilèges et de servitudes, il fut un améliorateur de la nature humaine. « Le XVIII° siècle, dit avec raison un des doyens actuels du socialisme français, fut un siècle sympathique à la souffrance, enthousiaste de la vertu, avide de vérité et de justice. Nul siècle n'a été plus humain; il nous a donné le mot de *bienfaisance*, qu'il a eu l'honneur et qu'il était digne de créer. Ce mot le résume et le caractérise admirablement. (E. de Pompery, *la Morale naturelle et la Religion de l'Humanité.*)

A une époque aussi soucieuse du bien moral et social, les chercheurs d'une société idéale devaient abonder et, en effet, abondèrent.

Au courant de la plume, nous pouvons rappeler : Fontenelle (*la République des Ajaoiens ou des Philosophes*), Varaisse d'Alais (*la République des Sévérambes*), Van der Nech (*la République de Cessarès*), Pechmeja (*le Télèphe*), J. et J. d'H... (*Projet de Communauté philosophe*), Gaudence de Lucques (*Mémoires*), Terrason (*Sethos, l'Anthropophile*), Wielland (*le Miroir d'Or*), Mably (*les Entretiens de Phocion*), Montesquieu (*les Troglodites*, les *Lettres persanes*), Marmontel (divers chapitres des *Incas* et des *Contes moraux*).

Viennent ensuite, avec des plans utopiques divers : Mercier, Cumberland, André Brun, Rétif de la Bretonne, Bernardin de Saint-Pierre, Tiros de Béplas, Florian... La liste serait interminable; notre grand Diderot lui-même a sacrifié sur l'autel de l'Utopie communiste, par sa *République des Galligènes* et son *Supplément aux voyages de Bougainville* (1).

(1) A côté des utopistes d'incisifs critiques sociaux tels Linguet, Beaumarchais, Chamfort, et surtout Necker, qui a écrit des lignes comme celles-ci :

« En arrêtant sa pensée sur la société et sur ses rapports, on est frappé d'une idée générale qui mérite bien d'être approfondie, c'est que presque toutes les institutions civiles ont été *faites par les propriétaires*. On est effrayé, en ouvrant le code des lois, de n'y découvrir partout que le témoignage de cette vérité. On dirait qu'un petit nombre d'hommes, *après s'être partagé la terre*, ont fait des lois d'union et de garantie contre la multitude, comme ils auraient mis des abris dans les bois pour se défendre des bêtes sauvages. Cependant on ose le dire : après avoir établi des lois de propriété, de justice et de liberté, on n'a presque *rien fait* encore pour la classe la plus nombreuse de citoyens. Que nous importe vos lois de propriété? pourraient-ils dire, nous ne *possédons rien*; vos lois de justice? nous n'avons *rien à défendre*; vos lois de liberté? si nous ne travaillons pas demain, *nous mourrons*. »

Necker disait encore, dans son livre sur la *Législation du*

Mais aucun de ces bâtisseurs de sociétés idéales ne s'éleva, en tant que novateur, à la hauteur de Morelly, qui mourut inconnu, laissant une œuvre immortelle.

Ce modeste instituteur d'Étampes, qui ne pouvait même pas signer ses ouvrages, à cause de sa situation dépendante, débuta par la *Basiliade*, une utopie idyllique dans laquelle il décrit une Humanité, souveraine consciente du Globe et florissant dans les délices de l'excellence morale, de l'épanouissement libertaire et de la solidarité fraternelle, enfin réalisées.

Mais son œuvre capitale est le *Code de la Nature*, où il élabora un plan de reconstruction sociale qui, par les découvertes sociologiques et l'abondance des conceptions originales, supporte la comparaison avec l'*Utopie* de Thomas More. Aussi *le Code de la Nature* publié sans nom d'auteur, en 1753, fut-il de suite attribué à Diderot. L'auteur de *Jacques le Fataliste*, du *Neveu de Rameau*, des *Eleuthéromanes*, le puissant édificateur de *l'Encyclopédie* avait paru le seul cerveau capable d'aperçus si fouillés et de novations si hardies.

Dans l'intérêt de l'œuvre, sans doute, Diderot et Morelly laissèrent dire, si bien qu'en 1798, La Harpe croyait encore que le terrible livre était l'œuvre de Di-

commerce des grains, en s'adressant au propriétaire : « Votre titre de possession est-il écrit dans le Code ? Avez-vous apporté votre terre d'une planète voisine ? Non, vous jouissez par l'effet d'une convention. » Et ailleurs, il résume ainsi le conflit entre le travailleur et le riche : « Combat obscur et terrible, où le fort opprime le faible, à l'abri des lois, où la propriété accable le travail du poids de sa prérogative. Les propriétaires ont le pouvoir de ne donner en échange du travail que le plus petit salaire possible. Les uns imposent toujours la loi ; les autres sont contraints de la recevoir. »

derot. Et de quelle haine il poursuivait et l'auteur présumé et l'œuvre !

« Passe, pour les autres utopies, dit le haineux et apeuré auteur du *Cours de littérature*, mais ce *Code* est tout autre chose : c'est la conception méditée d'un esprit ardent, sombre et mélancolique ; d'un réformateur impérieux qui a pris dans la plus noire haine tout ce que les hommes ont fait et pensé avant lui, qui déclare insensé et coupable tout ce qui ne rentre pas dans le plan qu'il a rêvé et qui voudrait porter dans tous les esprits et dans tous les cœurs l'horreur et le mépris qu'il manifeste partout contre tous les gouvernements du monde, et le désir furieux de les renverser.

« Enfin, nous ne pouvons pas nous cacher que ces abominables folies sont devenues des dogmes révolutionnaires et qu'on est fort loin d'y renoncer. »

La Harpe était surtout exaspéré par la partie philosophique du livre, qui ne laisse pas pierre sur pierre de la morale ancienne, et où Morelly démontre que le mal moral provient surtout, en même temps que de l'ignorance, des iniquités sociales, et notamment de l'esprit de propriété. Il faut bien dire que le novateur est catégorique sur ce point :

« L'esprit de propriété et d'intérêt dispose chaque individu à immoler à son bonheur l'espèce entière : que la propriété est la cause générale et permanente de toutes les discordes, de tous les maux, de tous les crimes. »

Morelly n'est pas plus tendre pour la vieille éthique.

« Il est surprenant, pour ne pas dire prodigieux, de voir combien notre morale, à peu près la même chez toutes les nations, nous débite d'absurdités sous

le nom de principes et de maximes incontestables.
Cette science, qui devrait être aussi simple, aussi évi-
dente dans ses premiers atomes et leurs conséquences,
que les mathématiques elles-mêmes, est défigurée par
tant d'idées vagues et compliquées, par tant d'opinions
qui supposent le faux, qu'il semble presque impossible
à l'esprit humain de sortir de ce chaos ; il s'accoutume
à se persuader ce qu'il n'a pas la force d'examiner. En
effet, il est des millions de propositions qui passent
pour certaines, d'après lesquelles on argumente éter-
nellement. *Voilà les préjugés.* »

Après avoir ainsi marqué la dépendance du mal
moral et du mal social, l'auteur du *Code de la nature*
se demande quelle serait l'organisation sociale la plus
propre à empêcher l'homme d'être, en même temps
que malheureux, dépravé et méchant. C'est, selon lui,
« une Société où l'homme, exempt des craintes de
l'indigence, n'aurait qu'un seul objet de ses espérances, un seul motif de ses actions : *le bien commun* ».

De cette Société solidariste ou communiste, Morelly trace un plan détaillé, dont nous ne pouvons
donner qu'une idée très imparfaite et très incomplète.

Propriété commune de la terre ; organisation sociale
du travail et usages communs des productions dans la
mesure des ressources générales. Le travail devra être
organisé de telle façon qu'il sera attrayant (cette idée,
déjà émise par Thomas More, sera plus tard popula-
risée par Fourier).

Les Nations constituent un ensemble de Républiques fédérées, et elles se gardent de négliger les
intérêts planétaires. A cet effet, l'administration
apporte tous ses soins à l'organisation des travaux
publics. Dans chaque région on a créé des *Armées*

agricoles et industrielles, qui s'en iront, fondant des villes, perfectionnant les cultures, défrichant, assainissant, embellissant, améliorant partout où besoin est, et faisant du Globe le séjour fécond et enchanteur de populations innombrables. (Encore une conception que Fourier a faite sienne, sans citer Morelly : « Quand le génie pille, il égorge, » a dit Rivarol.)

L'éducation est commune, tout expérimentale et sans intervention de la Divinité ; elle est professionnelle pour les enfants des deux sexes, à partir de l'âge de dix ans.

Le mariage doit être encouragé à partir de dix-huit ans pour les jeunes hommes et de quinze ans pour les jeunes filles. Il est obligatoire pour dix ans ; après, le divorce est facultatif. Les mères allaitent leurs enfants, qui restent dans la famille jusqu'à l'âge de cinq ans ; après cet âge, ils sont élevés en commun.

Courtes séances de travail (six heures environ), repos public tous les cinq jours et, en outre, fêtes civiques nombreuses.

Pressé par l'espace, nous devons négliger une belle démonstration de l'inéluctabilité de la solidarité humaine, qui est la partie la plus originale et la plus remarquable du *Code de la nature*. Il aurait aussi fallu énumérer les nombreuses réformes de détail, dont quelques-unes furent adoptées par la Convention (comme par exemple le fut le système métrique, sur la proposition de Berthelot, Lagrange, Brisson, Borda et Prony), pour bien faire ressortir le caractère particulier de l'œuvre de Morelly.

Nous aurions ainsi été amenés à compléter les propositions de Morelly par celles de l'abbé Mably, qui, dans les *Entretiens de Phocion*, les *Doutes sur*

l'Ordre naturel des Sociétés, les *Devoirs des Citoyens*
et le *Traité de Législations*, est entré plus avant
dans la pratique et a jeté ainsi les bases du communisme politique, que nous verrons s'affirmer terrible-
ment dans les dernières luttes de la Révolution Française (1). La France n'était pas seule à produire des
plans de rénovation politique et économique.

Pendant que l'instituteur français Morelly adaptait
l'ancienne idée communiste aux idées philosophiques de son siècle et l'enrichissait de géniales conceptions économiques, l'instituteur londonnien Spense
fondait, en Angleterre, un parti communiste, auquel
il donnait une constitution idéale qui n'est pas sans
mérite. *Spensonia* est une *République unitaire*. La
propriété foncière y est inconnue ; toutes les terres
y appartiennent à l'État. Le pouvoir législatif est
exercé par un Parlement annuel, élu par le suffrage
universel ; les femmes jouissent des droits électoraux
au même titre que les hommes. Un conseil de vingt-
quatre ministres, nommés par moitié chaque année,

---

(1) L'esprit de réforme socialiste était même dans les conseils du gouvernement avec le magnanime Turgot, qui, après
avoir reconnu en pratique le droit à l'existence dans son
Intendance de Limoges, proclama implicitement le droit au
travail dans ce passage du célèbre Édit de 1779 supprimant
les Jurandes et les Maîtrises :

« Cependant Dieu, en donnant à l'homme des besoins, en
lui rendant nécessaire la ressource du travail, a fait du *droit
de travailler* la propriété de tout homme, et cette propriété
est la première, la plus sacrée et la plus imprescriptible de toutes.

« Si le souverain doit à tous les sujets de leur assurer la
jouissance pleine et entière de leurs droits, *il doit surtout
cette protection à cette classe d'hommes qui, n'ayant de propriété que celle de leur travail et de leur industrie, ont d'autant plus le besoin et le droit d'employer dans toute leur
étendue les seules ressources* qu'ils aient pour subsister. »

est investi du pouvoir. La République n'a point d'armée permanente ; si la guerre éclate, tout citoyen est soldat.

On sent déjà ici, bien que nous ne soyons qu'en 1780, le souffle chaud des idées révolutionnaires qui vont bientôt embraser la France, disloquer la vieille Europe, désorbiter le vieux monde et donner les premières formules de l'égalité civile, de la liberté politique, de la justice économique et de la solidarité sociale, que doivent consacrer les codes de l'avenir.

CHAPITRE V

LE SOCIALISME ET LA RÉVOLUTION FRANÇAISE

La Révolution d'après la théorie de la lutte des classes. — La théorie et la pratique socialiste sous la Révolution. — Citations diverses. — La question sociale n'était qu'ajournée jusqu'au jour de la victoire sur la coalition monarchique.— Preuves par Prairial et la conjuration des Égaux. — Naissance du Socialisme.

Pour les socialistes qui, faisant trop abstraction de la complexité de l'évolution humaine et du relativisme des choses, voient dans tous les événements historiques une exclusive manifestation de la guerre des classes, la Révolution française n'est qu'une révolution bourgeoise.

A première vue, ils paraissent avoir raison.

C'est bien la classe bourgeoise qui a pris le pouvoir en 1789 ; ce sont bien les idées libérales bourgeoises qui ont inspiré les nouvelles constitutions politiques, consacrant toutes (avec plus ou moins d'adultérations monarchiques et ploutocratiques) la liberté de conscience, l'égalité civile, le gouvernement représentatif, la souveraineté de la loi, le libre essor de l'industrie et du commerce.

On a pu dire aussi que ce libéralisme individualiste, — poussé par les législateurs de la Révolution jusqu'à l'interdiction totale du droit d'association, —

était incompatible avec les redressements égalitaires et les organisations solidaristes rêvées par les réformateurs des trois décades antérieures.

Et, de fait, les projets de réorganisation sociale, après 1789, furent d'abord assez rares. A peine peut-on citer les *Quatre cris d'un Patriote*, le *Cahier des Pauvres*, le *Moyen d'établir une loi agraire, d'assurer la subsistance des pauvres, de réformer le Clergé et la Constitution militaire*, les *Fers brisés*, etc.

Encore devons-nous ajouter que dans tout cela il ne s'agit guère que de droit à l'existence par le travail. Comme nous sommes loin des revendications communistes de la pléiade dont Morelly fut le chef! Combien loin même des échappées virulentes de Rousseau (*Discours sur l'inégalité des Conditions*), de Brissot de Varwille (*Recherches philosophiques sur le Droit de propriété*), de Volney (*les Ruines*), de Saint-Lambert (*Panthamias*), de Necker (*la Liberté du commerce des grains*), du marquis d'Argenson (*Considérations sur le gouvernement de la France*), de l'abbé Saint-Pierre (*Projet de paix perpétuelle*), de Condorcet (*Tableau des progrès de l'esprit humain*), de l'abbé Raynal (*Histoire philosophique des Deux-Indes*), de Mercier (*l'An 2240 et l'Homme de fer*), de Boullenger (*le Despotisme oriental*), d'Helvétius (*de l'Homme et de son éducation*), de Linguet (*la Théorie des lois civiles*), etc., etc.

Parmi les militants des clubs révolutionnaires, peu nombreux également furent ceux qui demandèrent que la révolution civile et politique qui s'accomplissait fût complétée par une révolution sociale, telle d'assurer le bien-être universel.

Quand nous aurons cité Alary, d'Argenson, Bancal,

Claude Fauchet, Jacques Roux, Charlier, Anacharsis Clootz, F. Boissel, les égalitaires de la grande Commune de Paris et Saint-Just, nous n'aurons, probablement, oublié personne.

Les mesures économiques du gouvernement contre l'effroyable misère qui décimait le peuple français, et le peuple de Paris en particulier, n'eurent pas non plus un caractère socialiste bien prononcé. Les *Chantiers nationaux* de Montmartre, du Champ de Mars, du quai de la Râpée, etc., ne furent qu'une dérision, ainsi que mon ami Jean Bernard l'a démontré, en sa substantielle et si intéressante *Histoire anecdotique de la Révolution française.*

On ne sut même pas se servir d'un inappréciable élément qu'on avait entre les mains : les *Biens nationaux.* Ils auraient dû être affermés ou confiés temporairement et gratuitement aux cultivateurs pauvres, ils devinrent la proie des spéculateurs. Enfin on ne peut considérer comme socialiste la taxation des denrées alimentaires, connue sous le nom de *loi du maximum* ; elle fut imposée par la dépréciation des assignats. Une bonne loi sur l'instruction publique, une loi meilleure encore sur l'assistance publique reconnaissant à tous les Français le droit à l'existence par le travail procuré s'ils sont valides, par la solidarité sociale s'ils sont invalides : voilà presque à quoi se réduit le socialisme positif de la Révolution.

Mais qui oserait parler de mauvais vouloir ?

Ces hommes qui électrisèrent la France, au point de la rendre victorieuse de la réaction européenne coalisée et qui laissèrent presque tous leur vie dans la titanique et glorieuse bataille, de tels combattants ne pouvaient oublier que la Révolution française, ayant appelé tous les hommes à l'émancipation, était la plus grande réveilleuse d'esprits, la plus formidable souleveuse de plèbes qui ait jamais ébranlé le monde, et que cela imposait des devoirs à ses interprètes.

Pour eux, la *Proclamation des droits de l'homme*, — ils le dirent à plusieurs reprises, — ne sonnait pas seulement le glas des oppressions sacerdotales, nobiliaires et monarchiques, mais aussi celui de la misère, et il en devait découler pour tous les citoyens le droit à une existence honorable par le travail, ainsi que l'établissement graduel d'institutions économiques plus égalitaires et plus justes.

Dans son club de l'*Art social*, l'abbé Fauchet s'écriait : « Quel est le scélérat qui voudrait continuer un régime infernal, où l'on compte par millions les misérables et par douzaines les insolents qui n'ont rien fait pour avoir tout ? » Dans les *Quatre cris d'un patriote*, on demande à quoi peut servir une constitution pour un peuple de squelettes, et on annonce « l'insurrection terrible de vingt millions d'indigents sans propriété ». Chaumette dit : « Nous avons détruit les nobles et les Capets ; il nous reste encore une aristocratie à renverser, celle des riches. » Le Lyonnais Chalier, dont l'exaltation a séduit Michelet, dit que « tout plaisir est criminel, quand les sans-culottes souffrent ». Tallien veut « l'égalité pleine et entière », et il propose d'envoyer « au fond des cachots » les propriétaires, qu'il appelle des voleurs publics. Un membre de la Convention, Fr. Dupont, reproduit la maxime de saint Paul et soutient que « nul individu, dans la République, ne doit exister sans travailler ». « Obligez, dit Saint-Just, tout le monde à faire quelque chose. Quel droit ont dans la patrie ceux qui n'y font rien ? » Dans un journal assez modéré, *l'Ami des lois*, on rencontre la doctrine fondamentale du socialisme contemporain à savoir qu'à chacun doit appartenir le produit intégral de son travail.

Rabaud Saint-Étienne veut que l'égalité des biens soit établie, non par la force, mais par la loi, et maintenue par des lois destinées à prévenir les inégalités futures. « Dans une République bien ordonnée, personne n'est sans quelque propriété. » (Rapport de Barrère, 22 floréal an II.) « La richesse et la fortune doivent également disparaître du régime de l'égalité. » (Arrêté de la Commune de Paris, 3 frimaire an III.) « L'égalité de fait est le dernier but de l'art social. » (Condorcet : *Tableau des progrès de l'esprit humain*, II, 59.) « Nous voulions appliquer à la politique l'égalité que l'Évangile accorde aux chrétiens. » (Baudot, cité par Quinet, *Révolution française*, II, 407.)

Les textes ne manquent pas, et nous pouvons continuer (1).

« Le droit de propriété est la *plus déplorable création de nos fantaisies*. Je suis convaincu que l'état de communauté est le seul juste, le seul bon, le seul conforme aux purs sentiments de la nature, que hors de là il ne peut exister des sociétés paisibles et vraiment heureuses (Antonelle, dans l'*Orateur plébéien*, n° 9).

« Je voudrais que dans la déclaration à faire la Convention fît une distinction qui me semble bien

(1) Ces citations sont surtout tirées du *Socialisme contemporain*, par E. de Laveleye, et du *Socialisme pendant la Révolution française*, par Amédée Le Faure.

importante, c'est celle des droits d'une nation prise collectivement et celle des droits des citoyens qui composent cette nation. A cette dernière partie je voudrais que l'on ajoutât la *Déclaration des devoirs de l'homme en société* : ce devoir est de conformer toujours sa vie privée à la *volonté générale*, c'est-à-dire à la loi, qui en est l'expression. La Déclaration que nous avons n'a pas cette unité que la nature et le génie impriment à leurs ouvrages; elle ne contient pas tous les besoins du peuple. Ni l'*existence morale* ni l'*existence physique* n'y sont assurées ; une partie des contributions doit être employée à soulager dans leur vieillesse et dans leurs infirmités les malheureux privés de leurs ressources, et l'autre partie à donner au peuple une éducation qui lui apprenne ses droits, ses devoirs, et à porter avec docilité le joug honorable des lois. » (Bancal, *du Nouvel Ordre social*, dans la *Chronique du mois*.)

Quand la propriété individuelle était maintenue, elle était traitée en suspecte :

« Je pose pour principe que nul individu dans la République ne doit exister sans travailler, quand même il aurait des richesses plus que suffisantes pour le faire ; car tout individu doit compte à la République, non seulement de l'usage de ses propriétés, mais encore de celui de ses facultés; et il n'est pas plus permis, dans un état bien organisé, de laisser un homme sans rien faire, que de permettre à un riche propriétaire de laisser ses terres incultes et ses domaines en friche.

«... Art. XIX. — L'oisiveté et l'ignorance sont des délits dans la République.

« Art. XX. — Tout citoyen doit compte à la République de l'usage de ses facultés physiques et morales.

« Art. XXI. — Tout citoyen est tenu d'exercer un art ou profession. » (Fr. Dupont, *l'Art de former les hommes*, discours à la Convention nationale.)

Saint-Just est plus rigoureux encore :

« ... Tout propriétaire qui n'exerce pas de métier, qui n'est point magistrat, qui a plus de vingt-cinq ans, est tenu de cultiver la terre jusqu'à cinquante ans.

« L'oisiveté est punie, l'industrie est protégée.

« La République honore les arts et le génie. Elle invite les citoyens aux bonnes mœurs ; elle les invite à consacrer leurs richesses au bien public et au soulagement des malheureux, sans ostentation.

« Tout citoyen rendra compte, tous les ans, dans les temples, de l'emploi de sa fortune. » (Saint-Just, *Fragments sur les Institutions républicaines*.)

Après avoir prescrit des devoirs stricts et d'un caractère par trop inquisitorial à ceux qui possèdent, Saint-Just s'occupe des déshérités.

« Le domaine et les revenus publics se composent des impôts des successions attribuées à la République et des biens nationaux.

« Il n'existera d'autre impôt que l'obligation civile de chaque citoyen, âgé de vingt et un ans, de remettre à un officier public, tous les ans, le dixième de son revenu et le quinzième du produit de son industrie...

« ... Le domaine public est établi pour réparer l'infortune des membres du corps social.

« Le domaine public est également établi pour soulager le peuple du poids des tributs, dans les temps difficiles.

« La vertu, les bienfaits et le malheur donnent des

droits à une indemnité sur le domaine public. Celui-là seul peut y prétendre qui s'est rendu recommandable à la patrie par son désintéressement, son courage, son humanité...

« ... Le domaine public solde l'éducation des enfants, fait des avances aux jeunes époux et s'afferme à tous ceux qui n'ont point de terre. » (Saint-Just, *loco citato*.)

Chose étrange, la théorie familiale de l'étroit et dur terroriste est assez libérale :

« L'homme et la femme qui s'aiment sont époux. S'ils n'ont point d'enfants, ils peuvent tenir leur engagement secret ; mais, si l'épouse devient grosse, ils sont tenus de déclarer au magistrat qu'ils sont époux.....

« ... Il n'y a de communauté qu'entre les époux : ce qu'ils apportent, ce qu'ils acquièrent entre dans la communauté. Ils ne s'unissent point par un contrat, mais par tendresse ; l'acte de leur union ne constate que leurs biens, mis en commun sans aucune clause...

« ... Celui qui frappe une femme est banni.....

« ...Les femmes ne peuvent être censurées. » (Saint-Just : *loco citato*.)

Après Condorcet, Saint-Just avait donc souci de la réforme du mariage et de l'amélioration du sort des femmes. Celles-ci, qui avaient le 6 octobre 1789 donné une si forte impulsion à la Révolution commençante, ne cessèrent de revendiquer l'exercice de leurs justes droits. Téroigne de Méricourt, Olympe de Gouges, Rose Lacombe, furent les oratrices les plus habituelles des clubs féministes, parmi lesquels étaient :

La Société fraternelle, succursale de la mère des

Jacobins ; *la Société fraternelle des Halles*, à Paris ; *les Amies de la Constitution*, à Pau ; la Société des femmes *républicaines et révolutionnaires*, qui avait Rose Lacombe pour présidente ; enfin la *Société fraternelle des deux sexes*, fondée en 1793.

Condorcet avait réclamé pour les femmes l'émancipation civile et politique ; ce fut le thème des revendications féminines pendant tout le cours de la Révolution.

Déjà, dans la *Requête des Dames à l'Assemblée nationale*, il était dit :

« Sommes-nous donc les seuls pour qui existera toujours l'âge de fer, cet âge malheureux qui a pris sa naissance dans l'origine du monde et qui, de siècle en siècle, est venu, sans interruption, jusqu'à nous ? N'y aura-t-il que nous qui ne participerons point à cette éclatante régénération qui va ranimer la face de la France, et ranimer sa jeunesse, comme celle de l'aigle ?

« Vous avez brisé le sceptre du despotisme, vous avez prononcé ce bel axiome, digne d'être inscrit sur tous les fronts et dans tous les cœurs : *les Français sont un peuple libre...* et tous les jours vous souffrez encore que treize millions d'esclaves portent honteusement les fers de treize millions de despotes ! Vous avez deviné la juste égalité des droits... et vous en privez injustement la plus douce et la plus intéressante moitié de l'humanité ! »

Les innovations de la grande Commune et le culte de la Raison, que devait emporter la néfaste réaction religieuse de Robespierre, Saint-Just et consorts, témoignent assez du souci des vrais révolutionnaires pour les questions philosophiques. Anacharsis Clootz, dans ses *Bases constitutionnelles du genre humain*, après avoir proclamé la nécessité de l'union des peuples, voit tout le mal dans les religions révélées :

« Les réformateurs indiens, chinois, égyptiens, hébreux et chrétiens se sont étrangement abusés en prêchant les prétendues lois de Dieu. Ils ont dit que nous étions égaux devant Dieu et que la fraternité universelle découlait de la paternité céleste. Cette erreur grave engendra le plus affreux despotisme sacerdotal et royal. Nos chaînes s'appesantirent sous la main d'une foule de pères en Dieu, qui furent sacrés et mitrés au nom du Père éternel.

« On ôta la souveraineté au genre humain pour en revêtir un prétendu souverain dans le ciel...

« L'erreur enfante des millions d'erreurs, pendant que la vérité n'enfante que la vérité unique. De là l'harmonie d'une assemblée nationale universelle, de là les schismes, les hostilités, les anathèmes des saints conciles œcuméniques.

« La Raison, qui guide les géomètres dans une seule et même route, malgré la distance des lieux, des temps, des langues et des coutumes, dirigera les hommes vers un centre commun, lorsque la représentation nationale sera ôtée aux puissances célestes, aux oints du Seigneur, lorsque le genre humain sera réintégré dans ses droits imprescriptibles.

« Les différentes espèces d'aristocraties sont des émanations d'une divinité imaginaire. J'ai prouvé dans différents écrits que Dieu n'existe point. Les hommes qui admettent cette chimère doivent se tromper non moins lourdement sur beaucoup d'autres objets, et ce défaut de jugement, cette maladie morale est déplorable.

« Cela donne la clef de toutes les duperies dont les

3.

charlatans affligent l'humanité! Celui qui admet un Dieu raisonne mal, et un mauvais raisonnement en produit d'autres. Ne soyez pas l'esclave du ciel, si vous voulez être libre sur la terre... Quiconque a la débilité de croire en Dieu ne saurait avoir la sagacité de connaître le Genre Humain, le Souverain unique. »

Dans les trois grandes Assemblées de la Révolution et dans la *Déclaration des Droits de l'Homme et du Citoyen*, le Droit à l'existence avait été, nous l'avons dit, formellement reconnu ; on tenta, parfois, de l'appliquer ; à preuve l'arrêté suivant :

« Considérant que le premier devoir des mandataires du peuple doit être de tendre à rétablir promptement ses droits, à faire respecter sa souveraineté et à manifester sa toute-puissance ;

« Considérant que l'*égalité* que le peuple réclame et pour laquelle il verse son sang depuis la Révolution ne doit pas être pour lui une illusion trompeuse ;

« Considérant que tous les citoyens ont un droit égal aux avantages de la société, que *leurs jouissances doivent être en proportion de leurs travaux, de leur industrie* et de l'ardeur avec laquelle ils se dévouent au service de la patrie ;

« Considérant que là où il y a des hommes qui souffrent, il y a des oppresseurs, il y a des ennemis de l'humanité ;

« Considérant que la surface de la République offre encore le spectacle de la misère et de l'opulence, de l'oppression et du malheur, des privilèges et de la souffrance, que les droits du peuple y sont foulés aux pieds ;

« Considérant qu'il est instant de prendre des mesures de justice et d'humanité ;

« Arrête : Tous les citoyens infirmes, les vieillards, les orphelins indigents, seront logés, nourris et vêtus aux dépens des riches de leurs cantons respectifs ; les signes de la misère seront anéantis. La mendicité et l'oisiveté seront également proscrites. Il sera fourni du travail aux citoyens valides, etc..» (Fouché de Nantes, *Arrêté pris à Anvers*, 14 septembre an II.)

On sait quel souci Lepelletier de Saint-Fargeau, Lakanal, Condorcet et autres eurent de l'instruction publique. On pensa aussi à l'instruction professionnelle.

Le projet suivant, qui fut présenté à la Convention nationale, annonce au moins une bonne intention.

« ... ARTICLE PREMIER. — Tous les citoyens parvenus à l'âge de douze ans seront tenus d'apprendre un métier ou profession capable de procurer à ceux qui les exercent les moyens de subsister.

« ... ART. II. — Les pères, mères, tuteurs et autres personnes qui ont des enfants confiés à leurs soins demeureront responsables de l'inexécution de la présente loi, chacun en ce qui les regarde, à peine d'être réputés mauvais citoyens.

« ... ART. III. — Les pères et mères qui, par leur pauvreté notoirement connue, seront dans l'impuissance de faire les frais de l'apprentissage de leurs enfants, s'adresseront à la municipalité de leur résidence, qui en fera les avances, dont le montant leur sera remboursé sur le produit des sous additionnels ou des contributions assises sur les riches. » (Delagueule, *Plan simple d'une éducation républicaine.*)

Ainsi, dans toute sa grandeur, la question sociale avait été envisagée pendant la Révolution. Mais l'on était en pleine tourmente, et il fallait courir au plus pressé. On l'admettait aussi, dans les milieux plébéiens, puisqu'il restait entendu que la solution sociale n'était qu'ajournée. On le vit bien lorsque, pendant la réaction de *Thermidor*, les faubourgs, qui déjà, ayant les femmes à leur tête, avaient grondé, le 12 germinal, s'insurgèrent et firent la sortie désespérée de *Prairial*. Vaincus, mais non réduits, ils se recueillirent, mûrirent leurs ressentiments, précisèrent leurs griefs, formulèrent leurs revendications, et peu après les babouvistes les trouvèrent prêts à les suivre (1).

C'est ce qui rendit si formidable cette conjuration communiste de Babœuf, Darthé, Buonarotti, Sylvain Maréchal et de leurs dix-sept mille adhérents qui, comme le démontre Avenel, en ses admirables *Lundis révolutionnaires*, faillirent triompher. Pourtant, ce que voulaient ces hommes énergiques, c'était l'immédiate mise en commun de la terre, de l'ensemble des biens et un régime de Terreur égalitaire.

Il était dit dans le *Manifeste des Égaux*, rédigé par Sylvain Maréchal, et qui devait être publié le jour de l'insurrection :

« Peuple de France,

« Pendant quinze siècles, tu as vécu esclave et par conséquent malheureux ; depuis six années, tu respires à peine, dans l'attente de l'indépendance et de l'égalité.

« L'égalité, premier vœu de la nature, premier

(1) « Depuis ce jour (1er prairial) se fait la grande scission entre les classes nées de la révolution. Le peuple retourne à son obscur labeur ; les classes nouvellement enrichies par l'accaparement des biens nationaux ou qui l'étaient déjà s'éloignent chaque jour de lui. Il sort de la vie publique et disparaît. Elles la continuèrent seules. » (Edgard Quinet, *la Révolution*.)

besoin de l'homme et principal nœud de toute association légitime !

« Peuple de France, tu n'as pas été plus favorisé
que les autres nations qui végètent sur le globe infor-
tuné ! Toujours et partout la pauvre espèce humaine, livrée à des anthropophages plus ou moins
adroits, a servi de jouet à toutes les ambitions, de
pâture à toutes les tyrannies. Toujours et partout on
berça les hommes de belles paroles ; jamais et nulle
part ils n'ont obtenu la chose avec le mot. De temps
immémorial on nous répète avec hypocrisie : Les
hommes sont égaux ! et, de temps immémorial, la
plus avilissante comme la plus monstrueuse inégalité
pèse insolemment sur le genre humain. Depuis qu'il
y a des sociétés civiles, le plus bel apanage de l'homme
est, sans contradiction, reconnu, mais n'a pu encore
le réaliser une seule fois ; l'égalité ne fut autre chose
qu'une belle et stérile fiction de la loi. Aujourd'hui
qu'elle est réclamée d'une voix plus forte, on vous
répond : Taisez-vous, misérables, l'égalité de fait
n'est qu'une chimère, contentez-vous de l'égalité con-
ditionnelle : vous êtes tous égaux devant la loi.
Canaille, que te faut-il de plus ! Législateurs, gouvernants, propriétaire, écoutez à votre tour.

« Nous sommes tous égaux, n'est-ce pas ? Ce principe demeure incontesté, parce que, à moins d'être
atteint de folie, on ne saurait dire sérieusement qu'il
fait nuit, quand il fait jour.

« Eh bien, nous prétendons vivre et mourir égaux
comme nous sommes nés ; nous voulons l'égalité
réelle ou la mort : voilà ce qu'il nous faut.

« Et nous l'aurons, cette égalité réelle, n'importe à
quel prix ! Malheur à ceux que nous rencontrerons

entre elle et nous ! Malheur à qui ferait résistance à un vœu aussi prononcé.

« La Révolution française n'est que l'avant-coureur d'une autre révolution bien plus grande, bien plus solennelle et qui sera la dernière.

« Le peuple a marché sur le corps des rois et des prêtres coalisés contre lui ; il en fera de même aux nouveaux tyrans, aux nouveaux Tartufes politiques assis à la place des anciens.

« Ce qu'il nous faut de plus que l'égalité des droits, il nous faut non pas seulement cette égalité transcrite dans la *Déclaration des droits de l'homme et du citoyen*, nous la voulons au milieu de nous sous le toit de nos maisons. Nous consentons à tout pour elle, à faire table rase pour nous en tenir à elle seule. Périsse s'il le faut tous les arts, pourvu qu'il nous reste l'égalité réelle !

« Législateurs et gouvernants qui n'avez pas plus de génie que de bonne foi, propriétaires riches et sans entrailles, en vain essayez-vous de neutraliser notre sainte entreprise en disant : Ils ne font que reproduire cette loi agraire demandée plus d'une fois devant eux !

« Calomniateurs, taisez-vous à votre tour et, dans le silence de la confusion, écoutez nos prétentions, dictées par la nature et basées sur la justice. La loi agraire ou le partage des terres fut le vœu instantané de quelques soldats sans principes, de quelques peuplades mues par leur intérêt plutôt que par la raison. Nous tendons à quelque chose de plus sublime et de plus équitable : *le bien commun* ou *la communauté des biens*. Plus de propriété individuelle des terres : *la terre n'est à personne*. Nous réclamons, nous voulons la jouissance commune des fruits de la terre : *les fruits sont à tout le monde.*

« Nous déclarons ne pouvoir souffrir davantage que la très grande majorité des hommes travaille et sue au service et pour le bon plaisir de l'extrême minorité.

« Assez et trop longtemps moins d'un million d'individus disposa de ce qui appartient à plus de vingt millions de leurs semblables, de leurs égaux.

« Qu'il cesse enfin ce grand scandale que nos neveux ne voudront pas croire. Disparaissez, enfin, révoltantes distinctions de riches et de pauvres, de grands et de petits, de maîtres et de valets, de gouvernants et de gouvernés. Qu'il ne soit plus d'autre différence parmi les hommes que celle de l'âge et du sexe. Puisque tous ont les mêmes besoins et les mêmes facultés, qu'il n'y ait donc plus pour eux qu'une seule éducation, une seule nourriture. Ils se contentent d'un seul soleil et d'un même air pour tout ; pourquoi la même portion et la même quantité d'aliments ne suffiraient-elles pas à chacun d'eux ?

« Mais déjà les ennemis d'un ordre de choses le plus naturel qu'on puisse imaginer déclament contre nous.

« Désorganisateurs et factieux, nous disent-ils, vous ne voulez que des massacres et du butin.

« Peuple de France,

« Nous ne perdrons pas notre temps à leur répondre, mais nous te dirons : La sainte entreprise que nous organisons n'a d'autre but que de mettre un terme aux dissensions civiles et à la misère publique.

« Jamais plus vaste dessein n'a été conçu et mis à exécution. De loin en loin, quelques hommes de génie,

quelques sages en ont parlé d'une voix basse et trem-
blante. Aucun d'eux n'a eu le courage de dire la
vérité tout entière.

« Le moment des grandes mesures est arrivé. Le
mal est à son comble ; il couvre la face de la terre.
Le chaos, sous le nom de politique, y règne depuis
trop de siècles. Que tout rentre dans l'ordre et
reprenne sa place. A la voix de l'égalité, que les éléments de la justice et du bonheur s'organisent. L'instant est venu de fonder la *République des Egaux*, ce
grand hospice ouvert à tous les hommes. Les jours de
la restitution sont arrivés. Familles gémissantes, venez
vous asseoir à la table commune, dressée par la nature,
pour tous ses enfants.

« Peuple de France,

« La plus pure de toutes les gloires t'était donc
réservée Oui, c'est toi qui, le premier, dois offrir au
monde ce touchant spectacle.

« D'anciennes habitudes, d'antiques préventions
voudront, de nouveau, faire obstacle à l'établissement
de la *République des Égaux*. L'organisation de l'égalité réelle, la seule qui réponde à tous les besoins,
sans faire de victimes, sans coûter de sacrifices, ne
plaira peut-être point d'abord à tout le monde.
L'égoïste, l'ambitieux, frémiront de rage. Ceux qui
possèdent injustement crieront à l'injustice. Les jouissances exclusives, les plaisirs solitaires, les aisances
personnelles causeront de vifs regrets à quelques individus blasés sur les peines d'autrui. Les amants du
pouvoir absolu, les vils suppôts de l'autorité arbitraire, ploieront avec peine leurs chefs superbes sous
le niveau de l'égalité réelle. Leur vue courte pénétrera

difficilement dans le prochain avenir du bonheur commun; mais que peuvent quelques milliers de mécontents contre une masse d'hommes tous heureux et surpris d'avoir cherché si longtemps une félicité qu'ils avaient sous la main.

« Dès le lendemain de cette véritable révolution, ils se diront tout étonnés : Eh quoi ! le bonheur commun tient à si peu? Nous n'avions qu'à le vouloir? Ah ! pourquoi ne l'avons-nous pas voulu plus tôt ? Fallait-il donc nous le faire dire tant de fois ? Oui, sans doute, un seul homme sur la terre, plus riche, plus puissant que ses semblables, que ses égaux : l'équilibre est rompu, le crime et le malheur sont sur la terre.

« Peuple de France,

« A quel signe dois-tu donc reconnaître désormais l'excellence d'une constitution ?... Celle qui tout entière repose sur l'égalité de fait est la seule qui puisse te convenir et satisfaire à tous tes vœux.

« Les chartes aristocratiques de 1791 et de 1795 rivaient tes fers, au lieu de les briser. Celle de 1793 était un grand pas de fait vers l'égalité réelle, mais elle ne touchait pas encore le but et n'abordait point le bonheur commun, dont, pourtant, elle consacrait solennellement le grand principe.

« Peuple de France,

« Ouvre tes yeux et ton cœur à la plénitude de la félicité. Reconnais et proclame avec nous la République des égaux. »

Comme il a fallu que grande fût la misère populaire

et que profondément l'idée d'égalité fût entrée dans l'esprit des Français, pour que le babouvisme ou communisme terroriste, si simpliste, si inférieur comme conception aux données utopiques de More et de Morelly, ait suscité tant de dévouements et tant d'enthousiasme !

C'est que les *Égaux* étaient allés à l'âme du peuple, en lui disant : « La Révolution, victorieuse des rois, des nobles et des prêtres n'est pas finie ; elle ne le sera que lorsqu'elle aura assuré, par l'organisation du travail, la juste répartition des produits, de suffisants moyens d'existence et de développement à tous les membres de la Société. »

Tous les déshérités pensaient et continuèrent à penser de la sorte, ce qui explique pourquoi ni la condamnation de Vendôme, ni la réaction qui suivit, ni l'effroyable despotisme de Bonaparte, ni même sa mongolique orgie militaire ne purent étouffer la question sociale. Elle trouva, même pendant la tourmente guerrière, des interprètes de génie dans les novateurs qui ont nom Saint-Simon, Fourier, Robert Owen.

La paix des rois, établie par les traités de 1815, et le rapide développement du machinisme industriel mirent naturellement au premier plan la grande question des rapports du capital et du travail, fait d'autant plus fécond en conséquences progressistes, que dans les idées aussi une révolution s'était faite.

La première manifestation de ce nouvel état de choses fut le remploiement du communisme utopique et du terrorisme égalitaire par le socialisme, que nous allons voir troubler et remplir le XIXe siècle de ses protestations renaissantes et de ses revendications invincibles, qui ont justement pour base les principes de cette Révolution faite au nom de la Liberté, de l'Égalité, de la Fraternité, et dont, par conséquent, le programme comporte la justice économique et la solidarité sociale, encore à réaliser.

Ainsi envisagée, la Révolution française est le premier acte du drame glorieux et tragique de l'émancipation humaine succédant, enfin, à des ignorances, à des servitudes, à des iniquités cent fois séculaires.

LIVRE DEUXIÈME

LE SOCIALISME IDÉALISTE

CHAPITRE VI

LES TROIS PRÉCURSEURS DU SOCIALISME MODERNE
(Saint-Simon, Ch. Fourier, Robert Owen)

Apologie des premiers maîtres du Socialisme moderne. — Importance de leur œuvre. — Leur juste et large conception des choses. — Leur amour des faibles. — Citation élogieuse de Louis Reybaud.

Il est de mode aujourd'hui, dans divers milieux militants, de faire dater le socialisme de Karl Marx. Avant lui, il n'y aurait eu que des utopistes, valant à peine d'être nommés (1).

(1) Le grand socialiste allemand n'est pour rien naturellement dans cet exclusivisme :
« En menant à bien l'étude de la société, Karl Marx n'a pas prétendu être le créateur d'une science inconnue avant lui. Ainsi que le prouvent les nombreuses notes de son ouvrage, il s'est au contraire appuyé sur les travaux des économistes qui l'ont précédé ; il a eu à cœur de rappeler, par chaque constatation, celui qui, le premier, l'a formulée ; seulement, nul plus que lui n'a contribué à dégager de leur analyse la véritable signification des phénomènes sociaux ; nul, par conséquent, n'a plus fait pour l'émancipation ouvrière et pour l'émancipation humaine. » (Gabriel Deville, *le Capital de Karl Marx, résumé et accompagné d'un aperçu sur le socialisme scientifique ;* préface.)

Les ancêtres communistes, ces seuls représentants de la protestation sociale dans le passé, on sait à peine leur nom. Quant aux grands précurseurs du commencement du siècle, ils ne sont guère moins négligés, n'ayant rien à faire, prétend-on, avec le socialisme scientifique.

Nous osons être d'un autre avis et soutenir que le socialisme contemporain tient *toutes ses théories positives*, sauf la systématisation de la lutte des classes, et *presque toutes ses données critiques* des théoriciens de la première moitié du siècle ; notamment des illustres précurseurs qui ont nom Saint-Simon, Charles Fourier et Robert Owen.

Sans doute, ces hommes, qui eurent le grand mérite de retirer le socialisme des ornières du communisme utopique, pour le jeter, rayonnant de jeunesse, dans les voies larges et fécondes du renouveau philosophique, de l'évolution historique et des progressives transformations économiques, sacrifièrent souvent aux Dieux de l'imagination et de l'utopie.

C'était inévitable, et fut-ce bien un mal ?

Dans les élaborations humaines, l'art précède toujours la science, et en vertu de la même loi qui, dans la série logique, met le sentiment avant le raisonnement, les idées novatrices ne peuvent pas, elles non plus, faire la conquête des entendements et des volontés avant d'avoir pris les cœurs et frappé les imaginations par un sentimentalisme ardent, un art captivant et le dévoilement de splendides perspectives.

D'après cela, n'est-il pas bon qu'avant d'arriver à ses formules actuelles, précises, quelquefois jusqu'à la sécheresse, le socialisme (et telle a été l'œuvre des précurseurs français de la première moitié du siècle) ait été d'abord entraîné dans les sentiers verdoyants du subjectivisme utopique, d'où il est revenu d'ailleurs les mains pleines d'inventions heureuses, d'hypothèses hardies, de mille attrayances idéales qui lui ont valu l'adhésion des meilleurs et la conquête rapide de la notoriété, première étape obligée des idées novatrices, ambitieuses du triomphe final?

Hâtons-nous d'ajouter que Saint-Simon, Fourier et Owen n'eurent pas que ce mérite.

Quand ils parurent, la Révolution momentanément vaincue, si elle n'avait pas résolu tous les problèmes, les avait tous posés, et le moment était venu d'amasser les matériaux de son couronnement social.

Ces clairvoyants le virent et le dirent. Ils virent aussi que, malgré les constitutions baclées, les restaurations plâtrées, la situation éminemment révolutionnaire était rendue plus instable encore par la naissante grande industrie qui, avec sa productivité accrue, ses initiatives fécondes et ses criantes injustices, faisait déjà craquer les anciens moules économiques et nécessitait l'instauration de formes sociales en rapport avec les conditions de la production moderne révolutionnée.

Ils ne tombèrent pas, pour cela, dans l'exclusivisme économique, contre lequel nous avons eu à protester depuis.

Les premiers maîtres de la pensée sociale moderne comprirent admirablement que la question n'était pas exclusivement industrialiste (quoique surtout industrialiste), qu'elle était vastement sociale, c'est-à-dire philosophique, politique et économique.

C'est pourquoi, si divergentes que soient dans es

détails leurs doctrines respectives, elles se recommandent de trois principes communs :

1° *Nécessité reconnue d'inaugurer une civilisation de paix, de travail et de justice, ayant sa conception philosophique adéquate.*

2° *Réhabilitation de la vie humaine, foulée aux pieds depuis tant de siècles par l'antisocial ascétisme chrétien et les longues oppressions familiales, propriétaires, monarchiques, féodales et juridiques.*

3° *Revendication de l'égalité de droit pour les femmes et reconnaissance de droits précis pour l'enfant* (1).

Par là, les trois novateurs se montrèrent, avec raison, moins préoccupés de moralisme hypocrite que de développement intégral de l'être humain et du bonheur de tous ; en cela encore, ils furent franchement émancipateurs.

« A la barbe des Tartufes, » pour nous servir de l'expression de l'un d'eux, Saint-Simon proclama la nécessité de la réhabilitation de la chair ; Fourier

---

(1) Selon Pierre Leroux, le socialisme était l'œuvre de ces trois hommes de génie : Saint-Simon, homme de l'égalité ou des classes les plus nombreuses ; Robert Owen, le serviteur dévoué de la fraternité et le restaurateur du communisme ; Fourier, l'apôtre exalté de la liberté ou du libre essor. Pierre Leroux se déclarait le quatrième socialiste, et il considérait sa *Doctrine de l'Humanité* comme devant être la synthèse des précédentes et comme devant avoir pour base la science (influence saint-simonienne), la pratique (influence owénienne), la série (influence fouriériste).

La prétention était haute ; pour la justifier, il eût fallu que l'auteur bien intentionné de l'*Humanité* eût un esprit plus pondéré et plus libre, qu'il se fût gardé de l'intolérant spiritualisme, qui lui faisait professer fanatiquement avec Jean-Jacques Rousseau et Robespierre que quiconque était athée ou matérialiste ne pouvait être qu'un malhonnête homme.

épuisa contre la prétendue morale de l'égoïstique bourgeoise des traits acérés d'une critique meurtrière, et
Robert Owen, matérialiste conséquent, osa imputer les
iniquités, les souffrances de la société contemporaine à
cette société elle-même et indiquer comme remède une
responsabilité sociale efficace.

Là ne s'arrêtent pas les ressemblances. Un même
profond amour des faibles et des petits signale les
trois Maîtres à la reconnaissance des hommes, à l'admiration de la postérité.

Louis Reybaud le reconnaît lui-même en ses *Études
sur les réformateurs ou socialistes contemporains :*

« Dans les moindres détails de ces idéologues se
révèle cette affection profonde pour ceux qui souffrent.
Dans l'échelle des contentements qu'il promet, Charles
Fourier prend toujours pour mesure les besoins de la
masse :

« En vivres, en vêtements, en satisfactions de toute
nature, dit-il, le simple travailleur aura dans son
monde le sort d'un roi dans le nôtre. Rien ne sera
assez beau, assez parfait, assez magnifique pour lui ;
au lieu de glorifier l'abstinence et de conseiller la
privation, Fourier laisse entrevoir, au contraire, un
développement nouveau dans les facultés physiques
de l'homme, afin de les mettre en rapport avec le raf-
finement et l'abondance des productions futures.

« Il va jusqu'à dresser le menu des repas populaires,
et il y procède avec une prodigalité merveilleuse. La
table, l'éducation, tout est chez lui à peu près commun ;
mais, pour emporter les choses de haute lutte, il élève
sur-le-champ le bien-être le plus vulgaire au niveau
de jouissances les plus exquises. Ainsi personne n'y
perd, et chacun y gagne. »

Selon ce peu favorable historien du socialisme, il en est de même de Saint-Simon et de Robert Owen.

Citons encore :

« Saint-Simon est plus grand seigneur ; il veut le gouvernement religieux des intelligences, mais il déclare que sa théocratie s'occupera avant tout du sort de la classe la plus nombreuse et la plus pauvre. Robert Owen ne demeure point en arrière : il reconnaît à tous un droit uniforme et ne distingue ni entre les capacités, ni entre les fortunes, ni entre les aptitudes corporelles. Les travailleurs le préoccupent vivement.

« Manufacturier, il a vu de près leurs misères, et il les secourt dans la mesure de ses ressources. Théoricien, il constate les désastres de la vie industrielle, ballotée entre une stagnation et une activité intermittentes ; il s'inquiète des froissements issus de l'invasion des machines et suit avec une anxiété douloureuse les progrès de ce paupérisme qui menace de dévorer la Grande-Bretagne. Chez ces trois hommes, il y a donc un énergique instinct de tendresse pour la partie la plus malheureuse et la plus déshéritée des générations humaines. »

Qu'ajouter à cet éloge d'un adversaire ?

Tels furent les hommes ; nous allons maintenant donner une analyse de leurs systèmes, si suggestifs et si féconds. On y trouvera, nous le répétons, dans leur forme première, à peu près, toutes les conceptions générales du socialisme contemporain et la formule embryonnaire de toutes les revendications des *Partis ouvriers*, si dédaigneux, si oublieux de leurs premiers théoriciens.

CHAPITRE VII

SAINT-SIMON ET SON ÉCOLE

La vie et l'œuvre de Saint-Simon. — Ses disciples, leur enthousiasme et leur valeur intellectuelle. — Résumé de la doctrine saint-simonienne. — Son importance. — Citation d'Enfantin et de Michel Chevalier. — Appréciation de Thonissen.

« Levez-vous, Monsieur le comte, car vous avez aujourd'hui de grandes choses à faire. »

C'est par ces paroles que, dès l'âge de dix-sept ans, le comte Henri de Saint-Simon, descendant du célèbre auteur des *Mémoires* et qui prétendait remonter à Charlemagne, se faisait réveiller tous les matins.

Cet adolescent, qui, volontaire de l'indépendance américaine, allait, peu de mois après, être créé colonel sur le champ de bataille par Washington et qui, à dix-neuf ans, projetait le percement des isthmes de Suez et de Panama, allait, effectivement, préparer de grandes choses et consacrer sa vie à deux des plus vastes œuvres que puisse concevoir l'esprit humain : *le bonheur des Hommes et l'embellissement du Globe.*

A cet effet, il se consacra, dès l'âge de vingt et un ans, à la fondation d'une grande école scientifique, pour la réalisation de ses plans grandioses de rénovation universelle. Ce fut le but de toute son existence;

il s'y donna complètement, jusqu'à la ruine complète,
si bien qu'après avoir mené grand train, il dut, pendant de longues années, remplir pour vivre un modeste emploi de 1.000 francs par an, au Mont-de-piété.

Son premier admirateur, Biard, l'en retira et le re-
cueillit chez lui ; mais ce modeste Mécène mourut
bientôt, et le comte de Saint-Simon, le génial auteur
des *Lettres d'un habitant de Genève à ses contemporains*, de l'*Introduction aux travaux scientifiques du
dix-neuvième siècle*, de la *Science de l'homme*, du
Nouveau Christianisme, réduit à un dénûment absolu, tenta de se brûler la cervelle. La balle, qui
l'épargna, lui enleva un œil ; mais elle appela sur lui
l'attention d'autres disciples, qui rendirent moins
pénibles et plus fécondes les dernières années de la
vie du grand homme, encore méconnu.

Ces vaillants, dont le nombre grossit rapidement
après la mort du maître, ont presque tous inscrit leurs
noms sur les rocs de la renommée.

Il nous suffira de citer Bazard, Enfantin, Barrault,
Olindes Rodrigues, Hippolyte Carnot, le père du pré-
sident de la République, Michel Chevalier, Pierre
Leroux, Jean Reynaud, Édouard Charton, Buchez,
Ch. Lemonnier, les frères Péreire, Henri Heine,
Adolphe Blanqui, Louis Jourdan, Lachambaudie,
Perdonnet, Félicien David, Arlès Dufour, Pecqueur,
A. Guérroult, E. de Lesseps, Eichthal, Élisa Lemon-
nier... (1).

Combien de noms il faudrait joindre à ceux-là pour
dénombrer toute la glorieuse phalange de ces jeunes

----

(1) Auguste Comte et Augustin Thierry, venus les premiers,
étaient déjà repartis pour suivre chacun sa voie propre, et l'on
sait avec quel éclat.

hommes et de ces jeunes femmes, dont quelques-uns s'assagirent trop, plus tard... Mais tous alors formaient une sorte d'enthousiaste chevalerie de la rénovation humaine, qu'ils voyaient dans l'*Émancipation des prolétaires* et dans l'*Émancipation des femmes*, dont ils avaient fait le but de leurs efforts et qu'ils préconisaient avec un ardent dévouement, servi par une éloquence incomparable.

A la fois savante et attrayante était leur *Doctrine*.

Partant de l'idée de perfectibilité, entrevue par Vico Lessing, Turgot, Kant, Condorcet, ils virent dans l'évolution humaine une alternative d'époques *critiques* et d'époques *organiques*.

Nous sommes, disaient-ils, à la fin d'une époque critique qui emporte avec elle le christianisme, le militarisme et l'exploitation de l'homme par l'homme. Nous entrons dans une époque de paix, de travail, de solidarité, où la politique, au lieu d'être *gouvernement des hommes* deviendra *administration des choses*; la paix succédera à la guerre, l'activité productrice à l'activité destructive; l'association au salariat, l'amour à la haine, le concours aux antagonismes; le bien de tous au privilège de quelques-uns; la recherche du bonheur aux stériles et égoïstes mortifications chrétiennes en vue du salut individuel.

Ainsi sera réalisé l'*Age d'or*, qui n'est pas derrière nous, comme l'ont dit les poètes, mais devant nous.

L'homme *veut, pense, agit;* l'élite humaine doit, par suite, se diviser en *artistes*, qui émeuvent les hommes, en *savants* qui les éclairent, en *industriels* qui dirigent leur activité matérielle, et le but de tous doit être *l'amélioration morale et physique*, l'achemi-

*nement au bien-être de la classe la plus nombreuse et
la plus pauvre.*

La division sus-indiquée nous dit le but général de
l'enseignement rénové. Ce sont des *artistes*, des *industriels*, des *savants* qu'il s'agira de former. Pour
chacun d'eux, il y aura une instruction spéciale ; pour
tous il y aura l'éducation morale, qui se présente
comme une sorte de préparation à toutes les destinées
individuelles ; au terme de cette éducation auront lieu
les élections, dont le but sera de répartir les individus
selon leur aptitude et leur vocation. Tous les hommes
sont égaux ; ils ont droit aux mêmes prérogatives, aux
mêmes jouissances ; la Société ne doit reconnaître
d'autres inégalités que celles résultant de la différence
des capacités. *A chacun selon ses capacités, à chacun
selon ses œuvres.* Ce principe nouveau présuppose
dans l'ordre économique :

1°. *La réforme du droit de propriété ;*
2° *L'universalisation du travail.*

La *propriété* a été modifiée d'âge en âge ; elle peut
donc être modifiée encore. D'un droit de naissance
qu'elle est, il faut en faire un droit de l'intelligence ;
il faut que, comme les autres charges sociales, elle
soit donnée aux plus dignes. L'héritage est aujour-
d'hui le dernier refuge de l'oisif. Pour supprimer l'oisiveté et émanciper les prolétaires, *il faut transporter
le droit de succession de la famille à l'État*, il faut
que le travail devienne le seul titre de propriété et
que, le travail étant assuré à chacun, selon sa vocation, la distribution des instruments de travail devienne une fonction sociale (1).

(1) Ne sont-ce pas là les premiers tâtonnements doctrinaux
du collectivisme ?

Plus profonde encore, d'après la donnée saint-simonienne, doit être la transformation familiale. La femme, l'égale de l'homme, jouit des mêmes droits.

L'homme et la femme se réuniront et se quitteront librement, aussi longtemps qu'ils seront réunis ne formeront qu'une *unité collective*, un androgyne composé de deux éléments associés.

Ainsi sera apaisé, par la réhabilitation de la chair, par la sincérité de J'amour, l'éternel et tragique conflit entre la nature humaine, les passions affectives, la morale sociale et les lois écrites.

Pressé par l'espace, nous n'avons pu esquisser que les contours généraux de la *Doctrine*, et nous devons laisser au lecteur le soin de commenter cette brillante et vaste conception sociale, telle qu'elle sortit des célèbres conférences de la rue Monsigny et des conciliabules fraternitaires de Ménilmontant.

Disons seulement que la philosophie historique de Saint-Simon a prévalu parmi les évolutionnistes modernes, Herbert Spencer en tête ; que l'éthique saint-simonnienne, trop sensualiste et pas assez altruiste, fournira néanmoins d'ingénieuses et profondes aperceptions aux moralistes de l'avenir. Ajoutons enfin que, si l'organisation politique et la solution économique professées par les saint-simoniens sont quelquefois fautives, au moins le problème a été posé par eux dans toute son ampleur.

Et quelles précisions dans l'exposé de ce qu'ils appelaient la politique scientifique !

En son *Système de la Méditerranée*, Michel Chevalier disait comment on pouvait fermer l'ère des guerres et la remplacer par des grands travaux d'utilité publique, premiers facteurs de la transformation matérielle qu'aurait suivie une rénovation politique et morale.

Pour ouvrir ces voies fécondes à l'humanité progressive, l'économiste saint-simonien prenait la Méditerranée pour base d'opération et proposait un chemin de fer reliant les peuples d'Occident à Constantinople et descendant jusqu'à Alexandrie d'Egypte et au golfe Persique. Il perçait l'isthme de Suez et mettait ainsi tous les peuples européens en communication directe avec l'extrême Orient. Ce travail gigantesque devait coûter dix-huit milliards. Il ne se bornait pas absolument à la Méditerranée et à l'isthme de Suez. Il jetait des regards sur l'Amérique, qu'il brûlait de connaître et qui n'était pas, comme aujourd'hui, notre voisine. Là aussi il trouvait des voies à ouvrir pour porter rapidement la civilisation jusqu'aux extrémités du globe, et il proposait le percement de l'isthme de Panama.

Le projet de Michel Chevalier remonte à plus d'un demi-siècle. « Percer des isthmes! Entourer la Méditerranée d'un cercle de chemins de fer! Dépenser dix-huit milliards! disait récemment un rapporteur de l'*Académie des sciences morales et politiques*. Cela parut extravagant. Le budget de la France était alors d'un milliard. Le plus grand chemin de fer européen était celui de Manchester à Liverpool. Les contemporains prirent ce projet, très sérieusement étudié, pour un rêve à la façon de ceux de Fourier et accusèrent Michel Chevalier de n'être que le romancier de l'économie politique! »

Étonnamment perspicace, ce romancier, et faisant montre de vues singulièrement hautes et larges.

Et combien d'autres aperçus de cette envergure sont dus à l'école saint-simonienne !

La gravité de la situation ne leur échappait pas non plus. Enfantin prédisait, en 1830, les futures insurrections sociales :

« Quelle parole maladroite, disait-il, que celle qui se répète comme un mot d'ordre dans tous les journaux des propriétaires, pour engager les ouvriers à rester tranquilles et à attendre patiemment des mois, des années, presque des siècles, eux journaliers, qu'on daigne s'occuper de leur sort ! — « Quand donc les ouvriers comprendront-ils, dit-on, que ce n'est point par les émeutes, le refus du travail, les coalitions, qu'ils parviendront à améliorer leur sort ? » — Ils le comprendront quand ils verront que vous vous occupez d'eux, que vous avez réellement envie d'améliorer leur sort et que votre envie n'est pas oisive, étendue sur son oreiller doré. Votre position vous oblige à témoigner même plus de zèle, plus d'activité, pour atteindre ce but, que si vous étiez journaliers vous-mêmes, et non journalistes.

« Les prolétaires ne peuvent-ils pas dire, au contraire, de leur côté : — « Jusques à quand les bour-
« geois croiront-ils qu'avec des baïonnettes et la pri-
« son, ils parviendront à étouffer nos plaintes et nos
« réclamations ? » — D'ailleurs ne savent-ils pas que, vous-mêmes bourgeois, vous Tiers-État, c'est par la révolte, la grande émeute, le bouleversement d'un autel, d'un trône, par une révolution, que vous avez forcé vos anciens maîtres à écouter vos remontrances ? Plus éclairés que ne l'étaient la noblesse et le clergé, profitez donc de l'expérience, et ne poussez pas le nouveau Tiers-État à vous détrôner...

« Je sens en ce moment la tempête qui arrive. Je vois les éclairs, et j'entends les éclats de la foudre aussi distinctement que les éclairs et la foudre du ciel. »

Il n'a pas trop exagéré, croyons-nous, l'ancien ministre belge Thonissen, qui, en 1850, dans son livre, d'ailleurs malveillant et réactionnaire, le *Socialisme dans le passé*, écrivait : « Ce sont les saint-simoniens qui ont, les premiers, levé le drapeau du socialisme français. C'est dans leurs écrits qu'il faut chercher les neuf dixièmes des idées révolutionnaires qui troublent la France et l'Europe. »

CHAPITRE VIII

FOURIER ET LA THÉORIE SOCIÉTAIRE

Contraste entre Saint-Simon et Fourier. — La Critique sociale de Fourier. — Idée sommaire de sa Doctrine. — Fourier précurseur des socialistes réformistes par ses plans de société garantiste. — Les disciples.

Entre Saint-Simon et Fourier, le contraste est complet ; le premier est resté grand seigneur, dans le bon sens du mot, tout en devenant novateur ; le second, fils de pauvres boutiquiers de Besançon, s'intitule lui-même *courtaud de boutique*, et de fait il était simple commis quand il publia, dès 1808, sa *Théorie des quatre mouvements*, qui révéla un génie d'une étrange et puissante originalité.

L'ensemble doctrinal que Fourier appela *Théorie sociétaire* ou encore *Théorie phalanstérienne*, n'a ni l'ampleur philosophique ni la sûreté historique de la *Doctrine saint-simonienne ;* mais les aperçus en sont plus profonds. Et combien supérieure est chez Fourier l'analyse et la critique de l'actuel système économique ! Fourier signale, par exemple, que, dans la société présente, la pauvreté naît de la surabondance même.

Mettez la chose en langage économique, et vous aurez cet énoncé q   en régime capitaliste, le perfectionnement de l'out.. ge, l'accroissement de la productivité du travail et la multiplication des produits

ont pour résultat d'augmenter démesurément la part
de la prélibation capitaliste au détriment de celle du
travail ; ou, ce qui revient au même, de permettre à
une minorité de plus en plus restreinte de s'approprier une part toujours plus grande de la plus-value
du travail collectif et de réduire, en vertu de la loi des
salaires, un prolétariat, de plus en plus nombreux, à
un travail de plus en plus ingrat, à une misère toujours plus intense.

Du reste Fourier a été on ne peut plus explicite sur
cette question ; il a prédit la *féodalité industrielle ;*
donné la loi des *crises pléthoriques* et remarqué
qu'en se développant, le système capitaliste allait de
plus en plus substituer aux anciennes *servitudes personnelles,* décroissantes du régime romano-féodal, les
servitudes collectives croissantes, moins humiliantes,
sans doute, mais non moins implacables, du régime
capitaliste.

Tout cela, entrevu à un moment (1803-1808) où
la production capitaliste, qui avait débuté en Angleterre, était inconnue dans tout le reste de l'Europe.

Voilà pour la critique.

Le système consiste à mettre l'homme dans un milieu favorisant le développement de ses facultés et
satisfaisant ses désirs, idéalisés dans une certaine
mesure, mais tous légitimés.

« L'homme, nous dit Fourier, est ce qu'il est. Il
sera toujours guidé par l'amour des richesses et des
plaisirs ; ses passions sont aussi éternelles que légitimes, il ne s'agit que de savoir les employer à son
propre bien-être et au bien-être général.

« L'ordre sociétaire, qui va succéder à l'incohérence

civilisée, n'admet ni modération, ni égalité, ni aucune des vues philosophiques; il veut des passions ardentes et raffinées; dès que l'association intégrale est formée, les passions s'accordent d'autant plus facilement qu'elles sont plus vives et plus nombreuses. »

Sur ce thème, dont la base est assez peu édifiante et en tout cas assez fragile, puisque l'homme n'est envisagé que dans ce qu'il *est*, et aucunement dans son *devenir*, le réformateur ne tarit pas; il y revient à cent endroits de ses ouvrages, en se basant sur une conception qui mérite examen.

Frappé de l'ordre sériel qui préside à l'agencement et à la distribution de la vie universelle, Fourier pose en principe que l'*attraction est universelle*, que les *attractions sont proportionnelles aux destinées*, d'où la conclusion que la *série distribue les harmonies*.

Il n'y a plus, après cela, qu'à aider les hommes et les femmes délivrés des servitudes et des préjugés actuels, ayant brisé le joug de la famille, à se grouper conformément à leurs attirances et affinités, pour ensuite se distribuer en séries combinées. Il en résultera la plus grande somme possible de travail productif et décoratif, de bonheur individuel, de richesses générales et pe solidarité sociale.

Telle est la vraie voie, selon Fourier :

« Le moralisme se vante d'avoir étudié l'homme; il a fait tout le contraire, il n'a étudié que l'art d'étouffer les ressorts de l'âme ou attractions passionnelles, sous prétexte qu'elles ne conviennent pas à l'ordre civilisé et barbare; il fallait, au contraire, décider l'issue de cet ordre civilisé et barbare antipathique avec les attractions passionnelles, qui tendent à l'unité. » Il est temps, ajoute-t-il, de suivre la nature en ses développements.

L'enfance de l'humanité se divise en sept périodes : *séries confuses, sauvagerie, patriarcat, barbarie, civilisation, garantisme, séries ébauchées* ; nous sommes à la fin de la période de *civilisation* ; il s'agit de passer en *garantisme* pour s'acheminer vers l'organisation *harmonienne*, aux splendeurs inouïes et aux félicités édéniques.

Pour cela, nul besoin de révolution : faites fonctionner une simple Commune modèle ou *phalanstère*, et la terre entière se convertira, en peu d'années, tant les premiers résultats seront éclatants et merveilleux.

Dans le *phalanstère*, tout sera organisé pour la vie attrayante et libre, une vie au goût de chacun ; commun, si l'on veut, solitaire, si on le préfère. On y poursuivra deux objets : la commodité générale et le bien-être individuel. Les logements, les salles de réunions, les réfectoires, les ateliers, les cuisines, les caves, les greniers, les offices, tout y sera disposé de manière à assurer des rapports prompts et faciles, des distractions variées, un service économique intelligent. Chaque famille trouvera à se loger, suivant sa fortune et selon ses besoins, sans qu'il en résulte jamais pour elle une humiliation, dans le contraste, si elle est pauvre, un motif d'orgueil si elle est riche.

Beaucoup de phalanstériens seront très riches, presque tous riches, et il n'y aura pas de pauvres parmi eux, un minimum, non pas seulement suffisant, mais satisfaisant, étant assuré à tous. L'éducation sera un plaisir pour les enfants, le travail une série de fêtes pour les adultes ; toutes les jouissances de la vie humaine et de l'art ensoleilleront la vie des phalanstériens, qui, après avoir traversé la période garantiste, remplaceront la famille actuelle par l'amour libre et les mœurs harmoniennes.

En attendant, le bien des individus et des groupes ne fera pas négliger le bien général : *des armées agricoles et industrielles* volontaires s'en iront, comme à une fête, comme à une expédition glorieuse, exécuter systématiquement les grands travaux de défrichement, de reboisement, de dessèchement, bref d'amélioration et d'embellissement du Globe, dont l'aspect sera transformé, la fertilité quadruplée, et dont les climatures mêmes seront modifiées par la science et l'activité humaines. La terre deviendra ainsi un véritable paradis terrestre.

Quoi encore ?

Préparez-vous à d'autres prodiges ; toutes les passions humaines étant sériées, combinées, engrenées, harmonisées, il en résultera, dans l'universalisation et dans l'affinement des plaisirs, une moralité supérieure, faite, non pas de privations stériles par préjugé religieux ou social, mais de bonté, de dévoûment, et se déployant, pour le plaisir de chacun, pour le bonheur de tous, dans la solidarité générale et dans l'*Harmonie universelle*, ayant pour expression religieuse l'*Unitéisme*.

Ce trop court résumé ne saurait donner une idée suffisante de l'ingéniosité et de la multiplicité des vues de Fourier, qui, dans l'exposé de ce qu'il appelle le *Garantisme*, période préparatoire de la *Phase harmonienne*, a indiqué à peu près tous les desiderata du collectivisme réformiste contemporain (droit au travail et à l'existence, socialisation des monopoles, magasins communaux, docks warrantés, etc., etc.).

Comme le saint-simonisme, l'école phalanstérienne
peut s'honorer de ses adeptes. Parmi les plus connus,
Just Muiron, Victor Considerant, Toussenel, H. Re-
naud, F. Vidal, Barrier, Krantz, général Tamisier,
Eugène Nus, E. de Pompery, Victor Meunier, André
Godin, Ch. Pellarin, H. Destrem, A. Ottin, Clarisse,
Vigoureux, Eugène Sue, Hennequin, W. Gagneur,
Brisbane, H. Brissac... Il en faudrait énumérer des
centaines d'autres, qui, tous, rivalisèrent d'activité et
de dévoûment.

Les idées de Fourier se répandirent rapidement, et
plus que celles d'aucune autre école socialiste, dans une
grande partie de l'Europe et de l'Amérique du Nord,
surtout dans la Bourgeoisie; enfin elles sont la source
féconde où a le plus puisé le socialisme actuel.

CHAPITRE IX

ROBERT OWEN ET SON ŒUVRE

Robert Owen à la fois philanthrope, réformiste et novateur.
— New-Lanark. — Premiers succès d'Owen. — Sa disgrâce
devant l'opinion, d'abord si favorable. — Sa propagande.
— Son système. — Conclusion.

> La bonté qui du monde éclaire le visage,
> La bonté, ce regard du matin ingénu,
> La bonté, pur rayon, qui chauffe l'inconnu...

La bonté dont parle ainsi le poète de la *Légende
des Siècles* fut le trait dominant de Robert Owen.
C'est la bonté qui fit de lui un philanthrope, en
même temps qu'un novateur, le plus avisé des praticiens, en même temps que le plus audacieux des
théoriciens.

N'est-ce pas aussi cet ardent et profond amour de
ses semblables qui, lui dévoilant tous les ressorts de
l'âme humaine, lui permit de débuter dans la vie par
une sorte de miracle social ?

Car ce fut un miracle, que cette création de New-
Lanark qu'il commença à vingt-deux ans, qu'il avait
parfaite à vingt-cinq, transformant un lieu sauvage
du pays de Galles en une florissante contrée industrielle ; un ramassis de vagabonds et de repris de

justice en une population ouvrière modèle et heureuse.

Il est merveilleux qu'un tel succès personnel n'ait pas grisé le jeune réformateur, au point de lui faire consacrer sa vie entière à des rédemptions partielles de ce genre. Mais non, son principe de bonté l'obligeait à se préoccuper de l'espèce humaine tout entière et tout d'abord de l'ensemble de cette classe prolétarienne, qu'il connaissait si bien, en sa qualité d'industriel philanthrope et de fils de ses œuvres. Il comprit vite qu'en système capitaliste les bonnes volontés patronales sont forcément impuissantes et, devançant les temps, il demanda, dès 1811, l'intervention des pouvoirs publics, pour la protection des travailleurs, pour la limitation légale de la journée de travail. Ce fut là aussi l'objet de la pétition célèbre qu'il fit parvenir, en 1818, aux souverains réunis à Aix-la-Chapelle.

En même temps qu'il s'adressait aux gouvernements, Owen recommandait l'action collective à tous les exploités; il leur révélait la puissance magique de l'association ouvrière, qu'il appela d'un nom nouveau qui lui est resté: *la Coopération*.

Prêchant d'exemple, il se fit agitateur et organisateur ; et, aidé par d'enthousiastes disciples, parmi lesquels Travis, Wansittart-Neale, Booth Alger, Flessing, Hanhart, Roume, Baxter, Haslin, Combe, Allen Thompson, Holyoake, Rodrigues, etc., il inaugura brillamment le mouvement coopératif, qui, depuis, a fait si grande figure dans le monde.

Les débuts d'Owen furent brillants. Dans le parti radical anglais, on tenait le réformateur gallois pour l'un des plus grands hommes de l'Angleterre; on l'appelait communément le *patriarche de la Raison*.

Dans les rangs des conservateurs même et jusque

dans la plus haute aristocratie anglaise, Robert Owen comptait des sympathies nombreuses. Le duc de Kent, le père de la reine actuelle, alors héritier présomptif, se disait ouvertement le disciple et l'admirateur du fondateur de New-Lanark. Pourquoi faut-il ajouter que cette faveur méritée, qui semblait grosse de tant de progrès sociaux, fut emportée, en un clin d'œil, comme la rosée par un soleil d'été ?

Owen, avons-nous dit, poursuivait le bien de l'Humanité entière ; il comprenait très bien que pour cela ce n'était pas seulement de législation industrielle et de coopération qu'il pouvait s'agir, mais d'une rénovation intégrale, c'est-à-dire philosophique, politique, économique.

D'aucuns s'inquiétaient de cette tendance. Cette inquiétude se transforma en stupeur lorsque le novateur fit précéder l'exposé de son système d'une critique virulente : le christianisme fut qualifié de monstruosité, la famille d'institution oppressive et démoralisante, la propriété individuelle d'iniquité à détruire. Il disait sans ambages :

« De même que les religions révélées et que la *propriété individuelle*, le *mariage* et l'ancienne famille doivent aussi disparaître. Oui, je déclare au monde entier que l'homme, jusqu'à ce jour, sur tous les points du globe habité, a été l'esclave d'une trinité qui est la plus monstrueuse combinaison qu'on puisse imaginer pour frapper notre race entière de maux intellectuels et de maux physiques. Je veux parler de la propriété privée, des systèmes religieux absurdes et irrationnels, enfin du mariage, fondé sur cette propriété privée, combiné avec l'un de ces absurdes systèmes religieux. »

Dans le même ouvrage, il reprochait aux radicaux de négliger les questions essentielles, pour s'amuser à des *enfantillages*.

Il n'en fallait pas tant pour transformer en *fou dangereux* le *patriarche de la Raison*.

La mort du duc de Kent, son fidèle protecteur, étant survenue sur cette entrefaite, Owen vit succéder, sans transition, la plus violente hostilité aux innombrables sympathies de la veille.

Mais l'homme de bien ne se laissa pas décourager. Fort de sa conscience, il se tourna exclusivement vers la classe ouvrière ; on le vit même devenir, un moment, le redoutable porte-voix des révolutionnaires chartistes.

Ce fut une vie nouvelle, alternée par des essais de colonies communistes en Amérique, essais infructueux, malgré le dévouement de Miss Frances Wright et de quelques autres disciples intelligents et actifs, et par une campagne de propagande en France, où se constitua un groupe owénien, dirigé par Jules Gay, Evrat et Radiguel.

Toute cette activité n'empêchait pas le grand socialiste de se vouer surtout à la propagande écrite ; il fonda ou inspira plus de vingt journaux et publia un nombre incalculable de *Tracts*, pour vulgariser sa théorie, qu'il appelait le *Système rationnel*, et dont nous voudrions du moins donner une idée sommaire :

L'accroissement inouï des forces mécaniques suffirait, dit Owen, pour satisfaire tous les besoins de la population du globe ; et pourtant, le plus grand nombre, exténué de travail, gémit dans la misère.

Le mal vient du salariat ; il vient aussi de ces reli-

gions impuissantes, qui tentent de justifier les iniquités sociales par de menteuses promesses extra-ter-
restres. Le mal est donc à la fois : philosophique et
économique. Le remède est dans l'extirpation des
religions révélées et dans l'établissement d'institutions communautaires.

La fatalité domine l'homme ; ses convictions, ses
actions ne sont que des résultats de son organisation
originelle et des influences extérieures. L'irresponsa-
bilité est une loi naturelle.

Il n'y a ni bien ni mal; il n'y a que des malades, que
des moralités souffrantes. A la donnée chrétienne du
salut individuel extra-terrestre doit se substituer celui
du bonheur terrestre ayant, avec ses nouvelles justices familiales, politiques et économiques, sa morale
nouvelle, qui rendra tous les hommes heureux, justes
et bons, en ayant pour base la bienveillance mutuelle.

Que faut-il pour cela ?

1° Une religion rationnelle et naturelle qui aurait
pour but la recherche de la vérité, l'étude des faits et
des circonstances produisant le bien et le mal, et, pour
prescription morale, le commandement d'aimer ses
semblables, d'être fraternel avec eux, compatissant
avec tout ce qui vit, sans oublier de se bien gouverner et de vivre heureusement;

2° Un gouvernement rationnel, électif et républicain, qui consacrerait la responsabilité sociale et
règlerait les choses de telle sorte que chaque membre de la communauté serait toujours pourvu des
meilleurs moyens de consommation, à la condition
de travailler selon ses moyens et son industrie. Du
reste, la tâche de chacun serait douce et facile, vu les

5.

progrès scientifiques et mécaniques, qui ont agrandi la destinée de l'homme contemporain.

Dans ce système, l'éducation sociale prendrait l'enfant dès la salle d'asile et le façonnerait jusqu'à l'âge de quinze ans, sans recourir aux moyens coercitifs de l'éducation actuelle. Le sentiment de l'émulation, le contentement des maîtres et des camarades, voilà les coercitifs.

Ce n'est qu'après avoir été développé intellectuellement et physiquement que l'adolescent entrerait dans l'atelier coopératif ou communautaire de son choix, où il ne serait assujetti, et encore compte tenu de sa vocation et de ses préférences, qu'à un travail attrayant, varié et de peu de durée, les progrès mécaniques permettant amplement cette économie et cette meilleure direction de l'effort humain.

Telle est l'originale doctrine de cet irréprochable bienfaiteur des hommes qui travailla, soixante ans, sans se lasser, à la félicité publique. Jamais on avait réuni à ce degré les audacieuses conceptions et le praticisme méthodique.

Robert Owen, au même titre que Saint-Simon et que Fourier, doit être honoré comme l'un des trois grands précurseurs du socialisme moderne.

Il en fut le meilleur, et sa bonté infinie, son infatigable dévouement social, ajoutent à sa gloire.

———————

CHAPITRE X

L'ACTION EUROPÉENNE DU SOCIALISME IDÉALISTE FRANÇAIS

Efflorescence du socialisme idéaliste en France, le caractère prosélytique du peuple français. — Opinion de J. de Maistre. — Les fondations de la propagande française en Europe et en Amérique. — Paris en 1846. — Le Deux Décembre et le manifeste de Mazzini. — Le déclin de la propagande française. — La Commune de Paris.

Si brillant, si adorné était sorti le Socialisme des écoles saint-simonienne et fouriésiste, qu'il s'imposa rapidement à la partie éclairée de l'opinion française pour de là, tout éclatant de poésie, commencer la conquête de l'Europe démocratique.

« Il est, dit Blaze de Bury, dans son *Essai sur Gœthe*, il est une heure heureuse et charmante où les idées s'échappent du cœur, une à une, sans ordre et sans suite, presque sans ressemblance ; on reconnaît la source d'où elles partent, ainsi que leur aimable parenté, à la grâce naïve qui les décore ; elles s'ouvrent au soleil de côté et d'autre, et fleurissent isolées, époques d'illusions ineffables, printemps de la vie des poètes. »

Printemps des idées aussi, que ces époques d'optimisme vaillant, de prétentieux mais généreux subjectivisme, d'ardente et de vivante foi, époque où le culte de l'idéal colore l'observation des faits, où l'espérance qui domine, parée des couleurs les plus éclatantes, de tous les scintillements prismatiques de l'éternelle illusion, revêt autant de formes qu'elle passionne de penseurs et s'élève à autant de degrés qu'elle entraîne de croyants.

Ainsi peut être caractérisée l'efflorescence socialiste française de 1830 à 1851.

Le Socialisme avait alors si bien le vent en poupe, dans le monde lettré, que, en dehors des socialistes proprement dits, parmi ses propagateurs intermittents et subjugués, il pouvait compter Chateaubriand, le patriarche littéraire, Béranger, le poète national, et nombre de célébrités plus récentes et plus militantes : Victor Hugo, Lamennais, George Sand, Eugène Sue, Esquiros, Daniel Stern, François Huet, Eugène Buret, Pierre Dupont, Lachambaudie, etc.

Ce ne sont là que quelques noms, et c'est une longue liste que nous devrions dresser, car toute la littérature française était imprégnée de socialisme. Devant un si irrésistible courant de sympathies, Henri Heine, émerveillé, écrivait :

« C'est un avantage incalculable pour le socialisme qu'il ait pour lui tous les grands esprits, et que ses adversaires, s'il en est, ne se défendent que par une plate nécessité, sans confiance en leur droit et même sans estime foncière pour eux-mêmes. »

Cet avantage est dû surtout à ce fait que le socialisme était né en France, la nation propagandiste par excellence. Robert Owen fut bien l'un des trois grands précurseurs ; mais Robert Owen est un enfant du pays de Galles, et, par le caractère de son prosélytisme, il révèle son origine celte. Au surplus, sa

propagande, si elle balança celle des fouriéristes dans
l'Amérique du Nord, fut presque nulle sur le continent, que pénétra si rapidement la propagande socialiste française, brillant renouveau de la récente propagande révolutionnaire dont elle fut l'héritière et la
continuatrice.

. Joseph de Maistre avait dit, trente ans auparavant, de
la France révolutionnée : « Ce peuple est une conjuration, » et il ajoutait en forme d'admonestation
adressée aux Français, alors en armes contre les monarchies européennes coalisées :

« Au moins, si vous n'agissiez que sur vous-mêmes,
on vous laisserait faire ; mais le penchant, le besoin,
la fureur d'agir sur les autres est le trait le plus sail-
lant de votre caractère. — On pourrait dire que ce
trait est vous-mêmes. Chaque peuple a sa mission,
telle est la vôtre. La moindre opinion que vous lancez
sur le monde est un bélier poussé par trente millions
d'hommes ! »

Un esprit pondéré, M. Dupont-White, le beau-père
du président de la République, a constaté lui aussi le
caractère prosélytique de toutes les grandes initiatives
françaises :

« Certes, dit l'auteur de la *Liberté politique*, les
révolutions n'ont manqué nulle part au monde moderne ; mais il est bien connu que celles qui naissent
entre le Rhin, les Alpes et les Pyrénées franchissent
les fleuves et les monts. La France fait sur elle-même
des expériences politiques à l'usage du monde entier.»

Plus près de nous, le poète de la *Justice* a écrit :

> Je compte avec horreur, France, dans ton histoire
> Tous les avortements que t'a coûtés ta gloire,
> Mais je sais l'avenir qui tressaille en ton flanc :

Comme est sorti le blé des broussailles épaisses,
Comme l'homme est sorti du combat des espèces,
La suprême Cité se pétrit dans ton sang.

La *suprême Cité*, c'est la cité socialiste, où, dans le
bien-être universel et dans l'excellence morale de tous
les citoyens éclairés, égaux en droits et libres, s'épa-
nouiront la liberté, la justice et la solidarité. A la réalisation de ce splendide avenir, Sully Prudhomme a
raison de le proclamer, la France, malgré ses trop
fréquentes défaillances, aura contribué plus que toute
autre nation, puisque c'est elle qui, au sortir de la
fournaise révolutionnaire et des hécatombes impé-
riales, a couvé, poétisé, armé le socialisme par les
livres de ses penseurs et de ses poètes, par les héroïques insurrections de ses prolétaires, et l'a ensuite
projeté sur le monde plein de puissance et de vie.

Dans le livre si intéressant et si vivant qui a, pour
titre : *Die Soziale Rewegung in Frankreich und Bel-
gien*, et qui traite en effet du mouvement social en
France et en Belgique, Karl Grün écrivit en 1843 :

« La noble France qui a donné le socialisme au
monde ne peut plus périr. »

A l'époque dont parle le socialiste allemand, tous
ou presque tous les groupements socialistes d'Europe
et d'Amérique étaient, le fait saute aux yeux, d'inspiration française.

Buonarotti avait semé le communisme révolutionnaire en Belgique et dans tous les pays latins ; le
saint-simonisme était puissant en Italie, où il avait
été introduit par l'éminent patriote livournais, Mon-
tanelli ; à Bruxelles, où il avait pour principal représentant Mme Gatti de Gamont.

Quant au fouriérisme, il avait essaimé dans la plupart des grandes villes européennes ; il avait des groupes agissant à Lausanne, à Genève, à Zurich, à Florence, à Gênes, à Barcelone, à Madrid, à Porto...

Presque tous les écrivains, presque tous les vulgarisateurs socialistes du temps et notamment les Belges : Demeur, Adelson Castiau, Prosper Eslens, Gérard, Mathieu, Spilthoorn ; les Suisses : Griess-Traut et Karl Bürckli ; les Espagnols : Joachim Abreu et Manuel Sagracio de Bellay ; l'Italien Daniel Lévy, et le Danois Frédéric Dreyer, se recommandaient de l'une quelconque des écoles françaises ou d'un composé éclectique de plusieurs d'entre elles, comme ce fut le cas de Weitling.

L'ouvrier tailleur Weitling, qui fut le véritable précurseur du socialisme en Allemagne, était devenu socialiste à Paris, et son œuvre capitale *Garantien der Harmonie und Freiheit* (*Garanties de l'harmonie et de la liberté*) n'est qu'une combinaison plus ou moins utopique, mais remarquable, à coup sûr, de la solidarité communiste et des affinités fouriéristes. C'est au nom de ces idées *communistes phalanstériennes* que se groupèrent et se fédérèrent d'abord les prolétaires allemands réfugiés à l'étranger, et cela avec tant d'ardeur et de dévouement à la cause socialiste, que le gouvernement suisse, pris de peur, persécuta rigoureusement, et que les gouvernements français et belges expulsèrent impitoyablement les socialistes allemands.

Là ne s'arrête pas la propagande française. De l'autre côté de l'Atlantique, dans l'Amérique du Nord, où déjà Robert Owen avait importé des coopérations communistes, le fouriérisme s'affirma bientôt avec Albert Brisbane et Horace Gresley par la fondation successive de trente-sept phalanstères d'essais.

L'Angleterre, patrie de Robert Owen, semblait iaire exception ; mais le communisme radical du grand socialiste gallois émanait évidemment de celui de William Godwin, l'illustre auteur de *Caleb William* et de la *Justice politique*, publié en 1793, et où est développé ce thème :

« Dieu n'est qu'une entité malfaisante dont il faut chasser l'idée de son cerveau. La règle universelle de conduite est dans la justice abstraite, et le but commun est dans le bien abstrait. *Le jour où chaque être humain, faisant ce qui lui semble bon, fera en même temps le bien de la communauté, le grand secret de la politique sera trouvé.* En attendant, la raison doit être la régulatrice du monde. L'intérêt individuel ne doit jamais résister devant l'intérêt collectif. En un mot, il faut substituer la communauté à la propriété individuelle. Le mariage aussi est une propriété, et la pire de toutes ; il est en outre une institution absurde et immorale : l'abolition du mariage, loin d'ouvrir les portes à la dépravation n'entraînerait avec elle que des conséquences heureuses et consacrerait l'égalité de l'homme et de la femme.

« Tous les maux sociaux viennent de mauvaises institutions. Ce n'est pas la loi de la nature, ce n'est que la loi d'un état social très factice qui entasse sur une poignée d'individus une si énorme surabondance, tandis que d'autres manquent de tout. L'Humanité s'est trompée, il faut qu'elle change de route ; ce n'est que par la communauté des biens et l'entière liberté morale de l'être individuel qu'elle peut être sauvée dans la justice. »

Ne trouve-t-on pas là, sous une forme violente,

les idées principales que le réformateur gallois devait développer plus tard dans son *Système rationnel ?*

Or Godwin était un fils intellectuel du xviii siècle français et l'un des plus fervents adeptes de la Révolution française, dont il parle avec un enthousiasme indicible.

« C'était l'année de la République française, dit-il ; un grand sentiment de liberté gonflait mon cœur et le faisait battre plus fort. Depuis neuf ans, j'étais républicain en principe. J'avais lu avec satisfaction Rousseau, Helvétius et autres auteurs français. Je fus introduit par Holhraft dans le cercle des amis exaltés de la Révolution française, où se trouvaient entre autres : Thomas Hardy, Horne, Toche, Payne, le grand chimiste Priestley, Fox, Mackintosh, etc. »

C'est dans ce milieu que ses idées s'accentuèrent et qu'il conçut le plan de la *Justice politique.*

Pendant la période de 1830 à 1848, le socialisme anglais eut, outre Robert Owen, trois représentants influents : Bray, Bronterre O'Brien, Ernest Jones. Le premier, penseur original, peut être considéré comme le père du mutuellisme, qu'il exposa, en 1839, c'est-à-dire avant Proudhon. Les deux derniers, l'Irlandais Bronterre surtout, relevaient du communisme continental.

Cependant Paris, centre rayonnant de toute cette expansion socialiste, brillait, selon la pittoresque expression de Herzen, comme *l'Étoile conductrice des peuples.* Là pensait, conspirait et travaillait l'élite de la France et de l'Europe ; là étaient réunis et bien accueillis les vaincus de toutes les grandes causes nationales, politiques et sociales.

De cet immense échange d'idées, de projets et d'espérances, se dégageait une atmosphère surchargée d'énergies révolutionnaires et d'aspirations novatrices.

« Nous étions arrivés, me disait avec émotion plus de trente ans après (en 1876) Bakounine mourant, nous étions arrivés à croire fermement que nous assistions aux derniers jours de la vieille civilisation, et que le règne de l'égalité allait commencer. Bien peu résistaient au milieu surchauffé de Paris ; généralement deux mois de boulevard suffisaient pour transformer un libéral en socialiste. »

Surprise par une révolution trop hâtive, cette germination superbe, qui donnait déjà tant de fleurs et promettait tant de fruits, fut fauchée par le vent glacial de réaction qui suivit la défaite des ouvriers de Paris en juin de 1848. Sans doute que, comme l'Homme-Dieu de la légende chrétienne, le socialisme ne pouvait pas périr ; sans doute qu'après le troisième lustre il ressuscitera d'entre les morts et que nous le verrons, plus puissant que jamais et, sûr de la victoire finale sur le mal moral et les iniquités sociales, convier tous les espérants et les souffrants, armée innombrable et irrésistible, aux batailles saintes de l'émancipation des prolétaires et de la régénération humaine ; mais, pour le moment, ce sont pour lui les heures sombres du passage dans les limbes, et ses partisans, dispersés à tous les vents de la réaction, n'auront plus la France pour centre victorieux de ralliement.

La France qui sonnait la diane révolutionnaire et conviait les plèbes aux rénovations socialistes, elle râle, souillée, sous le talon sanglant de Louis Bonaparte, qui, de président parjure d'une République démocratique qu'il a traîtreusement étranglée, est

devenu le néfaste empereur de la compression à
outrance, de la ploutocratie triomphante, de la démoralisation publique, en attendant de s'effondrer
sous le poids de l'invasion étrangère, que devait
suivre le démembrement de la patrie.

D'une si lamentable faillite morale, Mazzini le
premier, dans un pamphlet violent et injuste, voulut
irer les conséquences : la fin de l'hégémonie démocratique française.

Seulement, cédant à ses ressentiments sectaires,
Mazzini s'en prit des récents et irréparables désastres
aux seuls démocrates socialistes français, qui pourtant étaient les vaincus, non les coupables.

« Je les accuse, écrivit-il, d'avoir desséché les
sources de la foi, analysé l'homme, poussé l'ouvrier
vers l'égoïsme, en concentrant presque exclusivement
l'attention de tous vers le problème des intérêts matériels, en donnant pour *but* au travail européen ce
qui ne devait en être que le *moyen*, en prenant comme
principe l'amélioration physique, ce qui ne peut être
qu'une conséquence de l'amélioration morale.

« Je les accuse d'avoir répété avec Bentham et Volney : *La vie est la recherche du bonheur*, au lieu de
répéter avec tous ceux qui ont produit de grandes
transformations dans le monde : *La vie est une mission, c'est l'accomplissement d'un devoir.* »

Sur cette pente, Mazzini descendit jusqu'à l'injure.

« Je les accuse d'avoir laissé croire qu'on régénère un
peuple en l'engraissant, d'avoir fait de la question de
l'humanité une question de pot-au-feu de l'humanité ;
d'avoir dit : *à chacun selon sa capacité, à chacun selon ses besoins*, au lieu de crier, sur les toits : *à chacun
selon son amour, à chacun selon son dévouement.*

« Ils sont coupables, en outre, d'avoir dit : *Ce que la France doit à l'Europe, c'est la solution du problème de l'organisation du travail.* »

Tout le pamphlet mazzinien est dans ce ton ; quant à la conclusion, elle fut d'une précision inexorable :

« Le progrès actuel des peuples est de s'émanciper de la France.

« Le progrès actuel de la France est de s'émanciper du xviii° siècle et de sa Révolution. »

Écrit en février 1852, le réquisitoire du célèbre conspirateur s'attaquait à un parti qui, décimé en Juin 1848 et frappé encore en Juin 1849, venait d'être écrasé par le coup d'État de Décembre et ne comptait plus que des morts, des déportés, des emprisonnés et des proscrits. L'heure était trop cruelle pour parler ainsi, et la riposte de Proudhon, datée de Sainte-Pélagie, fut très applaudie, notamment ce passage :

« C'est donc chez vous une idée fixe de féruler le socialisme? Ce n'est pas assez de la clameur qui, depuis quatre mois, en France et par toute l'Europe, appelle l'extermination contre les révolutionnaires du siècle? Il faut que vous y joigniez vos instructions pastorales et vos monitoires. Homme d'ordre, homme de gouvernement, homme de piété surtout, ex-dictateur, aspirant pontife, vous tenez à bien constater, à la face du monde, toute votre horreur pour les misérables qui ont osé tirer la Révolution dernière du mouvement philosophique et social commencé depuis les croisades.

« C'est sur les ruines du socialisme que vous posez la première pierre de votre restauration, et vous choisissez le moment où, de l'avis de tout le monde, le socialisme est devenu le dernier mot de la Révolu-

tion, l'organe le plus véhément de la résistance, où
des milliers de citoyens, qualifiés, à tort ou à raison,
de socialistes sont arrêtés, expulsés, internés, déportés à Cayenne et à Lambessa !... »

Dans une lettre amicale mais ferme, George Sand
reprocha justement à Mazzini de n'avoir fait en cette
occasion qu'œuvre de partisan étroit et haineux :

« Si vous morigéniez tout le monde, oui, tout le
monde indistinctement, vous feriez une bonne œuvre;
si, faisant de doux et paternels reproches aux socialistes, comme vous avez le droit de le faire, vous
leur disiez qu'ils ont mis parfois la personnalité en
tête de la doctrine, ce qui est malheureusement vrai
pour plusieurs; si vous les rappeliez à vous, les bras
ouverts, le cœur plein de douleur et de fraternité, je
comprendrais que vous disiez : « Il faut dire en tout
« temps la vérité aux hommes. »

« Mais vous faites le contraire : vous accusez, vous
repoussez, vous tracez une ligne entre deux camps,
que vous rendez irréconciliables à jamais, et vous
n'avez pas une parole de blâme pour une certaine
nuance que vous ne désignez pas et que je cherche
en vain; car je ne sache pas que, dans aucun,
il y ait eu absence d'injustice, de personnalité,
d'ambitions personnelles, d'appétits matérialistes, de
haine, d'envie, de travers et de vices humains en un
mot. Prétendriez-vous qu'il y en eût moins dans le
parti qui s'appelle Ledru-Rollin que dans tout autre
parti rallié autour d'un autre nom ? Ce n'est pas à
moi qu'il faudrait dire cela sérieusement. Les
hommes sont partout les mêmes. Un parti s'est-il
mieux battu que l'autre dans ces derniers événements ? Je ne sais au nom de qui se sont levées les

bandes du Midi et du Centre, après le Deux Décembre. On les a intitulées socialistes (1).

Ce sont bien, en effet, les *rouges*, c'est-à-dire les socialistes, qui résistèrent sérieusement au coup d'État. Un seul représentant du peuple se fit tuer sur les barricades : Baudin ; or Baudin, ses discours de 1850 le prouvent, était socialiste.

Plus justes, mais non moins aigris que Mazzini, les progressistes européens qui avaient été écrasés en Italie, en Allemagne, en Autriche, en Belgique, en Hongrie, en Angleterre, partout enfin où ils avaient lutté, et qui avaient tant compté sur les élections françaises de 1852 pour la réouverture des combats nationalistes et démocratiques, cherchèrent eux aussi des coupables, et ils s'en prirent à la France elle-même ; ils doutèrent, pour la première fois, de la *Grande Nation*. Elle avait été, surtout depuis un siècle, la formidable réveilleuse des peuples, et voilà qu'elle s'était abandonnée au point de devenir le pivot de la réaction, de foyer révolutionnaire qu'elle était encore quelques mois auparavant. Pour ce motif, les nouveaux protestataires acceptèrent des conclusions de Mazzini celle où il était dit que la démocratie européenne devait briser l'hégémonie séculaire de la démocratie française.

Ainsi fut fait, et ce fut justice, si les peuples n'ont que les gouvernements qu'ils méritent.

Sous l'influence funeste des Thiers, des Berryer, des Montalembert, des Falloux, des Romieu et de tous les complices de la rue de Poitiers, la France s'était,

---

(1) George Sand, *Correspondance*, III, p. 344, 346. Lettre à Mazzini.

par peur du socialisme, lâchement livrée à un aventurier ; elle y perdit plus que sa liberté : elle laissa dans cette boue conservatrice, avec sa puissance de rayonnement moral et de propagandisme révolutionnaire, sa haute dignité morale (1).

« La France, pouvait bientôt écrire·Eugène Pelletan, dans la *Nouvelle Babylone*, la France ne pense plus... elle ne sait même plus ce qu'elle a pensé... elle a laissé éteindre son âme par un souffle de passage. »

Cela était vrai de la Bourgeoisie et de la foule jouisseuse ; mais, dans le Prolétariat, il restait des soldats de l'idée et de la justice. Ils vinrent à l'*Internationale*, et, par la Commune de Paris, ils se mirent encore une fois, pour quelques semaines, à l'avant-garde du socialisme révolutionnaire. Ce fut un court mais fécond renouveau de la propagande française, qui, si elle avait perdu le Verbe, avait conservé l'initiative de l'action.

Quand les inoubliables massacres de la *Semaine sanglante* et la féroce répression qui suivit eurent sacré martyre la grande vaincue, ce fut une explosion de socialisme : en Italie, en Portugal, en Danemark, en Russie, en Hongrie, en Serbie, en Pologne, en Roumanie, partout où la propagande de l'*Internationale* n'avait pu atteindre (2).

(1) Voir, sur ce point, le témoignage peu suspect d'exagération d'Eugène Spuller : *Histoire de la seconde République française*. Les vues clairvoyantes et généreuses abondent dans ce livre, un des meilleurs qui aient été écrits sur la révolution de Février.

(2) Les excès de la réaction versaillaise furent tels, que des penseurs très pondérés et très modérés, comme le vénérable Charles Fauvety, vouèrent les massacreurs à l'exécration. Voici

Mais, si devant de tels résultats, on put dire, adoptant une phrase de Tertullien : « Sang de communalistes francais, semence de socialistes européens, » il n'en reste pas moins vrai que la pensée sociale française était épuisée, et que ce n'est pas d'elle, on le verra dans les dernières parties de ce livre, qu'allaient s'inspirer les nouveaux militants.

Mais la précipitation des événements tragiques nous a fait franchir une période transitoire du socialisme, sur laquelle il convient de revenir avant de traiter du socialisme réaliste, d'inspiration allemande.

en quels termes le directeur de la *Religion laïque* répondit à une page déplorable de Littré contrè la Commune :

« Après la victoire du parti de l'ordre et après la façon dont ce parti a usé de la victoire ; après toutes les tueries, les boucheries, les fusillades, les mitraillades qui ont suivi la lutte ; après tant de sang répandu, après tant de massacres, devant lesquels pâlissent les grands massacres historiques du passé : Journées de Septembre, nuit de Saint-Barthélemy, sac de Béziers et de Magdebourg ! — Après tant de prisonniers immolés, tant d'autres soumis à d'affreuses tortures et entassés ensuite sur les pontons, après les arrêts rendus par les conseils de guerre, et, — iniquité non moins grande et plus écœurante ! — après le spectacle donné par la presse de l'ordre, après la danse sauvage que les journaux conservateurs ont exécutée, en hurlant leurs cris de mort et outrageant leurs prisonniers, je tiens à déclarer hautement que c'est aux vaincus que vont désormais et mon estime et ma sympathie, et je puis m'écrier avec la Sabine de Corneille :

> Que je garde, au milieu de tant d'âpres rigueurs,
> Mes larmes aux vaincus, *mon mépris* aux vainqueurs.

Je ne dis pas ma *haine*, parce que, en vérité, je ne les hais pas : je ne veux pas haïr ; je ne puis pas haïr les hommes : J'AIME L'HUMANITÉ ! Et puis, lorsqu'on SAIT, on ne hait plus. (Ch. Fauvety, juillet 1871.)

LIVRE TROISIÈME

LES SOCIALISTES DE TRANSITION

CHAPITRE XI

LES ÉPIGONES DE L'ÉCOLE FRANÇAISE

Premières vues pratiques du socialisme français. — Pierre Leroux, Buchez, Raspail, Pecqueur, Vidal, Colins. — Le mutuellisme de Proudhon.

C'est surtout aux adeptes des doctrines saint-simonienne et fouriériste, de la seconde surtout, que revient l'honneur de la propagande idéaliste dont il vient d'être parlé. Toutefois, le socialisme français eut d'autres manifestations.

A côté des saints-simoniens : Enfantin, Barrault, Michel, Chevalier, Hyp. Carnot ; des fouriéristes : Just Muiron, V. Considérant, Toussenel, Victor Meunier, H. Renaud, Barrier, Pellarin et de trentaines d'autres écrivains estimables et propagandistes actifs et éminents des deux écoles mères, c'était une pléiade de penseurs, se distinguant par une théorie particulière, autour de laquelle ils groupaient de nombreux disciples.

Pierre Leroux s'efforçait de marier son pythago-

6

risme évolutionniste avec de vagues aspirations humanitaires et communistes, et il voyait la solution dans
la constitution de *Communes sociales*.

Buchez fondait *l'école catholico-conventionnelle* et
se faisait, en France, le premier champion des associations ouvrières, appelées, selon lui, à résoudre rapidement la question sociale.

Raspail avait été frappé de la déperdition des
richesses et des forces dans la société individualiste,
et il voulait, par l'association des efforts et par l'organisation des services de consommation, accroître les
ressources et le bien-être, faire circuler la vie dans le
grand corps politique avec la même puissance et la
même régularité que dans le cœur humain, en un
mot « faire de l'État une grande famille ».

Pecqueur posait, dès 1836, les fondements du collectivisme moderne :

« La solution, disait-il, dans son *Économie sociale*,
la solution est dans la socialisation graduelle des
capitaux productifs, ou, en d'autres termes, de la
matière et des instruments de travail qui devront être
employés, non directement par l'État, mais par les
associations contrôlées par l'État et lui payant redevance.

« On devrait commencer par la socialisation de la
Banque de France et du Crédit en général ; continuer
par les chemins de fer, les mines, canaux, etc.

« Ainsi outillé, l'État pourrait créditer largement les
travailleurs corporativement organisés et opérer sans
secousses la subsitution du travail *associé au travail
salarié.*

« On suivrait en cette œuvre la piste même de la

monopolisation ; on organiserait d'abord le travail
industriel, puis le travail commercial, pour terminer
par le travail agricole.

« Dans la nouvelle organisation, chaque travailleur
disposerait librement de la rémunération à lui attribuée par son travail. »

Pecqueur s'attachait ensuite à rassurer les timorés, et
il conviait toutes les bonnes volontés à l'œuvre pacifique et sainte de la rédemption humaine.

« Le Socialisme pur a un dogme fondamental bien
fait pour rassurer les esprits les plus prévenus, les
positions les mieux assises ; c'est sa formule sacra-
mentelle : *droit au travail, à une fonction ; droit égal
de tous les citoyens, de toutes les familles, de toutes
les classes actuelles, aux conditions de leur développement moral et physique.*

« Il est évident que nul paysan, possesseur d'un
coin de terre, nul petit capitaliste ou rentier, nul petit
fermier ou boutiquier, fût-il le plus ombrageux de sa
tribu, n'a rien à perdre, rien à risquer à la réalisation
du Socialisme, surtout du Socialisme le plus avancé,
mais au contraire tout à gagner, puisque l'essence
du Socialisme consiste dans la garantie du *droit au
crédit, à l'instrument de travail, au débouché et à
l'équitable échange*, puisque chacun, dans ce nouveau milieu, a la certitude mathématique d'arriver au
bien-être, à l'aisance, à toutes les jouissances de la
civilisation, moyennant travail, probité, prévoyance,
ordre, économie, et en raison même de son degré
d'activité, d'aptitudes et de vertus sociales.

« Quant aux citoyens que leur aisance, leur superflu,

leur position privilégiée, rend craintifs et ombrageux,
ils peuvent être en pleine sécurité : le socialisme ne se
propose la spoliation de personne : c'est l'ordre qu'il
apporte et non le désordre. Si jamais le législateur
souverain vient à demander à chacun des sacrifices,
ils ne demeureront point sans une convenable com-
pensation. La grande loi de l'indemnité préalable
dans tous les cas où l'utilité publique réclame l'aliénation ou l'expropriation sera certainement appliquée
avec la plus grande fidélité par le socialisme lorsque
ses principes et ses représentants seront appelés à
sauver la société. Tout dépendra à cet égard de l'intelligence, du bon sens des classes riches : si elles
savent, je ne dis pas faire des sacrifices ni même des
concessions, mais seulement consentir aux voies et
moyens, aux mesures et aux institutions destinées à
garantir à tous la possibilité de se donner bien-être et
sécurité, elles seront émerveillées d'en être quittes à
si bon marché. La violence, s'il y en a, le désordre et
la conflagration universelle, tant prédits et redoutés,
ne viendraient que de leur aveugle et coupable résistance à tout progrès efficace.

« Que la bourgeoisie grande et petite étudie donc
comme nous la science sociale, qu'elle s'initie à tout
ce qui a été dit, à tout ce qui se propose chaque jour
pour sauver la société, les riches comme les pauvres,
ou la société est perdue, et avec elle tous ces biens,
auxquels ils accordent, avec raison, tant de prix. »

Louis Blanc précisa méritoirement, en sa célèbre
et vivante brochure sur l'*Organisation du Travail*,
publiée en 1840, et il compléta l'idée de Pecqueur par
son projet d'*Ateliers sociaux*, qu'il faut bien se gar-

der de confondre avec les fameux *Ateliers nationaux* de 1848. On lui doit la première sériation rationnelle des principales réformes premières réclamées par les socialistes modernes.

Ce n'est pas sans raison que la petite brochure
portant pour titre l'*Organisation du travail* et publiée en 1846 put, du jour au lendemain, rendre
populaire le nom de son jeune auteur.

Après avoir, avec une singulière éloquence, dénoncé
les iniquités, les absurdités de la société bourgeoise,
et montré que le salut est dans l'organisation sociale
de la production, Louis Blanc énumère tout un ensemble de réformes qui est encore bon à méditer
aujourd'hui :

« ARTICLE PREMIER. — Il serait créé un *Ministère du
Progrès*, dont la mission serait d'accomplir la Révolution sociale, et d'amener graduellement, pacifiquement, sans secousse, l'abolition du prolétariat.

« ART. 2. — Pour cela, le *Ministère du Progrès*
serait chargé : 1° de racheter, au moyen de rentes
sur l'État, les chemins de fer et les mines; 2° de
transformer la banque de France en banque d'État;
3° de centraliser, au grand avantage de tous et au
profit de l'État, les assurances ; 4° d'établir, sous la
direction de fonctionnaires responsables, de vastes
entrepôts, où producteurs et manufacturiers seraient
admis à déposer leurs marchandises et leurs denrées,
lesquelles seraient représentées par des récépissés
ayant une valeur négociable et pouvant faire office de
papier-monnaie, papier-monnaie parfaitement garanti, puisqu'il aurait pour gage une marchandise
déterminée et expertisée; 5° enfin, d'ouvrir des bazars
correspondant au commerce de détail, de même que

6.

les entrepôts correspondraient au commerce en gros.

« Art. 3. — Des bénéfices que les chemins de fer, les mines, les assurances, la banque, rapportent aujourd'hui à la spéculation privée, et qui, dans le nouveau système, retourneraient à l'État, joints à ceux qui résulteraient des droits d'entrepôts, le Ministre du Progrès composerait son budget spécial *le Budget des travailleurs.*

« Art. 4. — L'intérêt et l'amortissement des sommes dues par suite des opérations précédentes seraient prélevés sur le budget des travailleurs ; le reste serait employé : 1° à commanditer les associations ouvrières ; 2° à fonder des colonies agricoles.

« Art. 5. — Pour être appelées à jouir de la commandite de l'État, les associations industrielles ou agricoles devraient être instituées d'après le principe d'une fraternelle solidarité, de manière à pouvoir acquérir, en se développant, un capital COLLECTIF, INALIÉNABLE ET TOUJOURS GROSSISSANT ; seul moyen d'arriver à tuer l'usure, grande ou petite, et de faire que le capital ne fût plus un élément de tyrannie, la possession des instruments de travail un privilège, le crédit une marchandise, le bien-être une exception, l'oisiveté un droit. »

François Vidal fut aussi un collectiviste avant la lettre ; sa critique du capitalisme, qui précéda de plus de trente ans celle de Marx, est pleine d'aperçus de ce genre :

« Le travail est devenu une marchandise tous les jours plus offerte et tous les jours moins demandée, une marchandise que le capital achète au rabais. Le travailleur, affranchi de la glèbe et des corporations, est désormais attaché à l'usine, et le moment est proche où l'on pourra s'en passer. Bien plus, l'homme est devenu un simple accessoire de la machine, une annexe à la chose ; il lui est subordonné, il est en quelque sorte dominé, possédé par le capital, et à la merci du capital.

« La fortune, dit-on, s'acquiert par le travail. *Oui, mais surtout par le travail d'autrui*. Une façon de robe est payée 60 francs. Une ouvrière fait toute la besogne et reçoit 11 francs, la tailleuse en renom, sans avoir mis la main à l'œuvre, touchera 45 francs. Comment cela pourrait-il s'appeler ? Un entrepreneur se charge de faire confectionner pour l'armée cent mille chemises dont on lui fournit l'étoffe, et il traite à raison de 75 centimes ; puis, ensuite, il cède son marché en détail à de pauvres femmes auxquelles il donne seulement 35 centimes. Comment cela s'appelle-t-il ? Cela s'appelle aujourd'hui faire le commerce, entreprendre la confection, gagner de l'argent par son travail et par son industrie !...

« L'économie négative a créé le *paupérisme !*

« Le paupérisme, fléau d'origine récente, est la conséquence forcée du salariat et de la concurrence, de la condition nouvelle faite aux classes laborieuses, dans ce régime maudit qu'on a faussement appelé régime de la liberté du travail.

« De tout temps on avait connu la pauvreté accidentelle. Mais autrefois la pauvreté recrutait ses sombres légionnaires parmi les infirmes ou les invalides, parmi les fainéants ou les débauchés, parmi ceux qui étaient hors d'état de travailler ou qui refusaient volontairement de travailler. — Aujour-

d'hui, le paupérisme recrute parmi les ouvriers valides, honnêtes, laborieux, parmi les travailleurs sans
emploi de l'agriculture et de l'industrie.

« Le paupérisme n'est point, comme la pauvreté
ordinaire, le résultat de la paresse, de la débauche, des
infirmités ou de la maladie, et dans tous les cas un
état exceptionnel parmi les hommes du peuple. — Le
paupérisme, c'est la misère devenue chronique et héré-
ditaire, c'est l'état normal et permanent du salaire
sans ouvrage et même de celui qui travaille, c'est le
triste sort fatalement réservé aujourd'hui aux
ouvriers de toutes les nations industrieuses et surtout
des nations opulentes (François Vidal, *Vivre en travaillant.*)

Le collectivisme embryonnaire de Louis Blanc,
Pecqueur, Vidal, était presque exclusivement industrialiste ; le collectivisme agraire eut aussi son représentant.

Colins, reprenant l'idée de Rivadavia (1) et des agra-
riens de l'Amérique du Nord qui suivaient Devyr, posa
en fait que l'appropriation collective de la terre est le
premier but à poursuivre.

On peu, d'après Colins, en moins d'un quart de
siècle, anéantir pacifiquement la misère, en faisant
entrer le sol à la propriété collective par l'adoption et
l'application de six articles de loi ainsi conçus et rédigés :

« 1° L'hérédité directe, *sans testament*, est de droit

(1) Président collectiviste de la République Argentine, en
1824. Voir sur son projet d'emphythéose universelle, repris de
nos jours par A. Chirac, la *Revue socialiste* du 15 octobre 1889.

comme étant la seule qui soit nécessaire à l'excitation du travail.

« 2° L'hérédité collatérale, sans testament, est abolie comme n'étant pas nécessaire à l'excitation au travail.

« 3° Toute succession *ab intestat*, sans héritiers directs, est dévolue à l'État et appartient à la propriété collective.

« 4° La liberté absolue de tester est de droit, comme étant nécessaire à l'excitation au travail.

« 5° Toute succession par testament est passible d'un impôt de 25 %.

« 6° Le sol une fois entré à la propriété collective est déclaré inaliénable, ainsi que ce qui lui est inhérent. »

Si le but est inattaquable, les moyens proposés ici sont bien insuffisants.

Avec Proudhon, c'est le but lui-même qui sera retréci.

Destruam et edificabo, épigraphait orgueilleusement le célèbre polémiste ; il a, en effet, détruit ; il a eu raison des écoles socialistes françaises qui alors se disputaient l'opinion. Sans doute cette œuvre, qui demandait une plume meurtrière comme celle de Proudhon, a été utile en somme ; mais qu'a édifié le violent démolisseur ? Que reste-t-il de ce fameux mutuellisme qui par le fougueux prophète des *Contradictions économiques* fut présenté comme la loi des lois en socialisme?

Le mutuellisme ne représentait, à vrai dire, qu'une réaction bourgeoise contre le collectivisme naissant, un retapage de l'ancien droit propriétaire et une aggravation de l'ancien droit familial que le *durus arator* franc-comtois voulut faire rétrograder jusqu'à la reconnaissance au père de famille du droit de vie et de mort sur la femme et sur l'enfant.

Toutefois, au point de vue économique, l'intervention de Proudhon parut d'abord justifiée. Le socialiste anglais Bray, que sans doute Proudhon ne connut jamais, avait dit fort raisonnablement, en 1839 :

« Il faut découvrir un terme social préparatoire, une espèce de halte entre l'individualisme et le communisme à laquelle la société actuelle puisse arriver, avec tous les excès et toutes les folies, pour la dépasser ensuite, riche des qualités et des attributs qui sont les conditions vitales du communisme. »

Programme magnifique qui tenta l'auteur du *Premier Mémoire sur la propriété*.

Il voulut, lui aussi, trouver le terme moyen entre le communisme et l'individualisme. Avec une précision pleine de promesses, Proudhon aborda la question, en se servant de la phraséologie antinomique qui lui était chère :

« La *communauté* nous donne la *thèse* et la propriété l'*antithèse* ; ce qui reste à chercher, ce n'est plus que la *synthèse*, laquelle doit résulter de la correction de la *thèse* et de l'*antithèse*.

« La *communauté*, par son nivellement, devient tyrannique et injuste ; la propriété, par son despotisme et ses envahissements, est antisociale.

« Mais, si ce que produisent la *propriété* et la *communauté* est mauvais, ce qu'elles veulent l'une et l'autre est bon ; car celle-ci cherche l'égalité et la loi, et celle-là veut sur toute chose l'indépendance et la proportionnalité. Donc, élimination faite de ce que la *propriété* et la *communauté* contiennent d'éléments étrangers, les deux restes, en se réunissant, nous donnent la forme naturelle de la société.

« Égalité, loi, indépendance, proportionnalité : tels doivent être les principes fondamentaux d'un ordre de choses vraiment humanitaire. »

Reste à trouver, ajoute Proudhon, en substance, la théorie salvatrice, qui combinera pour le bien général les contraires antagoniques en les absorbant dans une résultante supérieure. Déjà, il nous est permis de l'entrevoir, ce sera une théorie de *mutualité* ou, pour préciser, de *mutuellisme* systématisé.

Pour arriver à cet état idéal de l'indépendance et de l'égalité dans la réciprocité, six mesures préparatoires s'imposent d'abord, ce sont :

1° La constitution de la valeur, devant modifier en faveur des travailleurs les relatations du capital et du travail par l'instauration de l'égal échange dans l'atelier comme ailleurs ;

2° La réorganisation du système des contributions publiques, l'impôt progressif sur le revenu ;

3° L'application de la théorie du loyer acquéreur, en vertu de laquelle tout paiement de loyer ou fermage acquiert un droit sur la chose louée et après vingt années fait le locataire propriétaire de la chose à lui louée (1) ;

_____

(1) Ceci revient à l'obligation du faire-valoir direct ; mais que de moyens d'éluder la loi il resterait ! Et d'ailleurs, ce ne serait pas la justice. Le gros fermier, par exemple, s'approprierait illicitement, pendant la période d'acquisition, le profit qui légitimement devrait revenir à ses auxiliaires salariés.

4° La liquidation de la dette publique et des dettes privées ;

L'abolition progressive des monopoles par l'organisation des forces collectives résultant d'arrangements contractuels entre l'État et les *Compagnies ouvrières*, pour l'exploitation des chemins de fer, mines, ainsi que pour l'entreprise de grands travaux publics.

A la fois timide et compliqué, malgré certains enjolivements démagogiques, ce programme économiste-socialiste ne semblait pas fait pour satisfaire le prolétariat militant; mais, développé ou obscurci, accentué ou contredit, selon l'occurence, dans vingt volumes de vigoureuse et saisissante critique philosophique, politique, économique et littéraire, il fit illusion et, pendant les quinze premières années du néfaste règne de l'homme de Décembre, il fut l'Évangile des prolétariats de France, de Suisse et de Belgique. Mais il ne put tenir devant les congrès de l'*Association Internationale des travailleurs* ; il déclina rapidement alors; il eut encore des représentants à la Commune de Paris, ce fut sa dernière étape et non la moins glorieuse. Il est mort en léguant au collectivisme les parcelles de vérité qu'il contenait et un légitime souci de la liberté individuelle.

CHAPITRE XII

LE COMMUNISME EN FRANCE DE 1830 A 1850

Buonarotti et son action sur les chefs des sociétés secrètes. — Le Communisme matérialiste et libertaire. — La donnée de Dezamy. — Cabet et le Communisme icarien. — Résumé de la doctrine. — La fondation de l'Icarie et la fin du Communisme politique et militant en France.

On pourra trouver que passer du mutuellisme, dont la vogue fut si éphémère, au communisme, qui, pendant tant de siècles, constitua le fond doctrinal de tous les novateurs, ce n'est pas suivre une sériation logique dans le classement de ces esquisses ; mais il ne s'agit ici que des nouvelles écoles communistes, dont, à tout prendre, l'influence fut assez restreinte, et l'orthodoxie assez contestable.

Par le caractère terroriste de ses procédés et par le simplisme de ses buts, le babouvisme, nous l'avons vu, avait dépouillé le Communisme du manteau lumineux d'idéalisme humanitaire dont l'avaient revêtu Thomas More, Jean Meslier et les grands utopistes du xviii° siècle.

Il en résulta pour cette théorie une défaveur marquée; aussi, malgré tout son prestige et tous ses mérites, malgré le succès de sa courageuse *Histoire de la Con-*

7

juration des Égaux, malgré son habileté politique et sa merveilleuse activité, l'héroïque et infatigable Buonarotti ne passionna, en somme, que quelques ardents.

S'il put avoir pour disciples des conspirateurs révolutionnaires, tels que Barbès, Blanqui, Charles Teste, Voyer d'Argenson, Martin Bernard, Lagrange, Caussidière, Meillan, Nettré, etc., qui, d'ailleurs, amendèrent la doctrine, il ne put jamais créer un courant d'opinion.

Après lui, la propagande communiste, changeant de caractère, fut à la fois plus matérialiste et moins autoritaire ; surtout elle quitta le terrain stérile des sociétés secrètes.

C'est dans ce nouvel esprit qu'en 1838, juste un an après la mort de Buonarotti, parurent le *Moniteur Républicain* et l'*Homme Libre*, où l'on préconisa un socialisme matérialiste, à la façon de d'Holbach et d'Helvétius. Puis vinrent, fondés successivement par Laponneraie, Lahautière et Choron, l'*Intelligence*, l'*Égalité* et la *Fraternité*, auxquels succédèrent l'*Humanitaire* de J.-J. May et Chavarey, l'*Égalitaire*, de Th. Dezamy, Budin, Rosier et Pillot (ce dernier, ancien prêtre, devait être membre de la Commune de 1871).

Tous ces journaux n'eurent qu'une existence très éphémère; ils étaient pourtant rédigés par des hommes de conviction et de talent ; mais les théories inflexiblement négatrices tranchaient trop sur le fond mouvant de l'éclectisme spiritualiste et néo-chrétien, alors en honneur.

Abstraction faite de quelques divergences, tous les théoriciens du communisme matérialiste et libertaire reconnaissaient pour chef Th. Dezamy, l'auteur d'un livre remarquable : *le Code de la Communauté.*

D'après Dezamy, la communauté est le mode naturel et parfait de l'association, mais elle doit prendre la forme fédérative. Les cités communistes formeront la Nation, et les nations fédérées l'Humanité libre, solidarisée et heureuse.

Le pouvoir, plus consultatif que coercitif, des magistrats électifs sera limité au rappel à l'observance des lois.

Voilà pour l'organisation politique. L'organisation économique, basée sur la mise en commun des propriétés, aura un grand souci de la liberté et du bonheur des individus. Dans cette vue, par la science appliquée, par l'emploi de toutes les forces naturelles, par le respect de la liberté des vocations, le travail (devoir de tous, en retour d'une abondante aisance) sera abrégé, varié et rendu attrayant le plus possible. Les travailleurs auront pour excitants la considération publique et l'amour de l'Humanité, « cette magie de la raison ». La science souveraine éclairera tous les esprits... Plus de superstitions religieuses, plus de préjugés aussi, plus de domination maritale, plus d'égoïsme domestique; mais la liberté des unions, l'égalité de droits pour l'homme et pour la femme, l'éducation commune des enfants. En un mot, le Communisme scientifique et libéral dans sa plénitude.

Encore une fois, le temps n'était pas à ce radicalisme doctrinal. Peu nombreux furent les adhérents de Dezamy. Les prolétaires voulaient qu'on leur parlât de réalisations prochaines ; ils voulaient aussi plus de sentimentalisme dans la doctrine, et les plus altruistes d'entre eux vinrent par milliers au communisme mitigé et plus pratique que Cabet exposa, en 1840, dans son livre célèbre : *le Voyage en Icarie*, et qu'il développa, à partir de 1841, dans le *Populaire*, fondé par lui, avec le concours des frères Watripont, de Vausy et de Krolikowski.

Cabet fut résolument pacifique. Selon lui, l'ordre icarien devait résulter d'une série de réformes légales réalisées dans le cours de cinquante années. Mais la tendance à l'égalité absolue devait être affirmée de suite par une meilleure répartition des charges et des avantages sociaux et par un impôt progressif sur les propriétés et sur les héritages, sans préjudice d'autres réformes analogues.

En Icarie, le peuple est souverain, et non seulement il fait sa constitution et ses lois, mais encore, par ses représentants élus, il règle tout ce qui a trait à son organisation économique, à son administration, à son bien-être. Les travaux sont exécutés en commun et la répartition a lieu selon les besoins, dans la mesure des ressources communes. Les repas sont pris en famille, hors les cas nombreux de banquets communs. Les Icariens croient en Dieu ; ils conservent la famille actuelle telle quelle, la femme restant mineure ; ils proscrivent le tabac et les alcools.

Ce communisme était assez édulcoré, et les apeurés qui, en 1848, firent de Cabet un épouvantail ne connaissaient guère le réformateur. Il était si peu révolutionnaire et si peu habile politique qu'au lieu de se servir de ses cent mille adhérents pour créer dans le prolétariat un courant d'opinions sociales assez puissant pour arracher au gouvernement quelques-unes des réformes préparatoires qu'il avait inscrites sur son programme de transition, il détourna de l'action socialiste toutes les forces vives dont il disposait, pour les épuiser à la fondation d'une colonie communiste, en Amérique. Le fondateur y mourut en 1856; la *Communauté icarienne*, non sans épreuves, non sans vicissitudes, non sans gloire aussi, subsista trente années encore; mais sans rayonner, sans essaimer. Il ne reste plus traces de tant de dévouements, de tant de sacrifices et d'une foi sociale si ardente !...

Si de cette entre prise l'actif est nul, le passif est considérable. Le répréhensible départ de Cabet et de ses plus actifs adhérents, en 1848, porta en France un coup mortel à l'idée communiste, qui dans l'ordre théorique ne fut plus guère représentée que par des contemplatifs. Tel Villegardelle, l'estimable auteur de l'*Histoire des idées sociales depuis l'avènement du Christianisme*, le traducteur de More, de Campanella et le commentateur de Morelly ; tel Louis de Toureil, le fondateur du *Fusionisme*, cette conception d'un panthéisme si profond et si fécond en conséquences altruistes; tel encore Robert (du Var), l'auteur de l'*Histoire des classes ouvrières*.

Le communisme eut encore quelques sectateurs individuels mais, si l'on excepte le groupe révolutionnaire de Blanqui, il n'y eut plus de parti communiste. Après avoir passé sans s'y arrêter par le mutuellisme proudhonnien, le socialisme prolétarien allait trouver son expression définitive dans le *collectivisme*, où sont combinés le concours dans la production, la justice dans la répartition et la liberté dans la consommation des richesses.

Ainsi, après avoir subi elle aussi la crise de transition, après s'être laborieusement essayée à de nouvelles formes pendant le deuxième tiers du xixe siècle a été remplacée par une scientifique et plus progressive doctrine la glorieuse utopie communiste qui jusqu'à la Révolution française fut la seule expression économique de toutes les protestations sociales. Mais ses desiderata demeurent; Auguste Comte l'a dit : *Le communisme ne comporte d'autre réfutation que la solution du problème qu'il pose* (1).

Ce n'est pas en ce moment, où des millions de prolétaires crient justice et solidarité et se préparent aux réalisations directes, que les conservateurs peuvent l'ignorer ou l'oublier.

(1) Même le nom est conservé dans la plupart des cas. Les marxistes, nous le verrons plus loin, s'intitulent plus volontiers scientifiques communistes que collectivistes.

CHAPITRE XIII

LE SOCIALISME EN EUROPE APRÈS LE DEUX DÉCEMBRE

Efflorescence socialiste européenne. — Tchernichewsky et le socialisme russe. — Lassalle et le socialisme allemand. — César de Paepe et l'Association internationale des travailleurs.

Pendant que la France terrorisée, muette et suspecte, déchue de son ancien rôle d'éducatrice révolutionnaire des peuples, n'avait plus que quelques survivants de son socialisme riche de tant de gloire, et s'était stérilisée au point de ne pas produire en vingt ans un seul écrivain socialiste de quelque valeur, on pouvait saluer dans le reste de l'Europe une véritable floraison.

Que de noms à citer !

C'étaient, en Allemagne, les Weitling, les Marx, les Lassalle, les Engels, les Rodbertus, les Karl Grün, les Rittinghausen, les J.-Ph. Becker, les Carlo Marlo ; en Belgique, les César de Paepe, les Hector Denis, les Guillaume de Greef, les Louis de Potter, les Dekeiser, les Jacob Kats, les Joseph Charlier, les Jottrand, les Barthels ; en Russie, les Herzen, les Bakounine, les Tchernichewsky, les Ogareff, les Michaïloff, les Nékrassoff, les Pissareff ; en Angleterre, les Travis, les Ernest Jones, les Bronterre O'Brien, les Michaël

Davitt ; en Suisse, les A. Clément, les Hugen-Tobler ; en Italie, les Pisacane, les Daniel Lévy ; en Espagne, les Ramon de la Sagra, les Ferdinand Garrido, les Py y Margall ; en Portugal, les Bonança, les O. Martins, etc.

Et quels centres de nouvelle élaboration socialiste que ceux de Russie et d'Allemagne !

C'est au lendemain de la guerre de Crimée que Tchernichewsky s'était révélé à Pétersbourg, dans le *Contemporain* de Nebrassoff.

Le génial auteur de *Lettres sans adresse*, de l'*Économie politique jugée selon la science*, du roman social *Que faire*, et de tant d'études remarquables doit être compté comme l'un des plus illustres socialistes de ce siècle.

Son socialisme est un communisme fédératif et libertaire composé de l'athéisme critique du xviii° siècle, de l'humanisme de Feuerbach, du communisme associationiste d'Owen, de l'essor passionnel et de l'harmonisme sériaire de Fourier.

De ces éléments, mis en contact et combinés par la science économique, par la pénétration critique de Tchernichewsky, résulta une doctrine nouvelle, assez attrayante pour devenir l'Évangile de toute une génération et assez scientifique pour rester dans ses lignes générales, en harmonie avec le socialisme moderne. Tchernichewsky fut enlevé à trente-cinq ans, pour être jeté dans les bagnes sibériens. Mais, si le despotisme des Romanoff put frapper le penseur dans sa pleine force intellectuelle et le jeter meurtri dans cette meurtrière Sibérie, d'où l'on ne revient pas, il n'a pu atteindre l'œuvre du glorieux martyr de la rédemption russe.

La Russie socialiste n'a fait que grandir depuis l'apostolat tchernichewskien des six fécondes années (1857-1863); et, au lendemain de la Commune de Paris, on vit s'épanouir dans le sombre empire des Tzars une efflorescence socialiste qui par son enthousiasme humanitaire égale, et par les dévouements qu'elle fit surgir dépasse l'éclosion saint-simonienne, pourtant si éclatante et si féconde.

Comme les saints-simoniens et en général tous les premiers socialistes français, les *Propagandistes* russes faisaient appel à toutes les forces affectives et morales de l'âme humaine. Ils se défirent même du vague pessimisme de Herzen (1) et de ce que le matérialisme philosophique et le criticisme économique de Tchernichewsky avait de trop étroitement réaliste.

Les héros et les martyrs de l'admirable épopée socialiste dite des *Propagandistes* inspireront quelque jour les historiens, les psychologues et les roman-

---

(1) Herzen, au reste, avait singulièrement modifié sa première manière, à preuve ce passage du chapitre terminal de l'*Autre Rive*, daté de 1868 :

« A présent, la question économico-sociale se pose autrement qu'il y a vingt ans ; elle a dépassé son adolescence religieuse, idéale, ainsi que l'âge des tentatives risquées et des expériences en petit; la période même des plaintes, des protestations touche à sa fin. Il y a en ceci un symptôme grave que la question sociale arrive à la majorité, elle s'en approche à vue d'œil, mais elle ne l'a pas encore atteinte, non pas seulement à cause des obstacles matériels, non pas seulement à cause de la résistance, mais en vertu des causes ultérieures. La minorité qui guide en avant n'est pas encore arrivée à des voies claires, à des voies pratiques, à des formules complètes de l'état actuel ou de l'état économique de l'avenir. La majorité qui souffre le plus de l'état actuel tend à en sortir par une partie des ouvriers des villes; mais elle est retenue par l'esprit routinier du plus grand nombre. Le savoir et l'entendement ne peuvent être donnés ni par un coup d'État ni par un coup de tête. »

ciers désireux de montrer jusqu'où peut aller quelquefois la nature humaine dans l'abnégation, le dévouement et l'altruisme.

Avec Dolgoutschine, Alexieieff, Sophia Bardine (1) et leurs amis, ils furent des milliers et des milliers de jeunes gens qui, au cri enthousiaste de : *Allons dans le peuple ! éclairons le peuple !* S'en allèrent, en effet, dans toutes les directions pour évangéliser les masses, pour appeler toutes les âmes à la grande œuvre de la rénovation de la patrie et du genre humain.

Les nouveaux apôtres quittaient l'oisiveté, le luxe, les plaisirs et s'en allaient vivre de la dure vie du paysan et de l'ouvrier, acceptant toutes les humiliations, toutes les souffrances pour travailler au noble but qu'ils s'étaient donné.

Il parût qu'on assistait à l'éclosion d'une religion nouvelle, la meilleure et la plus humaine qui jamais eût existé. « A l'appel des initiateurs, les âmes se lèvent dans la honte et la douleur de leur vie passée. On abandonne sa maison, ses richesses, ses honneurs, sa famille, on se jette dans le mouvement avec une joie et un enthousiasme, une confiance comme on n'en éprouve qu'une fois dans la vie, comme on n'en trouve plus quand on l'a perdue. Déjà ce n'est plus un mouvement politique ; cela a plutôt le caractère contagieux et absorbant d'une *révolution religieuse.*

(1) Sophia Bardine, ayant réussi à s'évader de Sibérie, vint en Europe et se fixa à Genève. Comme elle ne pouvait plus travailler à la cause humanitaire, elle jugea que la vie inutile ne valait pas la peine d'être vécue, et elle se tua de désespoir de ne plus pouvoir vivre pour autrui. Ce suicide éclaire l'état mental de cette admirable génération de 1872-76. On ne peut l'approuver cependant ; dans toutes les conditions de la vie, les tâches altruistes ne manquent jamais.

Car on ne se propose pas seulement d'atteindre une fin pratique, on a un sentiment profond et intime du devoir, une aspiration individuelle vers la perfection morale (1). »

Le gouvernement sévit et sévit férocement, les nobles enseigneurs et les touchantes enseigneuses de bonté, de science et de justice furent brutalement enlevés à l'apostolat qu'avec tant de douceur et de courage ils poursuivaient, dans la souffrance et, le plus souvent, sous l'outrage.

Traités comme les pires criminels, ils furent, par centaines et par milliers, traînés, chargés de fer, dans cette Sibérie d'où l'on ne revient presque jamais, et là, soumis à toutes les tortures.

Des énergiques dirent que ces martyrs de la révolution sociale ne devaient pas expirer sans vengeance, et la réaction gouvernementale suscita, dans toute la Russie militante, une incompressible explosion d'indignation. On se souvint alors des objurgations destructionnistes de Bakounine, et le *nihilisme terroriste* succéda au *propagandisme humanitaire*.

Une épopée nouvelle, sombre et tragique, celle-là, déroula ses péripéties sanglantes sur toute la surface de l'immense empire. A la réaction aveugle, implacable, éternelle, les révolutionnaires, « las d'être exterminés», dit Barbe Gendre, répondirent par le poignard des conjurés et par les bombes explosibles. Si donc

(1) Stepniack, *la Russie souterraine.* — L'admirable mouvement serbe, si proche du triomphe, et qui a produit, à côté des Marcowitch, tant d'apôtres éloquents, tant de militants et de martyrs héroïques, participe de la même idée sociale puisée, partie dans la traduction révolutionnaire française, partie aux sources russes, à Pétersbourg même.

des dizaines de milliers de socialistes et de révolutionnaires expièrent dans les bagnes sibériens ou dans les
supplices leur amour de la liberté et de la justice, des
généraux, des gouverneurs furent frappés ; et, fait
inouï dans les annales moscovites, un tzar tomba foudroyé par la dynamite, au service des révolutionnaires (1).

Comme toujours en pareil cas, ce meurtre politique
fut plutôt funeste à la cause qui l'avait inspiré ; la
Russie qui allait expérimenter timidement un régime
semi-libéral a été ployée sous un despotisme aggravé,
et le terrorisme semble vaincu. Non le socialisme
toutefois, car ce qu'à perdu le terrorisme, le marxisme
l'a gagné. Un savant théoricien qui est en même
temps un militant aussi dévoué que vénéré, Pierre
Lawroff, s'est, avec le socialiste Plékanoff et les
meneurs de l'*Union des démocrates socialistes russes*,
fait le propagateur parmi ses compatriotes du sociacialisme des *Partis ouvriers* occidentaux. Déjà la
regrettée Barbe Gendre était entrée dans cette voie
qu'a suivie à son tour Véra Zassoulitch.

Ce fait est d'autant plus explicable qu'entre la doctrine de Marx et celle de Tchernichewsky, qui fut à
la fois le Marx et le Lassalle de son pays, les points de
contact sont nombreux ; cette évolution ressemble
ainsi à un retour vers le propagandisme de 1860, et

(1) Il faut lire, dans les *Études sociales, philosophiques et
morales* de Barbe Gendre (Mme Nikitine), le pathétique récit de
ce conflit héroïque dans lequel, héros parmi les héros, se distinguèrent particulièrement Valérien Ossinski, Sophie Pérowskaia,
Jessa Helfmann, Kibaltchich, Géliaboff, Chiriaieff, qui tous ont
laissé dans la lutte implacable la vie dont ils avaient, d'un
cœur joyeux, fait le sacrifice pour le triomphe de la liberté
politique et de la justice sociale.

elle puise une force plus grande dans cette coïncidence. Il y a aussi entre l'efflorescence des deux doctrines une coïncidence de date.

Au moment où, à l'apogée de son talent et de son
influence, Tchernichewsky était arraché à son œuvre
pour être enseveli dans les mines sibériennes, Lassalle
implantait en Allemagne, avec une ardeur, un talent
et une activité inoubliables, la doctrine de Marx,
qu'il avait toutefois singulièrement amendée, dans le
sens réformiste.

Pendant les trois dernières années que dura son
apostolat actif (1862-1864), il consacra ses jours et ses
nuits à organiser des *meetings*, à prononcer des discours, à écrire des discours, à écrire des brochures. En
ce temps si court, il parvint à faire du socialisme,
vaguement répandu dans les masses, un parti politique
militant, ayant sa place marquée dans l'arène électo-
rale. « *Il fit en Allemagne, à lui seul, ce que la révolution de Février avait fait en France.* » (Émile de
Laveleye, *le Socialisme contemporain.*)

L'œuvre puissante de Lassalle n'était pourtant
qu'une genèse. Après une incubation de dix ans, sous
l'action combinée des Auer, des Vollmar, des Fritzche,
des Bracke, des Hasselmann, des Hasenclever, des
Most, des Valteich, des Hœchberg, des Bernstein, des
Kautsky, des Grillenberger, et sous l'habile et ferme
directorat de Bebel et de Liebknecht, ce groupement
originel allait devenir le formidable parti démocrate-
socialiste allemand, comptant un million et demi
d'électeurs. Mais, en attendant, les prolétaires des Deux-
Mondes allaient se réchauffer à un autre foyer moral
de socialisme.

L'année même de la mort tragique de Lassalle, était

fondée l'*Internationale*, dont le centre théorique fut Bruxelles, devenue, grâce à César de Paepe, la capitale morale du prolétariat socialiste. De cet éclectisme belge, combinaison heureuse de l'idéalisme celto-latin, et du réalisme germanique, naissait le collectivisme, qui est resté le symbole du prolétariat conscient de ses devoirs et de ses droits, de sa mission et de sa force. Nous avons le pressentiment que quelque chose de « grand vient de se passer dans le monde », écrivait, dans *le Siècle*, Louis Jourdan, quelques jours après ce 26 septembre 1864 où fut fondée l'*Association internationale des travailleurs*. Le pressentiment de l'éminent publiciste saint-simonien était juste. Le Quatrième État venait de notifier son existence, en annonçant son idée ferme de rédempter ses masses profondes et de jeter les fondements d'une société nouvelle, d'où seront extirpées les servitudes, la misère et l'ignorance.

L'affirmation était fière ; c'est qu'on était loin des réclamations vaines.

Les prolétaires avaient commencé par demander chapeau bas quelques réformes aux classes dominantes. Cette attitude déférente, ils l'avaient gardée même pendant la bataille, même dans l'enivrement de la victoire.

« Nous vous prions, au nom de la justice et de l'humanité, disaient, après les mémorables journées de novembre 1831, aux ministres de Louis-Philippe, les travailleurs de Lyon, maîtres de l'hôtel de ville par la force des armes, nous vous prions de vouloir bien présenter au Parlement un plan d'organisation du travail tel que le fruit de notre labeur ne devienne pas le partage exclusif de quelques privilégiés. »

Cela dit, les vainqueurs retournèrent dans leur faubourg, sous leurs taudis, où les attendaient leurs familles éplorées, devant la huche sans pain et le foyer sans feu.

La monarchie orléaniste répondit à la touchante doléance par l'envoi d'une armée menaçante, sous le commandement de Soult, flanqué du duc d'Orléans, et par un système de sévère compression.

De nouvelles insurrections prolétariennes, toutes vaincues, hélas ! répondirent à ce déni de justice. Les vainqueurs de Février mirent trois mois de misère au service de la République. On y répondit par des provocations, si bien qu'à l'ancien cri des canuts lyonnais de 1831 : *Vivre en travaillant ou mourir en combattant*, les prolétaires parisiens durent se résigner à la terrible insurrection de Juin. Aussi elle fut vaincue et réprimée avec une cruauté telle qu'à côté du général Cavaignac, le maréchal Soult peut passer pour un modèle d'humanité et de bonté.

Ces défaites, suivies de repressions inexorables, eurent pour résultat de confirmer les prolétaires dans l'idée qu'ils ne pourraient espérer vaincre qu'en se fédérant internationalement.

Une tentative avait déjà été faite.

En 1843, dans une brochure trop peu connue, Mme Flora Tristan avait démontré, avec une singulière lucidité, l'*internationalité* des intérêts ouvriers, sans même négliger le fait de la lutte des classes, dont personne n'avait parlé encore.

« A la Classe noble, disait l'auteur de l'*Union ouvrière*, a succédé la Classe bourgeoise, beaucoup *plus nombreuse et plus utile*. Vient maintenant *la Classe ouvrière, plus utile et plus nombreuse encore*. A elle de se constituer en *Unité universelle*, sans faire aucune distinction entre les ouvriers des diverses nations. Ainsi constituée, la Classe ouvrière sera forte ; elle pourra alors réclamer, sûre de se faire écouter, le droit au travail et l'organisation du travail » (1).

Embrigadé dans des écoles rivales, le prolétariat militant ne tint aucun compte du sage conseil.

Ce n'est qu'en 1855 que fut faite une première tentative par un groupe de révolutionnaires de toutes nations. Mais c'était plutôt d'une Internationale révolutionnaire que d'une Internationale ouvrière qu'il s'agissait.

Il était dit dans le programme inaugural :

« Le but de la Société est de propager les principes de révolution sociale, de travailler activement par tous les moyens en son pouvoir, et d'arriver ainsi à établir la République démocratique, sociale, universelle.

« La Société comprend ainsi les principes de la Révolution sociale.

« Négation absolue de tous les privilèges, négation absolue de toute autorité, affranchissement du prolétariat. Le gouvernement social ne peut et ne doit être qu'une administration nommée par le peuple, soumise à son contrôle et toujours révocable par lui.

---

(1) Flora Tristan, *Union ouvrière* (1843). Il est remarquable que le premier projet de fédération internationale des prolétaires soit dû à une femme.

Flora Tristan a eu des imitatrices, et nous trouvons des femmes de grande valeur intellectuelle et morale, Pauline Rolland et Jeanne Deroin, à la tête de la vivace *Fédération ouvrière de 1849*. Cette fédération s'annonçait pleine d'avenir, quand Louis Bonaparte la brisa, préludant à cette *campagne de Rome à l'intérieur*, dont la coalition cléricale et libérale (Thiers, Montalembert, Berryer et consorts) avait tracé le programme et qui aboutit au coup d'État de Décembre.

« Nous ne demandons pas l'aide de la bourgeoisie pour accomplir la Révolution sociale, et nous sommes persuadés que, si nous la demandions, nous ne l'obtiendrions pas. Ce que nous avons à faire, c'est de ne nous en rapporter à personne qu'à nous-mêmes. La fraternité n'est qu'une illusion stupide, là où la société est organisée en classes ou en castes (1)... »

Les délégués socialistes de France, d'Allemagne, de Belgique, de Suisse et de Pologne, réunis le 28 septembre 1864, à Saint-Martin's Hall de Londres, parlèrent un autre langage.

Ils annoncèrent la fondation de l'Association internationale des travailleurs par l'impérissable déclaration suivante, qui est et restera un des plus importants documents historiques du xixe siècle.

« Considérant,

« Que l'émancipation des travailleurs doit être l'œuvre des travailleurs eux-mêmes, que les efforts des travailleurs pour conquérir leur émancipation ne doivent pas tendre à constituer des nouveaux privilèges, mais à établir pour tous des droits et des devoirs égaux, à anéantir la domination de toute classe ;

« Que l'assujettissement économique du travailleur aux détenteurs des moyens de travail, c'est-à-dire des sources de la vie, est la cause première de sa servitude politique, morale et matérielle ;

(1) Signataires : Claude Pelletier, auteur d'*Atercratie* et d'un *Dictionnaire du Socialisme* ; Déjaque, poète ouvrier de talent, auteur de l'*Humanisphère* ; Ernest Jones, chartiste, Tufferd, Benoît, Debuchy, Mijoul, Klarke, Herben, Oborski, Hammer, Kweteslowski, Barosklewitch, Lescin, Montlaléon, J. Yung, etc. L'échec fut complet.

« Que l'émancipation économique des travailleurs est conséquemment le grand but auquel tout mouvement politique doit être subordonné comme moyen ;

« Que tous les efforts faits jusqu'ici ont échoué, faute de solidarité entre les ouvriers des diverses professions dans chaque pays, et d'une union fraternelle entre les ouvriers de diverses contrées ;

« Que l'émancipation du travail n'étant un problème ni local ni national, mais social, embrasse tous les pays dans lesquels la vie moderne existe, et nécessite pour sa solution leurs concours théorique et pratique ;

« Que le mouvement qui reparaît parmi les ouvriers des pays les plus industrieux de l'Europe, en faisant naître de nouvelles espérances, donne un solennel avertissement de ne pas retomber dans les vieilles erreurs et les pousse à combiner immédiatement leurs efforts encore isolés ;

« Par ces raisons :

« Les soussignés, membres du Conseil élu par l'Assemblée tenue le 28 septembre 1864 à Saint-Martin's Hall, à Londres, ont pris les mesures nécessaires pour fonder l'*Association Internationale des Travailleurs*. Ils déclarent que cette association internationale, ainsi que toutes les sociétés ou individus y adhérant, reconnaîtront comme devant être la base de leur conduite envers les hommes : la vérité, la morale, la justice, sans distinction de couleur, de croyance ou de nationalité.

« Ils considèrent comme un devoir de réclamer pour tous les droits d'homme et de citoyen : *Pas de devoirs sans droits, pas de droits sans devoirs.*

ARTICLE PREMIER. — Une association est établie

pour trouver un point central de communication et coopération entre les ouvriers de différents pays aspirant au même but, savoir : le concours mutuel, le progrès et le complet affranchissement de la classe ouvrière... »

Le principal rédacteur des *Considérants* fut Karl Marx, qui pourtant avait dû subir la collaboration des mutuellistes parisiens : de là l'invocation à la *Vérité*, à la *Morale*, à la *Justice*, toutes réminiscences du socialisme idéaliste français, et de là aussi le fait à remarquer que ce n'est pas la théorie de Marx qui prédomina dans l'*Internationale*.

Dans les premier et deuxième Congrès (Genève 1866, et Lausanne 1867), ce fut le mutuellisme français qui l'emporta, et le jeune et éminent prolétaire qui, dans les troisième et quatrième Congrès (Bruxelles 1868, et Bâle 1869), fit triompher le collectivisme, n'était pas un adepte de l'école socialiste allemande. César de Paepe avait passé par le mutuellisme de Proudhon et un peu par le positivisme de Comte. Les écrits de Colins contribuèrent beaucoup aussi à l'amener au collectivisme, et c'est pourquoi il préconisa tout d'abord la socialisation de la terre.

C'est dans ce sens que votèrent les Congrès de Bruxelles et de Bâle, dont les décisions constituent (en y ajoutant une décision ultérieure sur les *Services publics*) le testament doctrinal de l'*Internationale*.

Nous devons les reproduire malgré leur longueur !

« Considérant que les nécessités de la production et l'application des connaissances agronomiques réclament une culture faite en grand par l'État régénéré

et soumis lui-même à la loi de justice; que les carrières, houillères, chemins de fer, soient concédés par
la société, non à des compagnies ouvrières, et ce,
moyennant un double contrat; l'un donnant l'inves-
titure à la compagnie ouvrière et garantissant à la
société l'exploitation scientifique et rationnelle de la
concession, les services au plus proche du prix de
revient, les droits de vérifier les comptes de la compagnie, et, par conséquent, l'impossibilité de la reconstitution du monopole; l'autre garantissant les droits
mutuels de chaque membre de l'association ouvrière
vis-à-vis de ses collègues;

« 1° La propriété foncière est abolie; le sol appartient à la collectivité; il est aliénable;

« 2° Les cultivateurs fermiers payeront à l'État la
rente qu'ils payaient aux propriétaires; cette rente
tiendra lieu d'intérêts et servira au payement des services publics, tels qu'instruction, assurances, etc.

« 3° Comme mesure transitoire, il est convenu que
les petits propriétaires qui exploitent leur terre par
leur travail personnel pourront rester leur vie durant
possesseurs de cette terre sans payer de fermage; à
leur décès, l'impôt foncier de leurs terres sera majoré
au prorata de la vente des autres terres de même
valeur, et sera, par conséquent, transformé en rente
foncière. Dès lors, l'impôt foncier sera aboli pour ses
terres, comme il l'est déjà pour celles qui paient la
rente :

« 4° Les baux seront à vie pour les cultivateurs
individuels; ils seront au terme de... pour les associations agricoles (un terme plus élevé que la moyenne
de la vie);

« 5° Les baux seront néanmoins résiliables par les

individus ou par les associations agricoles pour des causes déterminées, d'utilité particulière ;

« 6° Les baux seront personnels ; la sous-location est interdite ;

« 7° Le sol est évalué au commencement et à la fin de chaque bail. Si, à la fin du bail, il y a plus-value, la Société le rembourse ; s'il y a moins-value, la Société peut se rembourser par les objets meubles que l'occupant ou l'association aurait laissés ;

« 8° Afin de pousser à l'association dans l'agriculture, les associations agricoles auront la préférence pour la location de la terre. Après les associations, cette préférence existera encore pour les enfants de l'occupant décédé qui auraient travaillé avec leur père ;

« 9° Afin de simplifier la question du domaine foncier, l'administration en sera confiée, dans chaque commune, au Conseil communal, par tous les habitants majeurs de la commune. Ce conseil pourvoira en particulier à la réunion des parcelles et à la délimitation des possessions, de façon à arrêter le nivellement. Les communes pourront même ne constituer qu'une seule association agricole, si telle est la volonté des habitants.

« 10° L'État, de concert avec les commissions agricoles nommées par les agriculteurs, s'occupera des grands travaux de reboisement, de défrichement, de désséchement, d'irrigation ; il s'entendra avec les compagnies des travaux ruraux qui pourraient se constituer pour exécuter ces travaux d'ensemble. »

L'Internationale mourut de la défaite de la Commune de Paris ; mais l'idée ne périt pas. Elle a été reprise (et avec quel accroissement de force!) par les *Partis ouvriers* actuels avec un particularisme de classe autrement accentué.

L'Affranchissement des travailleurs doit être l'œuvre des travailleurs eux-mêmes, avait dit l'*Internationale*, en réponse aux massacres de juin qui ont maculé à jamais le nom de Cavaignac.

Prolétaires de tous les pays, unissez-vous pour conquérir de haute lutte notre émancipation, contre tous les partis bourgeois, considérés comme une seule masse réactionnaire, dirent les *Partis ouvriers*, en façon de réplique aux exécutions sommaires, aux cruautés inexorables et aux déportations en masse dont Thiers, le sinistre vieillard, porte la flétrissante responsabilité devant l'histoire.

LIVRE QUATRIÈME

LE SOCIALISME RÉALISTE

CHAPITRE XIV

KARL MARX ET SA DOCTRINE

L'Œuvre de Karl Marx, sa célébrité tardive, mais soudaine, 1871. — Sa lutte des classes et le processus capitaliste.

Habent sua fata libelli, « les livres ont leur destinée »; c'est en 1847 que, par Karl Marx et Frédérick Engels, fut publié le *Manifeste des Communistes*, ce véritable programme du socialisme réaliste.

Puissant par le fond, remarquablement écrit, le *Manifeste des Communistes* semblait appelé à un grand succès. Mais c'est vainement qu'il fut traduit dans toutes les langues de l'Europe; il passa inaperçu, et l'oubli dura longtemps. En dehors de l'Allemagne et des groupements socialistes, Marx était à peu près inconnu en 1870.

Et pourtant il avait publié avec Arnold Ruge, en 1844, les *Deutsh franzœsischjahrbüchern* (Annales d'Allemagne et de France), où il s'était montré un des plus brillants représentants de cette extrême gauche hégélienne qui était réservée à tant de gloire.

En 1846, sous ce titre : la *Misère de la philosophie* (texte français), il avait publié une étincelante et écrasante réfutation des *Contradictions économiques* de Proudhon. L'auteur déjà célèbre du *Mémoire sur la Propriété* eut l'habileté de ne pas répondre à cet inconnu, et l'opinion ignora que le plus grand critique socialiste du siècle venait de se révéler. Ce fut au point que lorsque, en 1850, à propos d'une polémique fameuse, Louis Blanc dit à Proudhon que Marx l'avait livré à la risée des étudiants de Berlin, personne ne comprit en France ce que l'écrivain proscrit voulait dire.

Cependant Marx, qui avait déjà fait école en Allemagne, publia, à Cologne, la *Nouvelle Gazette rhénane*, avec le concours de J.-Ph. Beker, Engels, Lassalle, Freiligrath, Schapper, Wolff, Liebknecht, etc.

Proscrit lors du triomphe de la réaction prussienne, il revint à Londres et publia : *le Dix-Huit Brumaire de Louis Bonaparte*, où il montrait que tous les tragiques événements qui venaient de meurtrir la France étaient une conséquence de la lutte des classes, arrivée, en France, à son paroxysme.

Une œuvre maîtresse allait suivre cette œuvre remarquable. En 1859 paraissait, à Hambourg, *Zur Kritik der politische Œkonomie* (*Aperçus critiques de l'Économie politique*). Dans cette œuvre, Marx avait jeté les bases de la puissante doctrine dont Lassalle allait se faire le si brillant propagateur en Allemagne.

En 1864, Marx rédigeait un magnifique *Appel aux classes ouvrières* ; il prenait la plus grande part à la fondation de l'*Internationale*, et il devenait l'inspirateur du *Conseil général* de la célèbre association.

Enfin, on 1867, le savant socialiste faisait paraître la première édition (allemande) de son monumental *Capital*.

Il semble que tant de titres auraient dû lui créer une notoriété européenne. Il n'en fut rien ; mais les choses allaient changer de face.

On était aux plus sombres jours des boucheries versaillaises : les Thiers, les Jules Favre et les Jules Simon tentaient de diminuer l'horreur de leur conduite, en couvrant les vaincus des plus abominables calomnies ; on avait inventé de toutes pièces les pétroleuses, et les assassinés avaient été accusés de tous les crimes, y compris celui d'avoir voulu la destruction de la patrie, pour obéir à des agents provocateurs du gouvernement allemand. Un moment on affecta d'avoir trouvé le coupable, et, pendant plusieurs jours, on ne parlait que d'un nommé *Diebneck*, qui a existé autant que Rocambole, et dont on ne put naturellement trouver trace.

Quelle ne fut donc pas la joie des folliculaires, empêtrés dans leur infâme mensonge, en apprenant que réellement on avait trouvé chez un membre de la Commune une lettre signée Karl Marx, un nom bien allemand !

Toute la presse versaillaise se jeta sur cette nouvelle, comme une louve affamée sur la proie inespérée, et bientôt l'on apprit que Marx était un des fondateurs de *l'Internationale*, qu'il en était le plus influent délégué, enfin qu'il était l'auteur du livre le plus savant et le plus fortement pensé qu'ait produit le socialisme moderne.

Ainsi l'homme et l'œuvre devinrent célèbres d'un lever de soleil à son coucher. Du reste la lettre, assez

insignifiante, prouvait justement que la Commune
avait été une explosion parisienne, et les pourvoyeurs
des Conseils de guerre durent se taire.

Mais l'opinion publique était éveillée sur Marx; le
Capital fut traduit en français, et la théorie de la lutte
des classes, qu'avait toujours fait repousser l'idéalisme
des prolétaires, fut, au nom des cent mille victimes de la
mongolique répression thiériste, acceptée comme l'idée
mère du socialisme militant. C'est que les réactions
impitoyables sont de féroces tueurs d'idéalisme et de
sentimentalisme populaires, d'âpres fomentatrices de
ressentiments par suite de guerres de classes.

Entre temps, Marx venait de rédiger au nom du
Conseil général l'adresse à tous les membres de l'As-
sociation internationale des travailleurs d'Europe
et d'Amérique, concernant la Commune de Paris.
Ces pages resteront. L'insurrection socialiste parisienne y est expliquée, classée, apologisée d'après une
philosophie historique impeccable, et les gouvernants
du Quatre Septembre et ceux de Versailles y sont
marqués au fer chaud d'une ineffaçable flétrissure:

Ce fut pour Marx une nouvelle consécration; sa
doctrine devenait le lien hégémonique du nouveau
socialisme.

On en connaît les principes généraux.

Le fond tragique de l'histoire est rempli par les
mouvements manifestes ou latents, mais incessants,
de la lutte des classes.

Les organisations politiques n'étant que le reflet
des organisations économiques, c'est toujours pour
la modification de ces dernières, sous la poussée des
besoins matériels et des nécessités nouvelles de la
production qu'éclatent les conflits. Il en résulte que

les vicissitudes des classes en lutte pour la conquête
du pouvoir et les privilèges économiques, sont les
mobiles internes et dominants de tous les conflits, de
toutes les réalisations du passé, l'intérêt étant le point
de départ réel de toutes les actions humaines.

La guerre des classes n'a pas pris fin à la Révolution française; elle n'a fait que se simplifier. Depuis
ce grand événement, la Bourgeoisie, traître au prolétariat, qui lui avait donné la victoire, s'est tournée
contre lui, est devenue conservatrice à son tour et a
pris l'hégémonie des forces rétrogrades (noblesse, clergé, privilégiés de tous genres). C'est donc entre cette
bourgeoisie et l'immense peuple des salariés, que se
creusent en ce moment les antagonismes et que se
livrera le grand combat pour la direction économique
et politique. Le résultat final ne saurait être douteux;
le prolétariat, classe ascendante, est poussé à la victoire par toutes les forces de l'histoire et par les nécessités économiques de la production moderne.

Les unes et les autres exigent la socialisation des
forces productives et l'organisation communiste de la
production et de la circulation des richesses.

Or tels sont justement les desiderata du prolétariat. Il ne poursuit pas la conquête de quelques
droits abstraits, sous l'impulsion d'une idée précon-
çue et vaine de justice, mais il va, conscient de sa
force et de ses intérêts de classe, à la conquête d'une
nouvelle organisation économique qui est de plus en
plus nécessitée par les conditions mêmes de la production moderne, qui entraînent les concentrations de
capitaux, les agglomérations de producteurs, l'association et la division du travail, en un mot la socialisation dans son origine et dans son action de l'orga-

nisme industriel. Dans cet état de choses, la socialisation dans le mode d'appropriation doit suivre.

Les excès du système actuel de production, le système capitaliste, le démontrent bien.

Du fait absurde que la machine, au lieu de fonctionner au profit des travailleurs, fonctionne au profit
des capitalistes, « il arrive qu'elle devient l'arme la
plus puissante du capital, dans la lutte contre la
classe ouvrière, que le moyen du travail arrache à
l'ouvrier les moyens d'existence, que le moyen de travail est la lésinerie la plus éhontée des conditions de
son perfectionnement, que la machine, ce plus puissant moyen de transformer la vie entière du travailleur et de sa famille en temps de travail est exploitée
pour là mise en valeur du capital : il arrive que le
surtravail des uns engendre le chômage des autres et
que la grande industrie qui parcourt le globe, en
quête de nouveaux consommateurs, limite, chez elle,
les masses à un minimum de famine et détruit de
ses propres mains son marché intérieur. » (Marx, *le
Capital.*)

De la sorte, « il existe une corrélation fatale entre
l'accumulation du capital et l'accumulation de la
misère, de telle façon que l'accumulation de richesses
à un pôle, c'est une égale accumulation de pauvreté,
de souffrance, d'ignorance, d'abrutissement, de dégra-
dation du côté de la classe qui produit ». (Engels,
Socialisme Utopique et Socialisme Scientifique.)

En telle occurrence, le mécanisme capitaliste accé-
lère son action dévoratrice des petits capitaux : petits
patrons, petits commerçants, petits propriétaires, sont
annuellement dépossédés par millions dans le rayonnement européo-américain. Le monstre les saisit par

l'usure ou par la concurrence, dans ses griffes de fer, les dépouille, les ruine et les jette désespérés dans les rangs du prolétariat, de la sorte continuellement grossi et rendu toujours plus formidable et plus mécontent.

Il est donc constaté qu'au terme de son évolution, la production capitaliste est malfaisante, homicide pour la masse des producteurs, spoliatrice de la moyenne et petite bourgeoisie, et incapable de diriger les forces productives qu'elle a créées.

Le salut viendra ainsi, non pas du sentiment croissant du droit et de la justice, mais des conditions mêmes de la production capitaliste moderne, qui ont pour fatal aboutissant (à moins de chute en servage ploutocratique) le triomphe du grandissant prolétariat et la socialisation des forces productives (1).

Dans cette situation, le devoir des prolétaires militants et des socialistes, qui sont les uns et les autres à l'avant-garde de la grande armée des salariés, est tout tracé : faire appel à l'intérêt matériel immédiat, aux colères des exploités, aux antagonismes des situations, puis s'organiser en partis de classes, en partis socialistes distincts, d'abord pour le combat au jour le jour contre l'exploitation capitaliste ; ensuite pour la conquête des pouvoirs publics, soit graduelle, par une série de réformes imposées, soit violente, par une révolution victorieuse.

Il est impossible de ne pas admirer la puissance de cette conception, qui nous montre la transformation sociale comme l'aboutissant fatal de toute l'évolution historique ; mais il y a des réserves à faire.

(1) Voir Gabriel Deville, *Résumé du Capital*, de *Karl Marx*.

8.

Si la lutte des classes est un des plus grands facteurs de l'histoire, elle ne la domine pas toujours. Il n'est pas davantage exact que les sociétés publiques ne soient que le reflet de la société économique. Le développement humain est plus complexe, et les facteurs religieux, philosophiques et politiques y ont une croissante part qui souvent est prépondérante.

Enfin, au point de vue tactique, il est insuffisant de ne faire appel qu'aux intérêts des classes et de dédaigner le concours de forces sentimentales et morales, les plus puissantes de toutes.

Nous allons nous expliquer, avec quelques faits à l'appui, sur ces divergences doctrinales.

CHAPITRE XV

De quelques précurseurs de Marx. — Matérialiste économique et fatalisme historique. — Objections et réserves. — Citations de G. Renard et de Jean Jaurès.

Ce qui domine la doctrine de Marx, c'est un fatalisme historique et économique qui semble être une application aux choses industrielles du calcul des probabilités, qui a pour père Laplace, l'illustre auteur de la *Théorie analytique du calcul des probabilités* (1812). Le célèbre astronome et statisticien belge Quetelet introduisit le premier les calculs de Laplace dans la science sociale (1); les mêmes idées de déterminisme social se trouvent dans l'*Histoire de la civilisation en Angleterre*, de Henri-Thomas Buckle. Voici plus. Si nous en croyons Lujo Brentano (*Revue d'économie politique*, juillet 1880), la théorie d'après laquelle c'est l'organisation technique de la production qui détermine l'organisation économique aurait

(1) Voir, outre la *Physique sociale*, de Quetelet, ses ouvrages confirmatifs : *Lettres sur la théorie des probabilités appliquée aux sciences morales et politiques* (1846); *du Système social et des Lois qui le régissent* (1848); *Théories des Probabilités* (1853).

été pour la première fois, en 1833, formulée par un médecin anglais du nom de Gaskell dans un livre dont le titre est un peu long : *The manufacturing population of England, its moral, social and physical condition, and the charges witch have arisen from the use of steam machinery, with an examination of infant labour.*

Cela admis, l'originalité de la doctrine marxiste, qui est assez discutée en ce moment en Allemagne (1), ne serait pas moins au-dessus de toute contestation, puisque chez Quetelet, Buckle, Gaskell et autres, le probabilisme économique est tout statique. A Marx et après lui à Lassalle, à Engels, revient toujours l'honneur d'avoir découvert et révélé ses lois dynamiques et de l'avoir fait entrer dans le grand courant de l'évolution économique moderne.

Non pas cependant que Marx ait doté à lui seul le socialisme de la forme scientifique et des rattachements historiques qui le caractérise actuellement.

Quand florit le célèbre socialiste allemand, Saint-Simon avait, dans une vue géniale, formulé que la grande loi de l'évolution se manifestait par une per-

(1) Rudolf Meyer avance, avec force documents à l'appui, dans son *Émancipation Kampf der vierten Standes* (la lutte pour l'émancipation du quatrième état), que les premiers écrits de Rodbertus contiennent toutes les idées que Marx et Lassalle ont développées depuis avec tant de retentissement. Ceci est vrai, surtout d'après Meyer, pour la définition de l'accumulation capitaliste, qualifiée par Rodbertus, dès 1840, de *plus-value du travail* ou « *travail non payé*, et pour cette *observation que, en société capitaliste, la part du travail diminue en raison de sa productivité.* »
A cette prétention, Engels a répondu, dans l'édition allemande de la *Misère de la Philosophie*, que Marx se rencontra simplement avec Rodbertus, qu'il n'avait jamais lu.

pétuelle alternance de périodes *critiques* et de périodes *organiques* (Herbert Spencer a traduit périodes de *dissociation* et d'*intégration*; c'est exactement la même chose).

S'il ne s'était pas élevé aussi haut dans la philosophie de l'histoire, Fourier s'était montré un sagace observateur de la vie économique, de ses virtualités et de ses tendances. Avec une prescience impeccable, il avait délimité d'avance l'orbite qu'allait parcourir le capitalisme naissant, et il avait montré la future féodalité industrielle condamnée à périr de ses propres excès.

C'était bien là les fondements du socialisme scientifique ; mais si peu avaient compris ! Les maîtres eux-mêmes n'étaient pas restés fidèles à leurs propres enseignements.

Dans la plupart des cas, on s'en tenait au simpliste raisonnement des anciens utopistes : « L'individualisme est fauteur de servitude, de misère, d'iniquités, de maux de tout genre ; il faut le remplacer par un ordre social plus égalitaire, plus solidariste, plus conforme à la justice ; de nature enfin à faire une réalité de ce but suprême de tous les efforts progressistes : le bonheur universel. »

On trouve une tout autre note dans l'œuvre des maîtres allemands, qui ont réagi vigoureusement contre ce sentimentalisme généreux, mais trop dédaigneux des lois historiques et des pressions économiques qui pèsent si fortement sur la vie sociale des peuples, et qui ont tenté méritoirement de faire prévaloir dans les milieux socialistes l'observation sur l'imagination, la science historique sur les aspirations sentimentales.

Appliquant ce principe à la situation actuelle, Marx a cru donner au socialisme une base d'airain en établissant que la concentration des capitaux, les agglomérations de prolétaires, les croissantes applications scientifiques et mécaniques, la division du travail, tout cet ensemble qui constitue la grande industrie ou production capitaliste, a pour aboutissant fatal la socialisation des forces productives et une organisation solidariste du travail.

« La théorie allemande, dit Georges Renard, est réaliste et historique; elle se fonde sur le présent et le passé; elle ne considère que des faits concrets et positifs. Elle voit avec raison dans tout événement la résultante d'un conflit ou d'un accord entre des forces diverses; elle oublie seulement que ces forces sont souvent des *idées*. Elle explique à merveille ce qui existe; mais elle a tort de projeter le passé dans l'avenir et de vouloir régler ce qui sera sur ce qui a été. Ayant constaté que les choses n'ont pu être autres qu'elles ne sont, elle en conclut avec témérité qu'elles sont par cela seul conformes aux exigences de la morale. Elle considère tout ce qui arrive comme nécessaire et, partant, comme excellent. Elle innocente ainsi tout crime heureux; elle interdit toute réclamation aux opprimés (1).

La critique est juste; l'évolution naturelle des sociétés n'est pas fatalement progressiste; il y a toujours, comme le disait Fourier, plusieurs issues possibles dans une situation donnée, et, pour que le chariot, lourdement traîné par les événements, qui porte l'arche sainte du bonheur universel soit toujours tiré vers

(1) Georges Renard, *Études sur la France contemporaine.*

les Chanaans des civilisations plus humaines et plus
hautes, il y faut la projection lumineuse des pensées
puissantes qui éclairent la route et fouillent l'avenir,
et les constantes poussées des dévouements individuels et colléctifs qu'impulse le concept idéaliste du
sacrifice de soi, pour le bien commun.

D'où nous concluons à notre tour que l'évolution
n'est pas aussi simpliste que le veulent les marxistes,
et que ses facteurs sont non seulement économiques,
mais encore religieux, philosophiques, politiques, sentimentaux, esthétiques... que toutes ces forces propul-
sives agissent les unes sur les autres, se heurtent ou
se combinent, se croisent ou se parallélisent, pour déterminer la nature et le mouvement des civilisations.

Veut-on quelques exemples de faits non économiques
qui ont bouleversé des nations?

La conquête musulmane eut des origines purement
religieuses ; cependant, par elle, des montagnes d'Altaï
aux confins de l'Afrique Occidentale, des populations
innombrables et qui remplissaient les deux tiers du
monde connu ou furent détruites ou durent changer
brusquement d'état, de lois et de mœurs.

Que si maintenant, de ce fait mondial nous descen-
dons à des faits simplement nationaux, leur signification ne sera pas moins probante :

La ruine matérielle et le déclin de l'Espagne sont
dus initialement à l'expulsion des Maures, *fait religieux et politique* ; l'annexion passagère du Portugal
à l'Espagne par Philippe II, événement *exclusivement
politique*, fait perdre à la noble nation lusitanienne
la plus grande part de ses colonies, au profit de l'Angleterre et de la Hollande, dont commence ainsi la
puissance coloniale.

La Révocation de l'édit de Nantes (1683) fut, sans conteste, un *fait religieux ;* elle eut pour effet de tuer la naissante industrie française, de fortifier la Hollande et l'Angleterre et de commencer la grandeur de la Prusse. C'est la participation de la France à la guerre de Sept ans, une participation due à des influences purement dynastiques, c'est-à-dire *politiques*, qui fit perdre à la France son magnifique empire colonial.

Un autre *fait* purement *politique*, l'annexion passagère de la Hollande à la France, fit perdre à la première ses plus belles colonies. De cette série de faits *politiques* et *religieux* est issu l'immense empire colonial de l'Angleterre, qui influe si puissamment sur la direction économique du monde moderne.

Que d'autres exemples nous pourrions citer ! Terminons en rappelant que les périls que fait courir à l'Europe actuelle la perpétuelle menace d'une guerre effroyable ne proviennent pas de causes économiques, mais de certains antagonismes de race et d'un chauvinisme anormalement surexcité par des intérêts dynastiques et par d'incompressibles aspirations nationalistes.

Dans l'ordre purement mental, qui déterminera la part qui revient aux trois découvertes : de la boussole, de l'imprimerie, de la poudre à canon, dans la constitution de la société moderne ?

Enfin, sans aller jusqu'à dire avec Auguste Comte que l'évolution intellectuelle a toujours été le principe dirigeant de l'ensemble de l'évolution humaine, il est permis de trouver qu'il y a du vrai dans cette observation de l'un des philosophes qui honorent le plus la pensée française :

« Toute volonté tend à créer une volonté de même

direction chez les autres individus ; toute adaptation de la conscience à un phénomène supposé, par exemple à un événement futur ou un idéal lointain, tend à se propager dans les autres consciences, et les conditions sociales favorables à l'apparition du phénomène tendent ainsi, d'elles-mêmes à se réunir, par le seul fait qu'une seule conscience les *a perçues* en elles-mêmes comme réunies. » (Guyau, *de l'Hérédité et de l'Éducation*.)

Toujours par quelque côté les penseurs les plus originaux et les plus profonds sont de leur temps. Marx n'a pas échappé à la loi commune : il florissait au moment de la plus violente réaction contre le spiritualisme chrétien, qui, fort de la défaite de la Révolution, s'était levé insolent, dans les trente premières années du siècle, oppresseur et calomniateur avec les de Maistre et de Bonald et *tutti quanti* contre le xviii° siècle, contre les aspirations sociales de la Révolution française, en un mot contre la liberté de la pensée et contre le droit populaire.

Il fallait réagir : les uns le tentèrent, en s'efforçant d'humaniser le spiritualisme ; les autres, et Marx fut à leur tête, en apportant au matérialisme philosophique le complément du matérialisme économique qui constitue actuellement la philosophie dominante du socialisme, jusque-là idéaliste.

Nous pensons que l'on remettra au point, que la pensée sociale s'intégralisera. Cela ne fait pas doute pour Jean Jaurès, qui en trouve une preuve dans le socialisme allemand lui-même, considéré aux différents stades de son évolution (1). Il est certain que, pas plus

(1) « Comme je ne rattache pas le socialisme allemand au matérialisme de « l'extrême gauche hégélienne », mais à ces

que la vertu n'est dans les extrêmes (qu'ils soient
matérialistes ou spiritualistes), la vérité n'est dans les
systématisations exclusives.

Le matérialisme économique de Marx a pour pen-

idéalistes qui s'appellent Luther, Kant, Fichte et Hegel, je veux
non seulement atteindre les vraies sources profondes du socialisme allemand, mais encore découvrir la future évolution de
ce socialisme. En effet, si aujourd'hui le socialisme allemand
combat sous des apparences matérialistes, derrière le bouclier
du matérialisme, c'est là l'aspect non pas de la paix future,
mais uniquement de la lutte présente. Les socialistes s'affirment
et se croient matérialistes, pour la facilité de leur démonstration, afin que cette terre, délivrée cependant de tous les
fantômes de la superstition, apparût sous une lumière dure et
crue, d'autant plus hérissée de rudes misères. Mais, dans les
replis profonds du socialisme survit le souffle allemand de
l'idéalisme.

Cette constatation sera manifeste lorsque nous aurons exa-
miné la contribution apportée au socialisme par Luther, Kant,
Fichte et Hegel ; il deviendra non moins évident que les socialistes ont été les vrais disciples de la philosophie allemande et
comme du génie allemand lui-même.

Tout d'abord, cela indiquera plus clairement combien les
événements découlent des idées, combien l'histoire dépend de
la philosophie. A première vue, l'on pourrait croire que le
socialisme a surtout fleuri en Angleterre, puisque c'est particulièrement en Angleterre qu'a insolemment grandi le nouvel
ordre économique, qui a pour base fondamentale, l'Argent. En
Angleterre, de toutes façons il était facile de saisir le procès
économique. Mais qui l'a vu et décrit ? Ce n'est pas un philosophe anglais ; c'est un Allemand habitant l'Angleterre, Karl
Marx. Si Marx n'eût pas eu gravée dans son esprit la dialectique hégélienne, il n'eût pas rattaché tout le mouvement économique de l'Angleterre à cette dialectique socialiste. L'Angleterre a fourni les faits, mais la philosophie allemande les a
interprétés. Le socialisme était né dans l'esprit allemand bien
avant l'accroissement anormal de sa grande industrie, et l'apparition des conditions constitutives du socialisme économique. » (Jean Jaurès : *les Origines du Socialisme allemand*,
thèse latine soutenue à la Sorbonne en 1892. Traduite en français
par Adrien Véber et publié dans la *Revue socialiste* des 15 juin,
15 juillet, 15 août 1892.)

dant une politique dont le but peut être ainsi formulé : Donner conscience aux prolétaires de leurs intérêts de classe, et faire de ces intérêts le mobile de tous leurs efforts, dans la lutte pour l'émancipation.

Examinons cette politique dans son principe et dans ses résultats.

CHAPITRE XVI

LES INTÉRÊTS DE CLASSE ET LES FORCES MORALES

*L'appel au nom des intérêts de classe. — Objections et réserves.
— Exemples historiques de la puissance prédominante des
mobiles sentimentaux et moraux dans les révolutions. —
Humanitaire dans ses buts, le socialisme doit faire appel à
tous les souffrants et à tous les espérants. — Une citation de
Georges Renard.*

Fidèles traducteurs de la pensée du maître, les disciples de Marx disent aux prolétaires militants :

« Laissez là vos inspirations humanitaires et vos illusions fraternitaires. La stérilité des Parlements bourgeois et les féroces répressions gouvernementales qui suivent chacune de vos insurrections de la faim, vous montrent assez ce qu'en vaut l'aune. C'est l'intérêt qui mène le monde. Votre intérêt à vous, — c'est là votre supériorité sur les bourgeois qui n'ont que des intérêts individuels, opposés au bien général, — votre intérêt à vous est un intérêt de classe. Vous ne pouvez vous affranchir que collectivement, et votre émancipation profitera à l'Humanité tout entière. Cette haute situation révolutionnaire vous trace votre devoir : *Prolétaires de tous les pays, unissez-vous !* Unissez-vous pour défendre vos salaires, pour améliorer vos conditions de travail, dès à présent, pour

combattre pied à pied l'exploitation capitaliste et
pour, dès que vous aurez acquis la conscience de
votre force, vous emparer des pouvoirs publics, ex-
proprier, au nom du peuple, et pour l'avantage de
tous, les expropriateurs du peuple et finalement procéder à la socialisation des forces productives.

« Vous ne devez pas avoir d'autres mobiles que
vos intérêts de classe : Justice, Droit, Liberté, Égalité, Fraternité, blagues bourgeoises que tout cela!
Vous êtes exploités, vous ne voulez plus l'être : voilà
votre Droit et votre Justice. »

Nous ne méconnaissons pas la force de ce raisonnement. Cependant nous objectons tout d'abord que
la question sociale y est rétrécie. L'iniquité économique est la plus criante, mais elle n'est pas la seule
iniquité à combattre. Or le socialisme doit attaquer
tous les maux sociaux et moraux et mettre fin, non
seulement à l'exploitation de l'homme par l'homme,
à toutes les oppressions et iniquités religieuses, familiales et politiques, mais encore à tous les égoïsmes,
toutes les duretés nuisibles, par suite à toutes les
souffrances évitables.

Tel étant son but, pour s'élever à des réalisations si
hautes, le socialisme doit se plonger dans la douleur
universelle, s'inspirer de toutes les aspirations vers le
mieux, s'abreuver à toutes les sources d'enthousiasme
et de dévouements ; en un mot, se recommander de
tous les progrès intellectuels et moraux, de toutes les
maturations de l'histoire, en même temps que des
nécessités économiques résultant du révolutionnement des conditions de la production moderne.

D'après cela, il va de soi que le socialisme doit rallier sous ses drapeaux non seulement les prolétaires

industriels en particulier et les salariés en général, mais tous les souffrants et tous les espérants. A cette armée innombrable, il ne faut pas parler que d'avantages matériels, que d'intérêt de classe; l'intérêt de classe n'est pas un motif suffisant pour pousser les masses à l'assaut des vieilles oppressions, des séculaires injustices. Mon ami Rouanet a très bien dit :

« L'intérêt de classe, seul invoqué par le socialisme de Marx, repose sur un fait social, mais relatif, et qu'on ne saurait transporter rigoureusement du domaine de la théorie dans celui des faits, où il est subordonné, chez les individus, à une foule de circonstances secondaires capables de le neutraliser. La solidarité économique, à laquelle on ne donne pas d'autre base, vient se heurter dans la vie ouvrière à des rapports plus directs, d'un intérêt plus immédiat, que l'ouvrier ne saurait sacrifier à l'intérêt de sa classe, s'il n'est pas mû par un mobile supérieur de devoir que le marxisme méprise en théorie, parce que ce mobile ne puise pas exclusivement, comme le prétendent les marxistes, sa source dans « l'intérêt du ventre ».

« Le dévouement, l'esprit d'abnégation et de sacrifice, les hautes vertus morales, facteurs indéniables du progrès humain que le socialisme est appelé à faire entrer dans un cycle nouveau, telle est donc la lacune du socialisme marxiste contemporain. » (Gustave Rouanet, *le Matérialisme économique de Marx, Revue Socialiste*, 15 décembre 1887.)

De cette vérité biens des faits témoignent.

Jusqu'ici les révolutions le plus généralement victorieuses et le plus profondément modificatrices ont été les révolutions religieuses. Quelle révolution par l'énergie et l'étendue de son action peut être comparée à la révolution chrétienne qui pulvérisa le monde antique, à la révolution mahométane qui changea les destinées de près de la moitié des habitants du globe ?

Viennent ensuite les révolutions politiques, dont une, la Révolution française, a eu presque l'importance d'une révolution religieuse, dont elle a eu un peu le caractère par l'enthousiasme idéaliste et, disons-le, par le fanatisme de ses partisans.

Mais où sont les grandes révolutions économiques ? Nous ne pourrions énumérer que d'héroïques insurrections sociales toujours vaincues. Les paysans français et anglais du xive siècle, les paysans allemands du xvie, les niveleurs anglais du xviie, les insurgés prolétaires lyonnais de 1831, les Chartistes de 1840, les insurgés de juin 1848, les communalistes français de 1871, les cantonalistes espagnols de 1873 ne manquaient ni de résolution, ni de courage, et leur cause était juste entre toutes : ils n'en furent pas moins vaincus.

Pourquoi ?

Parce qu'ils n'avaient pas avec eux la masse du peuple, qui ne se passionne jamais pour des intérêts purement économiques ; les forces morales seules ont ce pouvoir, et plus encore les forces sentimentales. Ne les dédaignons donc pas ; ne repoussons pas ce qu'il y a de plus incompressible et de meilleur dans l'âme humaine : le sentimentalisme, j'ose lui donner son nom. Éclairons-le, car il est souvent aveugle ; humanisons-le, car il est souvent cruel, mais faisons-en notre soldat, car il est la force révolutionnaire la plus irrésistible qui soit au monde. L'histoire nous enseigne avons-nous dit déjà, que rien ne prévaut contre lui, que les causes justes ou injustes qu'il embrasse sont les seules qui triomphent.

Pour le gagner à la cause du socialisme, il convient donc de considérer que nos buts étant élargis, nous devons participer à tous les combats moraux et sociaux pour l'amélioration des conditions et des rapports humains : réformes familiales, réformes éducatives, revendications civiles et politiques, émancipation graduelle de la femme, élaborations philosophiques, progrès scientifiques, refonte des consciences, humanisation de l'art, adoucissement des mœurs. etc., etc.

Ainsi le socialisme devenu *question humaine*, de question exclusivement économique qu'il semblait être, verra s'accroître rapidement ses effectifs et, par suite, ses éléments de victoire. Devenu le centre absorbant et rayonnant de toutes les forces vives, en ce tournant de civilisation où tant de choses se meurent, où tant d'inconnus germent, où un monde de justice veut naître, il sera l'âme de ce nouveau monde social, ce qui veut dire la réalité salvatrice et splendide de demain (1).

(1) C'est dans cet ordre d'idées que mes amis et moi avons discuté sur plusieurs points la doctrine marxiste. L'ensemble de nos objections, que l'on peut trouver dans le *Socialisme Intégral*, à été heureusement résumé, dès 1887, par mon ami Georges Renard, dans le livre si limpide et si bien informé, si attachant, qu'il a publié, chez Savine, sous ce titre : *Études sur la France contemporaine*.

Nous en reproduisons un passage :

« D'abord au *fatalisme* ils — les rédacteurs de la *Revue Socialiste*, — substituent le *déterminisme*. Ils reconnaissent que toute action est déterminée par des motifs ou des mobiles, qu'ainsi la volonté humaine est toujours une résultante ; mais ils ajoutent que cette volonté, qui est un effet des causes multiples, devient à son tour une cause d'effets tout aussi divers dont il faut tenir compte. Ils savent que, si le milieu où les gens se trouvent placés modifie leur état mental, l'état mental des gens peut également modifier le milieu où ils vivent, et que par suite il est possible et utile d'agir directement sur les esprits. Ils reprochent aux marxistes de transporter la méthode historique hors du passé, qui est son domaine, jusque dans l'avenir, qui dépasse sa portée. Ils admettent que le présent contient les éléments de ce qui sera un jour, mais ils n'en concluent pas témérairement : Tel fait se produit de toute nécessité. Car ils savent que la prévision d'un fait peut suffire à l'empêcher. Ils prétendent que ce n'est pas assez de prouver à la société actuelle qu'elle tend au collectivisme; car, si on ne lui prouve pas, en même temps, que le collectivisme est une bonne chose pour elle, on ne fait que la pousser à marcher dans une direction contraire. Ils disent encore que présenter ce même collectivisme comme l'aboutissant inévitable de l'évolution sociale semble inviter ceux qui en sont partisans à se croiser les bras, à laisser faire, à s'épargner la peine de toute propagande.

« En même temps ils corrigent et relèvent le *matérialisme* par trop terre à terre des disciples de Karl Marx. Ils se proclament eux-mêmes matérialistes, en ce sens qu'ils n'admettent pas dans l'homme la coexistence de deux substances différentes, l'âme et le corps; qu'ils ne comptent pas sur le lendemain de la vie pour compenser les iniquités du monde actuel; qu'ils n'attendent pas de quelque puissance supérieure un paradis terrestre ou céleste. Mais ils ajoutent que les soucis matériels ne sont pas les seuls moteurs de notre conduite et que, pour ne pas tomber sous le témoignage direct des sens, l'*idée* et le *sentiment* n'en sont pas moins des forces impossibles à négliger.

« Ils accusent le matérialisme outré de fausser l'histoire, en ne voyant qu'une lutte économique au fond de toutes les guerres intérieures ou extérieures; ils demandent comment les guerres religieuses peuvent entrer dans une conception si étroite; ils ne sont pas embarrassés de trouver dans le passé de l'humanité des luttes d'idées qui ont précédé ou accompagné les autres.

« Ils osent donc faire briller de nouveau devant les yeux de la foule un *idéal de justice* qui puisse l'attirer et la guider... cet idéal n'a rien de surnaturel ni de divin ; c'est un foyer de lumière purement humain ; c'est un phare, allumé par l'élite des générations disparues, éclipsé quelquefois, mais qui reparaît toujours et qui, de siècle en siècle, jette de plus en plus de clarté !

« Ils soutiennent que montrer aux hommes un avenir meilleur, c'est bien inspirer la volonté de le réaliser. Ils disent qu'appuyer sur le droit de revendications socialistes, c'est leur donner une double force, car d'un côté c'est affaiblir la résistance, c'est inspirer des droits à leurs adversaires, préparer parmi eux des défections et rendre ainsi, comme il arrive dans toute révolution qui réussit, les futurs vaincus complices de leurs futurs vainqueurs ; d'autre part, convaincre les assaillants qui sont les soldats de la bonne cause, c'est bien mettre au cœur cette énergie virile qui fait les héros et les martyrs...

« Les rédacteurs de la *Revue Socialiste* ne réhabilitent pas seulement l'idée du droit, ils rendent hommage au sentiment si cruellement honni et bafoué. Ils n'ont pas honte d'avouer qu'ils ont un cœur, ils ne comprennent pas pourquoi la science étoufferait la compassion, ils n'affectent pas d'être insensibles à la souffrance humaine. Ils croient bien de ranimer l'ardeur du prosélytisme au contact de la misère et de mettre la passion au service de la logique. Ils pensent qu'il y a de par le monde plus encore d'insouciants et d'ignorants que d'égoïstes implacables ; que le sort des pauvres serait plaint davantage s'il était mieux connu, que la classe bourgeoise contient bon nombre d'hommes généreux qu'on peut convaincre et rallier aux idées nouvelles.

« Ils se gardent donc bien de laisser la *question sociale* dégénérer en pure *question du ventre*, comme on l'a nommée en Allemagne, et comme on a proposé de l'appeler en France. Ils ne consentent pas qu'elle puisse être résolue par un simple accroissement des jouissances et du bien-être corporels, pas même par une diffusion plus égale du savoir ; ils entendent que les consciences soient aussi élevées et ennoblies. Ils n'oublient pas qu'une grande transformation sociale ne peut s'accomplir sans avoir pour pendant une grande transformation morale, et ils estiment qu'il faut mettre la seconde au premier plan dans les projets de réforme. Aussi, arrière l'égoïsme, l'intérêt personnel ! Le socialisme ne peut accepter pour base ce principe antimoral et bassement individualiste ; il doit reposer sur le sentiment social par excellence, sur celui qui relie l'homme à l'homme, qui a créé la société et que la société renforce chaque jour, c'est-à-dire sur la sympathie pour tout ce qui vit. — « O sainte et trois fois sainte pitié, s'écrie Malon ! Vertu mère, « vertu régénératrice et réparatrice, sois notre déesse, reçois « notre culte ! »

« ... Le *Temps* écrivait dernièrement, à propos des visites que reçoivent chaque année dans leur fosse du Père-Lachaise les morts de la *Semaine sanglante* : « Un trait curieux à « noter. L'anniversaire de Mai prend de plus en plus le carac- « tère d'une solennité religieuse, et l'idéal politique et social « des révolutionnaires, celui d'une foi. Leurs héros sont des « saints, et l'on va en pèlerinage sur les tombeaux où ils

« dorment... Lisez certains discours, par exemple celui du
« citoyen Fournière, vous y trouverez des phrases comme
« celle-ci :

« Blanqui a pris la bonne voie, celle où l'on se dévoue, celle
« où la calomnie et la misère suivent pas à pas le sacrifice
« volontaire, celle où l'on souffre et où l'on meurt pour un
« idéal, pour une religion, à la hauteur desquels n'atteindront
« jamais l'idéal philosophique ni les religions révélées, l'*idéal*
« *de justice*, poursuivi par les religieux et indispensables
« ascètes du progrès social. »

« Ne dirait-on pas, ajoute le journaliste, l'oraison funèbre
d'un martyr? — Sans doute, mais nous voilà bien loin du socialisme allemand! Le socialisme français redevient ainsi lui-
même, sans perdre ce qu'il doit à une méthode plus savante.
Il n'est pas impossible que par ce retour à son caractère originel il acquière en France et ailleurs une puissance d'expansion
plus grande ; il y gagne en tout cas une valeur plus haute. »
(Georges Renard, *Études sur la France contemporaine*).

CHAPITRE XVII

LE SOCIALISME RÉALISTE ET LES PARTIS OUVRIERS

Acceptation par tous les partis ouvriers du socialisme réaliste. — Concordance des programmes. — Diversités dans la pratique et leurs causes.

Telle qu'elle se présente, avec son caractère nettement collectiviste et avec l'amendement important que tous les penseurs socialistes ont leur place marquée sous les rouges étendards du prolétariat militant des Deux Mondes (1), la doctrine a pénétré rapidement dans tous les Partis ouvriers.

---

(1) Quelques groupes sectaires ont tenté de rétrécir la devise de l'*Internationale : l'Affranchissement des travailleurs doit être l'œuvre des travailleurs eux-mêmes*, en prétendant exclure des organisations prolétariennes tous ceux qui ne sont pas ouvriers manuels ; mais ils n'ont pas eu d'imitateurs, et je ne sache pas qu'ils aient jamais répondu à cette irréfragable argumentation de Jules Guesde : « Amputez le *parti ouvrier* de ses éléments plus particulièrement cérébraux, réduisez-les aux seuls ouvriers de la main, et il ne sera plus capable que d'émeutes qui, pour être victorieuses, n'en sont pas moins stériles.

« Mais il y a plus. Non seulement nos rangs sont ouverts de droit à tous les non-propriétaires qui travaillent, quel que soit leur genre de travail, mais, appuyés sur l'histoire, nous avons toujours appelé à nous, — sans leur demander d'où ils

Cette pénétration a été encore facilitée par la puissante organisation socialiste allemande qui, sortie, en 1874, du congrès de Gotha, se basait sur les principes suivants, combinaison du socialisme de Marx et de celui analogue, mais plus réformiste, de Lassalle.

« Considérant que le travail est la source de toute richesse et de toute civilisation, et attendu que le travail utile n'est possible que par la société, le produit du travail tout entier appartient à la société, c'est-à-dire à tous ses membres, sous la condition qu'à chacun incombe le devoir du travail. Dans la société actuelle, tous les moyens ou instruments de travail (*Arbeitsmittel*) ont été monopolisés par la classe capitaliste, de là la dépendance de la classe ouvrière, la cause de toute misère et de tout esclavage... Pour émanciper le travail, il faut que les moyens ou instruments de travail deviennent la propriété commune de la société.

« Le parti ouvrier socialiste de l'Allemagne demande comme moyen de réalisation immédiate et possible même au sein de la société actuelle (suit l'énumération des revendications premières) (1). »

viennent, mais où ils vont tous, — les hommes de bonne volonté, si capitalistes qu'ils aient pu naître.

« Les déserteurs de la classe maîtresse ont toujours été les bienvenus dans la classe sujette, qu'ils n'ont pas peu contribué à affranchir.

« Le Quatrième État, ou Prolétariat, a — et aura — avec lui, dans son 89 qui s'approche, des bourgeois sortis de leur classe et retournés contre elle, en même temps, hélas ! qu'il aura — et qu'il a déjà eu — contre lui, faisant votes et fusils communs avec la Bourgeoisie, des prolétaires traîtres à leur classe.

« C'est la loi de toutes les Révolutions. »

(1) Le parti socialiste allemand a modifié son programme, au congrès d'Erfurth de 1891, dans un sens plus révolutionnaire, ou, pour mieux dire, plus fataliste et moins réformiste. Il sera

Ce fut une sorte de thème, que paraphrasèrent invariablement tous les partis ouvriers :

« La terre est la mère, le travail le père de tous les produits matériels et intellectuels, disent les *Considérants* du parti ouvrier socialiste hongrois ; tous deux sont donc la source de toutes richesses, de toute production. Tant que le sol et les instruments appartiendront à une minorité, toute culture et toute augmentation de richesse ne profitera qu'à cette minorité qui restera maîtresse de l'autre partie de la Société, du peuple non possédant.

« Les propriétaires des instruments de travail, les possesseurs du sol et les capitalistes sont de plus, par leur situation économique, les détenteurs du pouvoir politique.

« La division de la Société en possédants et non-possédants, en riches et pauvres, en dominants et dominés, n'est pas dans la nature.

« C'est un résultat social. La nature n'a point mis les instruments de richesses entre les mains de quelques-uns et condamné les autres au rôle de machines destinées à procurer toutes les jouissances de la vie aux oisifs par sa force-travail. L'inégalité monstrueuse qui règne dans la société humaine est donc l'œuvre de l'homme, et tout ce qui est l'œuvre de l'homme peut être perfectionné. »

Les *Considérants* du parti ouvrier espagnol insistent

d'autant moins suivi dans cette voie que les prolétaires, incités par leurs appréciables succès électoraux, notamment dans le domaine communal, vont se préoccupant d'avantage de réalisations immédiates. Une résistance absolue de la Bourgeoisie dirigeante pourrait seule enrayer ce naissant mouvement réformiste et rendre inévitables et prochaines les conflagrations.

plutôt sur la lutte des classes ; mais le fond théorique
est le même.

Moins orthodoxes de forme, autant de fond, les
Considérants du parti ouvrier suisse :

« La *Fédération des Travailleurs en Suisse*, s'ef-
forcera, d'accord avec les ouvriers des autres pays,
d'arriver à l'abolition de tous les privilèges et à la
réalisation d'une existence humaine pour tous, à
l'établissement d'un état où tous travaillent pour la
collectivité, ceci étant impossible aussi longtemps
qu'une partie des hommes seulement dispose de toutes
les propriétés et que l'autre partie est complètement
privée de toute possession, par conséquent maintenue dans l'esclavage par la classe possédante.

« *La Fédération des Travailleurs en Suisse* visera
à l'abolition de toute propriété individuelle et à la revendication de tous les moyens de travail pour tous. »

Remarquables par leur précision scientifique, qui
n'en fait que mieux ressortir la parfaite orthodoxie
marxiste, sont les considérants du parti ouvrier socialiste portugais, dont voici le texte :

« Considérant :

« Que le développement de la production moderne,
provenant de l'application des découvertes scientifiques dans les diverses branches de l'industrie, tend
à socialiser le travail, annihile l'effort individuel sous
l'effort collectif ;

« Que, en vertu des nécessités de la grande production, la plus grande division du travail, entre
autres, tend également à transformer la capacité technique des travailleurs, cela au grand préjudice de ces
derniers ;

« Que la socialisation de la production sous le

régime actuel de propriété concentre toute la fortune sociale entre les mains de la classe capitaliste et livre les travailleurs à une exploitation morale et physique de plus en plus intense ;

« Que, par suite de ces conditions économiques de la société actuelle, la classe ouvrière ne pourra s'affranchir de la domination du capital qu'en s'emparant, pour les restituer à la collectivité, de la matière et des instruments de travail.

« Considérant aussi :

« Que l'émancipation économique de la classe ouvrière étant inséparable de son émancipation politique, les mouvements de cette classe doivent avoir pour but dans le moment actuel :

« 1° Obtenir par tous les moyens en son pouvoir la plus grande somme possible de propriété collective, comme contrepoids à l'accumulation capitaliste.

« 2° Se faire représenter dans toutes les manifestations politiques et sociales, en s'organisant sociétairement dans le but de s'emparer du pouvoir politique, point de départ d'une organisation sociale dans laquelle chaque travailleur jouira du produit intégral de son travail... »

Après avoir reproduit presque textuellement le premier paragraphe du programme démocrate-socialiste allemand, le parti ouvrier belge ajoute :

« Dans la société, tout le pouvoir est conféré au monopole des capitaux ; les plus beaux fruits du travail reviennent au riche, qui cependant n'est pas producteur. La dépendance de la classe ouvrière, qui en résulte, est cause de toutes les formes de misère et de servitude.

« L'affranchissement du travail exige la conversion

des instruments de travail conformément à l'utilité générale, ainsi que la distribution équitable des produits du travail.

« L'affranchissement du travail doit être l'œuvre de la classe ouvrière elle-même, attendu que les autres classes ne sauraient concourir sérieusement à ce progrès... »

Même argumentation, mêmes tendances et souvent même terminologie dans les *Considérants* du parti ouvrier socialiste hollandais, du parti ouvrier socialiste danois et du *Socialistic Labor Party*, de l'Amérique du Nord.

Les programmes des trois fractions du parti ouvrier français sont trop connus, pour qu'il soit besoin de les analyser ici ; on s'accordera pour reconnaître qu'ils s'inspirent de principes identiques à ceux des programmes des autres partis ouvriers.

Seulement il faut remarquer que cette uniformité de programme des différents partis ouvriers nationaux n'empêche pas les diversités de se faire jour dans l'application, où chaque peuple apporte ses traditions, son degré de développement et son tempérament.

Par exemple, les ouvriers socialistes français n'ont pas pu, en fait, rompre entièrement avec leur ancien idéalisme, avec leurs préoccupations politiques, avec leur besoin d'améliorations immédiates, par des réformes sérieuses ou par des menaces, sinon par des tentatives révolutionnaires.

Plus confiants en l'effort individuel, à la fois pratiques et associationnistes, à un degré éminent, les prolétaires belges tiennent la tête du coopératisme socialiste, en Europe, et ils ont pris la direction du mouvement réformiste, politique et social, dans leur patrie.

Les prolétaires anglais sont les vétérans de l'association ouvrière; leurs formidables *Trades Unions* sont le modèle, partout imité, des sociétés de résistance contre les abus du patronat. Ils ne sont venus au socialisme proprement dit que quand il leur a été bien démontré que l'organisation corporative n'était pas suffisante pour lutter efficacement contre l'exploitation capitaliste. A l'inverse de ce qui se passe sur le continent, le Prolétariat militant anglais est agricole autant qu'industriel, car l'agriculture aussi est industrialisée en Angleterre, et, comme les abus de ce chef sont les plus criants, le collectivisme anglais est, en premier lieu, un collectivisme agraire.

Encouragés par un gouvernement sincèrement démocrate, les associations ouvrières suisses, toutes fédérées, se sont placées résolument sur le terrain des réformes légales.

Dans la cosmopolite Amérique du Nord, le mouvement ouvrier suit trois grands courants, dont le plus vivace paraît le courant celtique ou irlandais, qu'illustrent les *Chevaliers du Travail* et tous les groupements du socialisme catholique. Les Anglo-Américains s'organisent en *Trades Unions*, tandis que le personnel déjà considérable et toujours grandissant de l'émigration allemande a jeté là-bas les fondements d'un parti ouvrier dont le programme est celui de la démocratie sociale allemande.

En Espagne, où la domination monarchico-cléricale prit des formes si terrifiantes avec l'Inquisition, que put seule abattre la Révolution française, les préoccupations libertaires sont particulièrement vives. On a la peur de l'État, et les militants, sauf la très active

minorité marxiste, s'intitulent volontiers collecti-
vistes-anarchistes; mais leur anarchisme n'est guère
qu'un communalisme fédératif très accentué.

Le parti socialise italien, dont les plus nombreux
groupements sont formés d'éléments mazziniens venus récemment au collectivisme, avec les Félix
Albani et les Errico de Marinis, ne suit pas une politique homogène. Il y a les éclectiques comme Gnoc-
chi-Viani, Bignami, Candélari, Chiesa, Cameroni, etc.
Les partisans de la lutte des classes, dont Turatti s'est
fait le théoricien, y sont en minorité et, ce qui domine,
c'est la mise sur le même plan de combat pour la conquête de la république démocratique et progressive et
le combat pour l'abolition du salariat et son remplacement par une organisation socialiste du travail. Il
est, d'ailleurs, en pleine expansion et est vaillamment
représenté au Parlement par Andrea Costa, Colajanni,
Prampolini et quelques-uns de leurs amis, pendant
qu'il trouve des adhérents parmi les plus brillants professeurs d'Université, et qu'il gagne à sa cause des
écrivains de la valeur de l'illustre Edmond De Amicis
et des savants comme Graf.

De même, en Danemark, la majorité des socialistes
a répudié l'intransigeance marxiste, pour s'allier aux
radicaux et former un parti réformiste.

En Serbie, c'est le parti socialiste tout entier, le parti
fondé par les deux Markowitch et leurs vaillants
émules, qui s'est fait légaliste et réformiste; cela lui
a si bien réussi qu'il a failli prendre le pouvoir, il y a
quelques années, et que son influence sur les destinées
de la Serbie est restée considérable.

Exemple trop peu suivi, une fraction importante du
parti républicain portugais vient d'adhérer au collecti-

visme réformiste; la politique du parti ouvrier, si ortho-
doxement marxiste, et qui est d'ailleurs en pleine
crise, en sera forcément modifiée.

Par contre, excédés par une bourgeoisie aveuglément réactionnaire, les socialistes hollandais accen-
tuent leur politique dans le sens révolutionnaire.

Mais ce qui, en thèse générale, l'emporte, après les
intransigeances hautement proclamées de la période
d'affirmation, c'est, sauf en Allemagne, la tendance
à suivre une politique plus soucieuse des améliorations
de détail, et il se dégage de cette tendance un socialisme pratique qui devient de plus en plus en faveur
dans les milieux socialistes et dont les municipalités
socialistes et les *Bourses du travail* attestent en
France la vitalité pleine de promesses.

CHAPITRE XVIII

SOCIALISME RÉVOLUTIONNAIRE ET SOCIALISME RÉFORMISTE

Progrès croissant du réformisme; ses causes, ses avantages. — Citation du Dr Delon. — L'objection relative aux services publics. — Le socialisme réformiste et les économistes libéraux.

Nouveau encore, le fait est contesté par quelques-uns, déploré par d'autres ; c'est pourquoi nous voudrions présenter quelques arguments en faveur de la méthode réformiste. Les Français, plus que tous autres, ont le droit de parler de politique réformiste, car ils ont, en quelque sorte, épuisé la politique révolutionnaire.

C'est par là, évidemment, que le peuple français est, notamment depuis un siècle et demi, l'ardent explorateur des forêts vierges de la politique et du socialisme. Quelle théorie sociale nouvelle n'a pas acceptée, n'a pas propagée, n'a pas voulu imposer la minorité révolutionnaire française? Elle a quelquefois triomphé durablement, comme en 1789, en 1830; passagèrement, comme en 1793 et en février 1848. D'autres fois, elle a été écrasée, comme en 1795, en 1831-32-34-39, en juin 1848 et 1849; enfin en mai 1871. Elle a versé son sang à torrents et fourni à la prison, aux pontons, aux bagnes, à la déportation, plus de cent mille martyrs, mais elle a doté l'Europe continentale du code civil (d'ailleurs bien incomplet et devenu malfaisant), de la liberté politique du suffrage universel. Elle a fait tout cela, et n'est-ce pas surtout elle qui, dans le tonnerre de ces insurrections toujours vaincues, toujours férocement réprimées, mais toujours renaissantes, a posé si formidablement la question sociale que l'avènement du socialisme, c'est-à-dire d'un état social plus rationnel et plus juste, est maintenant inévitable?

Un tel passé enchaîne l'avenir, et, si la transformation sociale doit être précédée d'une révolution sanglante, il est à penser que, comme l'a dit Marx, c'est encore « au chant du coq gaulois » que se lèveront les vaillants de tous les peuples, pour se ruer aux batailles émancipatrices.

Tout cela, nous ne le méconnaissons pas, et nous ne savons rien de l'éventualité de demain ; nous nous garderions bien de faire nôtre cette parole malheureuse de Gambetta : « Les temps héroïques sont passés. » Il n'empêche qu'évolutionnistes et relativistes, nous ne devons pas oublier que, comme toutes choses, les méthodes politiques, abstraction faite de ce qu'elles sont bonnes ou mauvaises en soi, subissent les influences du temps et du milieu, c'est-à-dire des circonstances du moment. Après donc avoir constaté que le traditionalisme est révolutionnaire en France, nous devons ajouter que le perfectionnement des armements, le prodigieux accroissement des protestataires, le caractère international et plus exclusivement économique des revendications, les espérances que peuvent faire concevoir les premières vic-

toires électorales socialistes changent du tout au tout,
en France comme ailleurs, la situation, et la rendent
plus propice aux tentatives réformistes.

Autrefois, ce n'étaient que des partis qui se disputaient le pouvoir : ils devaient s'imposer par la surprise ou la violence; aujourd'hui ce sont les prolétaires, la grande majorité de la population, qui
réclament une plus juste organisation sociale. Étant
le nombre et disposant du suffrage universel, ils peuvent modifier légalement l'organisme gouvernemental
sans recourir à l'action révolutionnaire, qui fait toujours tant de victimes, qui, de plus, est mêlée de tant
d'injustices, est toujours suivie d'une terrible crise de
transition, d'une période de misère générale, pendant
laquelle tout le monde souffre et qui, par les découra-
gements, les apeurements qu'elle suscite, sont favorables aux réactions inexorables.

L'action révolutionnaire a d'autres inconvénients :
elle n'est efficacement possible qu'à certains moments
de crise assez rares dans l'histoire des peuples, tandis
que l'intervention réformiste est toujours de saison.
C'est pourquoi nous, qu'on a vus le fusil au poing aux
jours tragiques, nous ne cesserons de dire : *Sachons
être révolutionnaires quand les circonstances l'exigent, mais soyons réformistes toujours.* C'est le
mode le meilleur, le plus humain et le plus sûr, car,
pendant que nous discutons sur les bienfaits futurs
de la révolution « incréée », l'engrenage industriel
broie ses victimes, sans autrement se soucier de
ceux qui protestent par des malédictions impuissantes et par des menaces vaines, en attendant
qu'une révolution hypothétique ait pu se produire
ou que le développement fatal du système capita-

liste produise les excès qui en amèneront la destruction, en poussant à leurs dernières limites la spoliation de la petite Bourgeoisie et l'affamement du Prolétariat ?

L'attente pourrait être longue, et les victimes des iniquités sociales ont peut-être le droit de se retourner sur le gril de leurs tourments et de réclamer des améliorations immédiates, sans préjudice des intégrales transformations futures.

Cela vaut mieux que d'attendre l'incertaine éventualité révolutionnaire qui ne dépend pas de nous.

Dans un maître article de la *Revue socialiste* (mars 1892), le docteur Delon l'a démontré avec une sûreté de pensée et une énergie d'expression dont nous donnerons un exemple :

« Que nous nous plaisions à de belles déclamations sentant la poudre et le pétrole ou que nous dédaignions cet exercice littéraire, l'évolution naturelle de la société capitaliste ne sera guère accélérée ou ralentie.

« Donc, impuissants les phraseurs ; mais les hommes d'action, les conspirateurs, les braves décidés à jeter leur vie aux baïonnettes, peuvent-ils presque à leur gré déchaîner la guerre civile, plus impitoyable que la guerre étrangère ? Nous n'en croyons rien, et les exemples sont nombreux : les insurrections républicaines qui troublèrent les premières années du règne de Louis Philippe avec Barbès et Blanqui n'entraînèrent point la population ouvrière de Paris. Souvenez-vous encore de l'attaque du poste des sapeurs-pompiers de la Villette, accomplie en plein jour par les Blanquistes sous la direction d'Eudes et de Granger, quelques mois avant le 4 septembre 1870, au moment où l'Empire pourri, doutant de lui-même, semblait mûr pour le coup d'épaule final. Ce ne fut qu'une bagarre, pas même une émeute.

« Trouvons-nous d'autre part, avant les Révolutions victorieuses, l'action des praticiens de la révolte à main armée? Est-ce qu'avant 1789 on croyait à la possibilité des drames terribles qui suivirent? Tous les esprits et tous les cœurs étaient à la paix, à la bonté, à la sensibilité, à l'amour de la nature et des plaisirs champêtres. On rêvait encore à la félicité de tous les hommes réconciliés dans la fraternité universelle, quand on fut réveillé par les massacres de Septembre. Et avant 1830? Avant 1848? Ces événements jaillirent inopinément du conflit des intérêts et des passions opposées. C'est en vertu de causes internes, obscures et latentes que se produisent ces grandes secousses; ce sont les mouvements aveugles de la lave souterraine qui ébranlent les institutions politiques ou économiques comme autant de tremblements de terre sociaux. Les *Révolutions* ne dépendent pas des *révolutionnaires*, mais de l'obstacle opposé par les formes rigides du passé à l'évolution naturelle de la société.

« Les conservateurs inintelligents sont les vrais fauteurs des Révolutions, parce qu'en s'opposant à l'éclosion des nécessités historiques, ils déterminent l'éclatement brutal de toutes les entraves gênantes. Retournez-vous donc contre eux et flétrissez leur égoïsme plein de périls. Ce sont là « les exploiteurs qui échafaudent une candidature » sur les sentiments les plus bas de la nature humaine, la cupidité et la peur, et « se font une rente » de la folle résistance aux flux qui les brisera. L'Angleterre n'a plus eu de révolutions depuis 1688 à cause de l'esprit de conciliation et de prudente concession qui règne chez les conservateurs. »

Sur ce point, il ne saurait y avoir de contestations sérieuses, mais les marxistes s'attaquent aux caractères de certaines réformes. Ils disent, par exemple, que la graduelle socialisation des monopoles aurait pour résultat de mettre une plus formidable puissance économique entre les mains de la classe bourgeoise, qui déjà exerce le pouvoir politique au détriment des intérêts populaires.

L'objection serait fondée si les directeurs actuels des compagnies financières et des grandes concentrations capitalistes étaient, contre l'État bourgeois, les champions de la liberté humaine et de la justice économique.

Il nous semble qu'il n'en est rien et qu'entre la bourgeoisie dirigeante et la bourgeoisie exploitante, il n'y a divergence que lorsque, sous la pression du suffrage universel, les gouvernants sont obligés de défendre la pensée moderne contre les empiètements d'un cléricalisme agressif, ou de garantir aux travailleurs le droit d'association qu'on a pu introduire dans nos lois, mais que les capitalistes ne veulent pas laisser entrer dans les mœurs.

Dans ces cas seulement (et autres analogues), l'opposition des monopoleurs contre l'État, selon eux trop démocratique, se manifeste ; l'on conviendra que ce n'est ni pour le progrès intellectuel ni pour le progrès social, et que l'évincement par l'État démocratisé des parasites ploutocratiques, ne mettrait pas la civilisation en péril.

A quelque point de vue qu'on l'envisage, la main

mise de l'État sur les monopoles (qui d'ailleurs ne signifie pas nécessairement exploitation directe par l'Etat), il y a le système des fermages qui serait profitable à la dignité, à l'indépendance, à la sécurité, au bien-être des travailleurs, et nulle liberté ne serait par là mise en péril.

L'organisation des actuels monopoles d'État est des plus défectueuse ; cependant il faut bien reconnaître que les travailleurs qui en dépendent sont moins maltraités que les salariés des grandes compagnies et patronats collectifs quelconques. Et combien serait améliorée la situation dans le système proposé ?

Tout d'abord, il saute aux yeux que, dans une nation où, aux oppressifs et onéreux monopoles actuels, seraient substitués une rationnelle organisation des services publics nationaux et communaux, l'État capitaliste ferait graduellement place à l'État socialiste, et qu'à la nouvelle ordonnation économique correspondrait une ordonnation politique adéquate. Ce serait bientôt la République fédérative, d'abord nationale, puis internationale, s'étayant sur de puissantes Communes sociales, aux attributions étendues. Tous les citoyens seraient, par l'organisation collectiviste du travail, délivrés des servitudes, des insécurités et des dénuements du salariat ; comment pourraient-ils dès lors être opprimés et exploités par leurs délégués professionnels dans l'Atelier, administratifs dans la Commune, politiques ou économiques dans l'État ?

Nous pouvons hardiment dire que la socialisation graduelle des monopoles et des grandes concentrations capitalistes, au lieu de consolider la domination politique bourgeoise la frapperait au cœur et aiderait puissamment à l'édification de l'ordre socialiste.

Le socialisme réformiste a d'autres adversaires.

Les économistes libéraux ne s'en prennent pas seulement à telle ou telle réforme, ils s'élèvent, au nom de ce qu'ils appellent hasardeusement, *le respect de la liberté du travail*, contre toute amélioration légale de la condition des travailleurs.

La liberté du travail? Est-ce qu'elle existe dans le système de production capitaliste où le prolétaire, sans garantie d'existence d'aucune sorte, est livré par la faim à un patronat implacable qui n'a généralement à lui offrir qu'un labeur exténuant, irrégulier, arbitrairement commandé, et mal payé? Est-ce que, même pour la classe moyenne, il y a la liberté ; dans ce régime capitaliste qui de plus en plus envahit tous les compartiments de la vie sociale, rejetant, toujours en plus grand nombre, le petit patron, le petit commerçant et le petit propriétaire dans un Prolétariat toujours plus nombreux, toujours plus misérable.

Que de fois les socialistes l'ont démontré ! Ce qui domine déjà aujourd'hui, ce qui sera le fait général demain, c'est l'asservissement de tous les travailleurs à des exploiteurs anonymes, aussi puissants qu'irresponsables, aussi avides qu'impitoyables. Demandez aux employés des chemins de fer, aux ouvriers des mines, aux prolétaires des hauts fourneaux et des grandes fabriques, aux salariés des deux sexes, à cette masse dolente si maltraitée, si souvent frappée par les chômages et qui s'exténue pour un salaire insuffisant et incertain, n'ayant en perspective que le lamentable dénuement d'une vieillesse abandonnée. Demandez à tous les exploités s'ils se sentent bien libres sous la tyrannie ploutocratique qui les opprime, les pressure, les affame et les dévore.

Il ne s'agit plus de se payer de mots. Au point où nous en sommes de l'évolution économique, la liberté du travail n'est plus qu'une légende, et le peuple travailleur doit choisir entre l'asservissement aux grandes compagnies (ou à des collectivités patronales quelconques) et le travail socialement organisé et s'effectuant sous le haut contrôle soit de l'État, soit de la Commune.

Par ce motif, il serait temps de se défaire de cette peur enfantine de l'État qu'affectent surtout les bénéficiaires du système capitaliste.

Il est curieux d'observer comment dans certains cerveaux on raisonne toujours en se basant sur des situations que l'on sait pourtant ne plus exister. Mais il y a si longtemps que le mot de liberté est opposé à toutes les revendications populaires ! Comme tout progrès, toute réforme, tout redressement dérange toujours la liberté d'opprimer et de spolier dont jouissaient quelques privilégiés ou quelque catégorie de parasites, ils opposent le mot liberté à tous les progrès sociaux. En tous les temps, les sophistes du libéralisme ont eu matière à protestation : l'abolition de l'esclavage a été une négation de la liberté des maîtres; toutes les affirmations du droit populaire sont un attentat à la liberté des rois, toute justice démocratique nouvelle lèse quelques libertés et quelques intérêts des classes dominantes ou exploitantes. Il y a de la sorte « un certain nombre de prétendues *libertés* qui ont historiquement cette destinée étrange, de se voir refoulées à mesure que la *Liberté* tout court fait plus de progrès. Telle est la *liberté* de l'ignorance ; telle est la *liberté* de l'héritage ; telle est la *liberté* des conditions léonines imposées par le patron à l'ouvrier ; telle est aussi la *liberté* du jeu. Toutes se résument peut-être en une seule, la *liberté* de l'exploitation ».

En ces quelques lignes, Camille Pelletan a caractérisé exactement la situation. C'est bien de la liberté de l'exploitation industrielle que les économistes libéraux ont souci avant tout, et c'est pour la défendre qu'ils qualifient de *liberticides* toutes lois limitatrices de l'oppression et de la spoliation capitalistes, toutes les mesures promotrices de probité commerciale ou défenderesses des intérêts généraux contre quelques puissantes rapacités particulières.

Pour les théoriciens du *laissez faire*, on attente à la liberté du travail lorsqu'on s'attaque aux concentrations capitalistes les plus manifestement malfaisantes. Ils ne font pas d'exception, et pourtant, a remarqué J.-S. Mill, *il y a des choses qui ne peuvent devenir articles de commerce, sans devenir nécessairement articles du monopole.*

En ce cas, le devoir de l'État est bien tracé ; intervenir au nom de l'intérêt commun et, au besoin, transformer en service public le monopole qui, entre les mains d'une compagnie financière, ne peut être et n'est qu'un instrument de profits particuliers et de profits d'autant plus considérables que les travailleurs sont plus maltraités, plus exploités, et le public plus mal servi et plus rançonné.

Il est difficile de contester ce principe, mais on veut échapper aux conséquences, en arguant de l'incapacité administrative de l'État ; bien entendu, cette incapacité administrative de l'État est loin d'être aussi générale que le disent les libéraux, mais en serait-il ainsi que cela ne prouverait rien contre le principe que nous soutenons, car elle ne serait qu'un fait transitoire dont la cause est connue et peut-être facilement supprimée.

En effet, par une incroyable aberration, c'est à des thuriféraires des grandes compagnies oppressives, agioteuses et spoliatrices que les pouvoirs publics confient l'enseignement de l'économie politique dans les écoles administratives, de sorte que l'État paye pour que l'on enseigne aux futurs titulaires de ces services que l'action sociale est contraire aux lois naturelles et que, pour le délégué ou l'employé d'administration idéal, le devoir consiste à faire le moins et le plus mal possible.

De là les gaspillages et les fainéantises qui sont la honte des ministères, le fléau de certains services ; de là ces complicités lâches des ingénieurs et inspecteurs de l'État au bénéfice des compagnies financières, qu'ils devraient surveiller et qu'ils encouragent dans leurs malfaisances et dans leurs prévarications, au détriment de l'intérêt public, dont ils ont la garde et qu'ils trahissent (1).

(1) Dans toutes les branches administratives, il en est de même ; la direction de l'État est livrée à ses pires ennemis : aux classes parasitaires et aux bourgeois libéraux. Pour ces gens-là, l'employé d'administration est pourvu d'un bénéfice obtenu par faveur, d'une sorte de privilège, non d'une fonction. De là, ce malhonnête parasitisme administratif que le député Charles Bauquier dénonce si méritoirement en France et si vainement, hélas !

Le premier article de notre programme comporte l'épuration de cette tourbe paresseuse et gaspilleuse, véritable stratification de sinécuraires laissés là par tous les régimes, et à laquelle chaque ministère ajoute une couche nouvelle. Cette réforme, de plus en plus nécessaire, viendra : L'universalisation de l'instruction publique, la continuelle pratique de l'électorat, le développement des institutions libres, la complète liberté

Cela prouve simplement qu'il faut moraliser administrativement l'État et la Commune, si l'on veut accroître efficacement leurs attributions économiques, et telle est bien notre opinion.

de réunions, de paroles et de presse sont autant de facteurs d'une prochaine et radicale transformation administrative.

Ainsi tombe la plus spécieuse des objections libérales contre le collectivisme réformiste. (*Socialisme Intégral*, deuxième volume.)

LIVRE CINQUIÈME

LE COLLECTIVISME MODERNE

CHAPITRE XIX

LA QUESTION MORALE ET LE SOCIALISME

La cause du désarroi moral réside dans les iniquités sociales. La science et la philosophie sont assez avancées pour permettre l'élaboration d'une synthèse cosmologique et la formation d'une éthique nouvelle conforme aux aspirations de l'élite humaine. — Preuves de cette affirmation : c'est des conflits sociaux que vient l'obstacle; il faut transformer les institutions, pour rénover les mœurs.

Dans l'âpre et violente lutte que doivent soutenir les prolétariats soulevés des Deux Mondes contre l'empirante exploitation capitaliste, il est bien compréhensible que la lutte économique soit mise au premier plan; mais il y a erreur à prétendre que le collectivisme, cette expression moderne du socialisme historique et scientifique, est contenu tout entier dans les revendications ouvrières.

Le socialisme, c'est l'Humanité en marche vers une civilisation supérieure et portant dans les vastes plis de son manteau constellé, en même temps que toutes les espérances de libération et de justice des opprimés et des exploités, toutes les hautes aspirations mentales, sentimentales et esthétiques de l'âme humaine.

Les adversaires ne s'y trompent pas, et ils reprochent aux socialistes d'être des e nemis de la *Religion*, de la *Famille*, de la *Propriété* et de l'*État*. En effet le socialisme apporte de nouvelles conceptions éthiques, familiales, propriétaires et politiques.

Il est bien certain, par exemple, que la morale vieillie et étroite des religions révélées ne saurait le satisfaire. Au *sens religieux* proprement dit, il substitue le *sens social* ; au culte d'une entité abstraite, le culte de l'humanité.

Et ce n'est pas là la partie la moins urgente et la moins importante de sa tâche.

On a beaucoup gémi sur ce que, déjà en 1845, Auguste Comte appelait « notre déplorable situation morale », sur le cortège d'iniquités et de souffrances évitables qu'elle entraîne, sur la persistance anormale des anciens dogmes, dont l'absurdité est depuis longtemps démontrée.

On a regretté aussi le manque vivement ressenti d'une synthèse scientifique quelconque, d'une foi démontrable, en un mot, d'où découlerait une morale individuelle et sociale digne de ce nom.

Mais, si l'on a constaté le mal, on n'a indiqué ni la cause ni le remède.

On n'a pas voulu voir que la persistance des anciens dogmes, condamnés pourtant par la science et la conscience moderne, s'explique par le fait que ces dogmes sont généralement (je salue les faits d'exception, d'autant plus méritants qu'ils sont plus rares) tombés à l'état de justification tentée des vieux privilèges, qu'ils servent de drapeau aux coalitions rétrogrades contre les militants du progrès, de la liberté et de la justice; qu'au total, ils profitent au système capitaliste qu'ils servent.

Pas davantage, nous pouvons ajouter, on n'a compris que l'absence d'une conception synthétique et rationnelle des choses est imputable à la dispersion des volontés, à la dépression des caractères, à la diversité et au rapetissement des buts, qu'engendre l'antagonisme des intérêts et non pas à une prétendue insuffisance de la science moderne, qui ne manque que d'humanité et de hautes aspirations synthétiques (1).

« Le monde, nous enseigne Berthelot, est aujourd'hui sans mystères ; la conception rationnelle prétend tout éclairer et tout comprendre; elle s'efforce de donner de toutes choses une explication positive et logique, et elle étend son déterminisme fatal jusqu'au monde moral. »

La possibilité scientifique d'une synthèse cosmologique en harmonie avec les connaissances humaines, étant ainsi reconnue par un savant illustre, sans qu'il soit nécessaire d'insister davantage, nous avons à nous demander, pour aller au bout de notre

_____

(1) Tout le monde est péniblement frappé de la fanfaronne cruauté qui caractérise si tristement le plus grand nombre des scientistes actuels. Pour eux, les malades de nos hôpitaux ne sont pas des êtres humains que l'on doit s'efforcer de soulager et de guérir ; ce ne sont que des sujets d'expérimentation médicale. Et que dire des odieuses cruautés de la vivisection, dont les mêmes scientistes, aussi dépourvus de pitié que d'une philosophie générale, abusent férocement, sans profit appréciable pour la science. Combien ces abominables charcuteurs sont loin d'un Claude Bernard qui, lui, y mettait de la modération, ayant le respect de la souffrance, et ne tailladait pas les chairs palpitantes par habitude, par fantaisie ou pour passer le temps

démonstration, si la philosophie contemporaine
fournit les éléments d'une morale capable de donner
satisfaction aux plus hautes aspirations, aux plus
nobles élans et aux plus exquis sentiments de justice
et de bonté des meilleurs esprits et de ce temps.

La réponse affimative ne saurait, non plus, être
douteuse.

Il y a plus d'un siècle que Kant a posé ces deux
axiomes de morale, qui contiennent presque tout :

I. — *Agis d'après des règles et des maximes telles
que tu puisses vouloir qu'elles soient érigées en lois
générales, pour toi et pour les autres hommes.*

II. — *Ne traite jamais les êtres raisonnables, toi-
même ou les autres, comme de simples moyens, pour
des fins arbitraires, mais comme des fins en soi.*

Il y a plus d'un siècle également que Bentham,
après avoir fait sien ce beau motif moral de Priestley :
le plus grand bonheur du plus grand nombre, l'a
complété magnifiquement, en sa *Déontologie*, par cet
admirable commentaire :

*Ce que nous proposons, c'est d'étendre le bonheur
partout où respire un être capable de le goûter ; et
l'action d'une âme bienveillante n'est pas limitée à la
race humaine, car, si les animaux que nous appelons
inférieurs n'ont aucun titre à notre sympathie (ou
compatissance), sur quoi donc s'appuieraient les
titres de notre propre espèce ? La chaîne du devoir
enserre la création sensible tout entière. Le bien-être
que nous pouvons départir aux animaux est intimement lié à celui de la race humaine dans son ensemble,
et celui de la race humaine est indispensable du
nôtre.*

A de plus hautes sphères ne pouvait s'élever la

morale altruiste. Auguste Comte, recommandant *d'aimer pour penser, de penser pour agir et de vivre pour autrui;* Schopenhauer, en disant que l'*altruisme et la pitié sont le principe de toute moralité*, n'ont fait que préciser la pensée de Bentham.·

D'autres sont venus, tels Saint-Simon, Fourier, Robert Owen, Guyau, Fechner, Wundt, J.-S. Mill, Pierre Leroux, Fauvety... qui ont ajouté aux matériaux d'attente de la morale solidariste de demain.

Elle a non seulement trouvé sa formule générale, cette morale : mais aussi la loi de son évolution.

En effet, ne peut-on pas poser en principe que, vu de haut, le développement de l'humanité a pour point de départ la brutalité égoïstique, s'épanouissant dans la nécessité de la *lutte pour la vie*. Les alternatives de victoire et de défaite dans le conflit des ·forces individuelles, amènent lentement le *moi* féroce à la conception du *non moi*, du moi d'autrui ; l'égalisation des forces conduit aux transactions et à leur forme supérieure, *l'association pour la lutte*, que la nature elle-même enseigne d'ailleurs, en en faisant souvent une condition de la conservation des espèces, non seulement animales, mais encore végétales. Dans cet état, il arrive que la sociabilité naît, se développe, que la sympathie se manifeste, que l'altruisme, bien faiblement, il est vrai, fait son entrée dans le groupe organisé.

C'est le premier stade.

Plus tard, les différents groupes, en restant ennemis ou étrangers, arrivent à l'estime mutuelle ; alors les premiers germes de la solidarité humaine ont pris racine ; il ne s'agit que de les cultiver.

C'est le deuxième stade.

Plus tard encore, et avant que le deuxième stade soit arrivé à sa complète réalisation, une conception supérieure de la vie nous montre l'humanité véritablement majeure, répartissant d'une main équitable les devoirs et les droits, le travail et le bien-être entre tous ses enfants, compte tenu de leurs forces et leurs besoins.

Digne souveraine du Globe, elle verse sur toute vie le dictame de la bonté, diminuant la souffrance universelle, épurant le bonheur, créant la justice et enseignant, selon la parole de Totsloï, que l'homme n'a qu'une mission sur la planète : *l'amour et les bonnes œuvres*, et que *la vie c'est l'amour dans la vie commune*, qu'elle n'est digne, cette vie humaine, que lorsqu'elle ajoute quelque chose à l'avoir de bonté et de justice accumulé par les générations passées.

C'est le troisième stade, l'ère de l'altruisme qui pourra fleurir, quand aura brillé le jour de la civilisation socialiste.

L'altruisme est ainsi l'inspirateur supérieur des actions humaines et il n'est nul besoin de périlleuses affirmations mystiques ni d'abtrus concepts métaphysiques pour s'inspirer des principes suivants, d'aussi facile compréhension que d'universelle efficacité :

Dans les relations sociales, la justice et la solidarité ; dans les relations individuelles, la sincérité et la bonté ; dans les relations, avec tous les êtres, les animaux compris, la modération et la pitié.

Voilà qui suffit, croyons-nous, à montrer que dans le monde de la pensée on a la conception d'une nouvelle morale sociale conforme aux aspirations des meilleurs esprits. Pourquoi fait-elle si peu de progrès dans les actes ? C'est que certaines réalités économiques étouffent les idéalités les plus généreuses. Bâtie sur le déploiement de l'égoïsme, la société actuelle est antimorale dans son principe et dans ses tendances.

Ainsi le veut l'ordre individualiste régnant. Les nécessités de la lutte, les incertitudes de la vie développent la peur de manquer, conseillère de tous les égoïsmes qui rendent l'homme agressivement avide et lui ôtent, dit Max Nordau, tout le respect des droits d'autrui. « Une sourde irritation, qui parfois n'apparaît que sous la forme d'un vague et inquiet mécontentement, entretient chaque homme dans un état fiévreux et donne à la lutte pour l'existence dans la société moderne des formes sauvages et infernales qu'elle n'avait pas aux époques antérieures. Cette lutte n'est plus une rencontre d'adversaires polis qui se saluent, avant de tirer l'épée, comme les Français et les Anglais avant la bataille de Fontenoy, mais l'horrible mêlée d'égorgeurs ivres de sang et de vin frappant bestialement sans pitié. »

Sur les marchés du travail, comme sur les marchés du commerce, les scrupules de l'honnêteté sont méconnus ; il ne s'agit que de *gagner* au détriment d'autrui. Cela s'appelle de l'habileté. Qu'importe ensuite que l'âpre *struggle for lifer* qui s'enrichit de toute main, ait quelques vertus d'abstinence, de sobriété ou de chasteté, soit, comme le faux bonhomme Franklin, en vue de s'éviter des dépenses et des ennuis, soit pour se réserver sa part du paradis chrétien ou musulman ; il n'en est pas moins *l'homo homini lupus* de Hobbes, c'est-à-dire immoral et antisocial au premier chef.

Quel idéal éthique pourrait fleurir sous ce vent

glacial et mortifère de la lutte des intérêts armés les uns contre les autres, de cette traduction économique de *la guerre de tous contre tous.*

Ce qui peut seul convenir comme principe moral à un pareil ordre de choses, c'est le désséchant précepte de *chacun pour soi,* la glorification de la *concurrence universelle,* cette sauvage application à l'état social de la loi végétale et zoologique de la lutte pour l'existence qu'on ose ainsi nous présenter comme la loi de développement des êtres humains réunis en société.

Ce sont d'autres mobiles que développe le socialisme chez tous les ouvriers de la rénovation humaine; fils de l'altruisme, il bénéficie de toutes les activités bienfaisantes, et dans ce sens l'on peut dire :

Il fait du socialisme le savant, le penseur qui trouve au fond de ses recherches de ses méditations sur la nature des choses, le mystère de l'évolution universelle,— car ce faisant il donne sa démonstration scientifique à *la loi de la solidarité,* qui est à l'ordre moral et social ce que *la loi d'attraction* est à l'ordre physique.

Il fait du socialisme, l'écrivain qui, dans le livre, le drame, l'œuvre d'art ou le journal, apothéose les sentiments de justice envers les hommes, de pitié envers les animaux, en un mot de compatissance envers tout ce qui souffre,— car tout ce qui développe la bonté est du socialisme.

Il fait du socialisme, le progressiste qui travaille et combat pour la liberté, sous quelque forme politique et sociale qu'elle se présente,— car le socialisme tend à délivrer l'être humain, noblement soumis au devoir moral et social, de toute servitude, de tout arbitraire.

Il fait encore du socialisme, l'altruiste pratique qui

passe en faisant le bien : là, secourant ; ici, consolant ; plus loin, fortifiant ; partout, luttant contre l'égoïsme rapace, ce père de toutes les iniquités et de toutes les misères évitables.

Sentimentalisme, dira-t-on ; sentimentalisme, soit. Le sentimentalisme est la plus irrésistible force révolutionnaire qui soit au monde.

L'histoire nous enseigne, nous le répétons, que rien ne prévaut contre lui, et que les causes, justes ou injustes, qu'il embrasse sont les seules qui triomphent.

Que d'exemples nous pourrions citer ! Nous nous bornerons à un seul, mais décisif.

Il n'est pas besoin de pénétrer bien avant dans la vie intime du xviiie siècle pour comprendre que, si le philosophisme qu'il arbora contre la vieille oppression monarchique, cléricale et féodale aboutit à l'incomparable libération civile et politique de 1789, c'est que les Encyclopédistes et leurs alliés cultivèrent les sentiments du cœur, en même temps que l'âpre domaine de la connaissance.

On ne le dira jamais assez : ce grand siècle puisa sa force, moins dans ses terribles négations que dans ses admirables générosités.

Il développa, créa presque la sensibilité, inventa le mot *bienfaisance* pour la glorifier, et sa contre-partie, le mot *égoïsme*, pour lui donner une acception flétrissante.

Voyez-vous Voltaire sans ses belles campagnes contre les juges-bourreaux qui condamnèrent Calas, Sirven, La Barre, et contre toutes les iniquités de son temps ? Que serait Rousseau sans les sanglots de la *Nouvelle Héloïse*, sans les amplifications sentimentales de l'*Émile* ? Le *Contrat social* n'aurait pas été le livre de la Révolution française si son auteur n'avait produit que cette brochure politique, de valeur plus que contestable et fourmillante de contradictions meurtrières.

Diderot n'aurait pu soulever les montagnes sans l'attrait de son génie si ouvert, si expressif et si bon ! D'Alembert ne serait pas si grand sans son affectivité si contenue, mais si vivace. Enfin d'Holbach et Helvetius sans leur générosité, le bon abbé de Saint-Pierre sans sa compatissance infinie, auraient-ils si puissamment contribué à l'œuvre émancipatrice ?

Il est dans la nature de l'homme de ne pas se laisser sevrer d'idéal et de ne pouvoir accomplir de grandes actions sans l'impulsion toute-puissante des sentiments altruistes. La poétisation de la lutte, la conviction que l'on se voue à quelque chose de supérieur (patrie, liberté, justice sociale), a toujours été la source de l'héroïsme et le chemin de la victoire. Ce n'est qu'en s'inspirant d'une foi nouvelle, qu'en remplaçant l'atavisme religieux qui est au fond de chacun de nous (aussi matérialistes que nous prétendions l'être) par un vaste et noble idéal humain, que l'on accepte de se dévouer jusqu'au sacrifice, jusqu'à l'héroïsme, jusqu'au martyre, à la cause sainte des justices nouvelles.

On a parlé très savamment d'intérêt bien entendu, de lutte des classes ; de ces mobiles il faut tenir grand compte, mais en se disant bien qu'ils ne sont pas les seuls ; j'en atteste le zèle irréductible du militant socialiste, qui a conscience de travailler, de souffrir et de combattre pour un grand renouveau du genre humain.

Il porte, cet homme de demain, il porte dans son

cœur la plaie toujours ouverte de la douleur universelle ; il sait qu'en nos temps troublés, la seule vie
qui vaille la peine d'être vécue est celle de l'homme
qui participe au grand œuvre des novations réparatrices.

Si le découragement et le doute l'effleurent quelquefois, il est vite réconforté, lorsque plongeant par
la pensée dans l'avenir socialiste, dont il est un des
humbles ouvriers, il voit, en espérance, une humanité majeure s'élevant par la science et la justice
à un plan splendide d'excellence morale, de puissance sur la nature, de bonté agissante, de bonheur
individuel et collectif.

Alors il se dit qu'il vaut la peine de saigner aux
ronces du chemin, d'affronter la misère, d'être abreuvé
d'outrages, d'être meurtri par la persécution et même
de mourir à la peine, sur le champ de bataille, dans
les fers ou dans la misère, pour que les félicités qui
dorent ses rêves d'avenir soient bientôt départies aux
enfants de la terre.

Et voilà comment les socialistes sont des négateurs
des sentiments moraux et des destructeurs de tout
principe social.

Ils sont aussi des destructeurs de la *Propriété*, de
la *Famille*, de l'*Etat*, de l'*Organisation*, du *Travail*.
Nous allons voir ce qu'il en est.

CHAPITRE XX

DE LA PROPRIÉTÉ ET DE SES FORMES SOCIALES

La forme propriétaire dans le passé. — Les luttes pour la possession dans la Grèce antique, dans le monde romain, puis dans le monde occidental, pendant le cycle chrétien. — Contradictions et menaces de la situation actuelle.

Le rich . est un larron, avaient dit les plus illustres Pères de l'Église, les Jérôme, les Grégoire, les Basile, les Ambroise, les Chrysostôme ; *la propriété, c'est le vol*, maximèrent Brissot et Proudhon ; à quoi les conservateurs répondirent, en affirmant que socialisme était la traduction théorique de massacre et de pillage.

De nos jours, au moins du côté des socialistes, on commence à comprendre qu'invectiver n'est pas argumenter, et que la meilleure façon de propager les idées novatrices, c'est encore de chercher leur filiation et leur signification dans leur genèse et dans leur évolution.

Pour le sujet qui nous occupe, la philosophie historique ne manque pas de marquer des points de conciliation.

Elle nous apprend, d'une part, que nulle société ne saurait subsister si elle n'est basée sur un système

quelconque, mais généralement accepté, de propriété ;
et, d'autre part, que les formes propriétaires sont aussi
nombreuses que variables. Nous avons ainsi non plus
à discuter sur le principe de la propriété, mais sur
l'opportunité et l'efficacité de ses modalités successives.

Il est établi maintenant qu'au début des sociétés, la
propriété fut commune. Avec la formation des *clans*
ou *gens*, et après une vague période de matriarcat, la
forme propriétaire devint patriarcale, c'est-à-dire dé-
pendit des agglomérations parentales, ayant à leur
tête un chef omnipotent, à la fois *prêtre*, *roi* et
maître.

Quand la cité eut remplacé l'agglomération paren-
tale comme système d'organisation politique, la propriété se personnalisa davantage, et les affranchis du
despotisme patriarcal furent rapidement dépossédés.

Ce furent les débuts de la propriété individuelle,
qui, sans atteindre jamais à l'universalité, devint vite
prédominante ; toutefois le conflit entre la forme collective et la forme individuelle ne prit pas fin par le
triomphe partiel de cette dernière, qui avait pour conséquences immédiates la cupidité surexcitée, la
cruauté développée, l'esclavage monstrueusement
étendu et la malédiction du paupérisme s'abattant sur
les plèbes nominalement libres.

On tenta dans les Cités helléniques de parer à ce
dernier fléau, générateur de formidables et renaissantes protestations plébéiennes, par la limitation des
successions, par les repas publics et par le maintien de
la propriété collective, pour les forêts et les pâturages.

Mais rien ne put prévaloir contre la rapacité des
oligarchies possédantes, et, l'inégalité et la misère

11.

croissant toujours, l'ère des luttes de classes fut ouverte. « Les cités grecques, dit Fustel de Coulanges
dans la *Cité antique*, flottèrent sans cesse (notamment
de la guerre du Péloponèse à la conquête romaine),
entre deux révolutions, l'une qui dépouillait les riches,
l'autre qui les remettait en possession de leur fortune. »

Mêmes luttes à Rome. Pendant que les plébéiens
conquéraient, un à un, les droits politiques, ils étaient
dépouillés par un patriciat aussi habile qu'avide de
leurs derniers lambeaux de propriété. L'*ager publicus*
ne fut pas plus respecté par les patriciens, qui s'en
emparèrent malgré l'héroïque et généreuse résistance
des Saturninus, des Licinius Stolon, des magnanimes
Gracques et de leurs nombreux précurseurs.

La suite est connue : « Le prolétariat, déshérité,
prend la place des citoyens propriétaires, qui était la
moelle de la République. Il n'y a plus de peuple romain; il y a des riches et des pauvres qui s'exècrent.
Enfin, de l'hostilité des classes sort, comme toujours,
le despotisme. Pline résume ce drame en un mot qui
explique l'histoire ancienne : *Latifundia perdidere
Italiam jam vero et provincias*. A Rome, comme en
Grèce, l'inégalité, après avoir tué la liberté, a perdu
l'État lui-même. » (Émile de Laveleye, *de la Propriété et de ses formes primitives*.)

Ainsi se passaient les choses dans l'intérieur de
l'État; dans les contacts de peuple à peuple, les rapports n'étaient guère plus idylliques.

La guerre était comptée par Aristote au nombre
des moyens légitimes d'acquérir, et le peuple vaincu
était partiellement réduit en esclavage et toujours dépouillé de ses biens. Il en fut ainsi longtemps encore.

Les Romains avaient dépossédé et asservi les Italiques, les Hellènes, les Ibères, les Gaulois, les Syriens; ils furent, à leur tour, dépossédés et asservis par les hordes germaniques du v° siècle. Puis, les nouveaux *beati possidentes* s'étant faits chrétiens, ils durent partager avec les évêques et les moines.

Enfin, voici qu'un troisième larron, le Normand, arriva sur ses barques légères du fond de la Scandinavie; il reprit au larron germain la France du Nord, l'Italie méridionale et l'Angleterre tout entière. Oh! le vol fut accompli sans formalités hypocrites. Le lendemain de la bataille d'Hastings, Guillaume, dit le *Conquérant*, se fit apporter les registres des propriétés de la monarchie anglo-saxonne pour les distribuer à la bande pillarde qu'il avait conduite en Angleterre. L'état de partage prit un nom sinistre; les Anglo-Saxons, dépossédés à leur tour de ce qu'ils avaient précédemment enlevé aux prêtres et aux Celtes primitifs l'appelèrent le *Doomsday book* (le livre du jugement). Maigre consolation!

Les Normands avaient fait une grosse part au clergé catholique; mais celui-ci fut dépossédé, à son tour, par Henri VIII et sa digne fille Élisabeth, qui partagèrent le produit de la violente confiscation avec les nobles et avec le clergé anglican, qui devint ainsi le clergé le plus grassement prébendé de toute la terre.

Ce ne sont là que les principaux faits, et combien on pourrait en ajouter!

De nos jours, au moins entre Européens, l'esclavage a disparu, et les guerres internationales n'ont pas pour but direct la prise par les vainqueurs du bien du peuple vaincu; on se contente de ravir les provinces et d'imposer des indemnités de plusieurs mil-

liards. N'allez pas croire, cependant, que la propriété
soit davantage la récompense du travail ; elle est,
dans sa forme la plus générique, le fruit de l'accumulation, par les détenteurs du capital, des produits du
travail d'autrui. C'est toujours la spoliation, sous une
enveloppe moins rude, mais se généralisant en raison
directe du développement et du perfectionnement de
l'outillage, ou, si l'on veut, de la puissancification de
la production capitaliste.

C'est la grande contradiction et le grand péril.

Pendant qu'aux salariés, politiquement affranchis
par le suffrage universel, les économistes répètent
que toute propriété vient du travail, ceux qui travaillent n'ont pas de propriété et gagnent à peine de
quoi subsister, et ils voient fort bien que ce sont généralement des oisifs qui vivent dans l'opulence et
possèdent la terre.

Or ces travailleurs forment la grande majorité.

« Comment les empêcher d'employer un jour la
prépondérance dont ils disposent pour essayer de
changer les lois qui président à la distribution de la
richesse, de façon à mettre en pratique la parole de
saint Paul : « Celui qui ne travaille pas ne doit pas
manger. »

Et Laveleye avertit les hommes de ce temps que, si
l'on ne se hâte de combattre le fléau de l'inégalité et
les douleurs du paupérisme, notamment par un impôt sur les successions et la reconstitution des propriétés communales, la civilisation pourra sombrer.

« Les démocraties antiques, dit-il en propres
termes, ont péri par l'inégalité; les démocraties modernes périront de même et aboutiront au despotisme
et à la décadence à travers une série d'épouvantables

luttes sociales, si l'on suit les anciens errements...
Ou l'égalité s'établira, ou les institutions libres dispa-
raîtront ; *ou le droit de propriété sera modifié dans
le sens social*, ou la société périra. »

Ce n'est pas là, qu'on le remarque bien, une voix
isolée.

Parmi ceux qui, en dehors des socialistes propre-
ment dits, réclament, à des degrés divers, une refonte
sociale du droit de propriété, tout le monde cite, en
Angleterre : J.-S. Mill, sir Alfred Russel Wallace ;
en Allemagne : Dühring, Adolphe Wagner, Louis
Buchner, Hansen ; en Suisse : Ch. Secrétan, Léon
Walras ; en Espagne : Aszcarate ; en Portugal : Oli-
veira Martins ; en Italie : Achille Loria ; Edmond de
Amicis, Graf Albertoni ; en Belgique : Guillaume
Degreef, Hector Denis ; en France : Ch. Letourneau,
J.-M. Guyau, Hovelacque, Fauconnier, et combien
d'autres philosophes ou économistes éminents!

Les socialistes ne sont donc pas seuls à dire que la
propriété individuelle n'a jamais assuré la paix sociale, n'a pas fondé la liberté, qu'en tout cas elle ne
répond plus aux nécessités sociales présentes ; que, si
l'on veut mettre fin à des misères innées et éviter une
conflagration effroyable, il faut se hâter de remplacer
notre organisation propriétaire trop individualiste par
une organisation plus sociale, plus conforme à la justice, et telle d'assurer le bien-être de tous par le travail.

C'est cette abomination de la désolation que veulent réaliser les collectivistes par la socialisation des
forces productrices et l'organisation rationnelle du
travail.

CHAPITRE XXI

LA FAMILLE ACTUELLE ET L'ÉVOLUTION FAMILIALE

Comme toutes les institutions humaines, la Famille est sou-
mise à la loi de l'évolution. — Preuves historiques de ce
fait. — Caractère de l'ancien droit familial. — Défectuo-
sité et moralité de la pratique matrimoniale actuelle. —
Dans quel sens l'organisation familiale peut et doit être
améliorée.

Comme la *Religion*, comme la *Propriété*, comme
la *Cité*, comme l'*État*, comme toutes les institutions
cardinales des civilisations humaines, la *Famille* est
soumise aux lois de l'évolution universelle, et elle est
dépendante des autres réalisations sociales.

On a dit avec raison : Telle société, telle sorte de
groupement familial.

C'est en étudiant les anciennes formes religieuses
et propriétaires que l'on voit pourquoi la famille a été
tour à tour, dans ses formes successives, promiscui-
taire, matriarcale, polyandrique, patriarcale, polyga-
mique et finalement, dans les pays civilisés, mono-
gamique; *mais remarquez bien que chaque forme*
nouvelle a correspondu à des modifications de la
forme propriétaire.

D'après cela, plus a été dure la domination cultuelle ou propriétaire, plus le joug familial a pesé

lourdement sur la femme surtout, dont la servitude ne prenait fin que par la mort.

Les anciens textes sont effroyablement précis.

Écoutez la loi de Manou :

« La femme, pendant son enfance, dépend de son père ; pendant sa jeunesse, de son mari ; son mari mort, de ses fils ; si elle n'a pas de fils, des proches parents de son mari ; car une femme ne doit jamais se gouverner à sa guise. »

Les lois grecques et romaines disent la même chose : « Fille, elle est soumise à son père ; le père mort, à ses frères ; mariée, elle est sous la tutelle de son mari ; le mari mort, elle ne retourne pas dans sa propre famille, car elle a renoncé à elle pour toujours par le mariage sacré ; la veuve reste soumise à la tutelle des agnats de son mari, c'est-à-dire de ses propres fils, s'il y en a, ou, à défaut des fils, des plus proches parents.

« Son mari a une telle autorité sur elle, qu'il peut, avant de mourir, lui désigner un tuteur et même un second mari. »

Et les sanctions étaient féroces.

La loi de Manou, plus haut citée, condamnait la femme qui avait « violé effectivement son devoir envers son seigneur, à être dévorée par des chiens dans un lieu très fréquenté. »

La loi hébraïque, — la Bible en témoigne, — n'était pas plus douce, tant s'en faut !

Dans l'Hellénie, l'intensification de l'asservissement des femmes qui correspond à l'établissement de la propriété individuelle et au resserrement du dogme, a été célébré par Eschyle, dans l'*Orestie*; par Euripide, dans l'*Oreste*.

On connaît la légende : Oreste, favori d'Apollon, tue sa mère pour venger son père, crime inouï jusquelà. Cependant les Euménides, qui veulent punir le violateur de l'ancien Droit, sont vaincues par Minerve, « qui n'était pas née de la femme », et par les nouveaux dieux. L'homme l'emporte ; la femme est asservie, son rôle fini. Le fils n'appartiendra plus à la mère, *le père sera le maître de la maison*, comme le déclare Minerve, et le fils commandera la mère. Ainsi ont dit les anciens poètes, ainsi il en sera dans la réalité :

« La femme traitée en mineure sera soumise à son père, à son mari, aux parents de son mari, s'il vient à mourir. Elle sera dépouillée de ses biens : les mâles et les descendants des mâles excluront les femmes et les descendants des femmes de l'héritage de la propriété. Caton l'Ancien formulera le nouveau code conjugal :

« Le mari est juge de la femme ; son pouvoir n'a pas de limites : il peut ce qu'il veut. Si elle a commis quelque faute, il la punit ; si elle a bu du vin, il la condamne ; si elle a eu commerce avec un autre homme, il la tue. » (Paul Lafargue, *le Matriarcat*, dans la *Nouvelle Revue*.)

Le christianisme ayant solennisé le mariage et étendu la monogamie, la femme gagna en dignité morale ; mais son servage de fait, d'ailleurs consacré par le nouveau dogme et justifié, avec forces invectives, par saint Paul et les Pères de l'Église, persista, l'ordre propriétaire étant resté le même, quant au fond.

C'est pour cette raison que, de nos jours encore, malgré les échappées de droit révolutionnaire qu'on trouve dans nos codes, malgré les protestations des

novateurs et des victimes, ni la femme ni l'enfant ne
sont encore affranchis des anciennes servitudes, qui
sont seulement atténuées, plus encore par les mœurs
que par les lois. Et que d'oppressions sans nom, que
d'exécrables brutalités, que d'horrifiants assassinats
(d'ailleurs encouragés par les scandaleux verdicts
des indignes jurys bourgeois) déshonorent et en-
sanglantent encore les foyers et s'étendent au surplus à toute la surface des rapports sexuels, dont, au
moins en France, l'ensauvagissement n'est pas contestable, depuis que Joseph Prudhomme juré, passant
du ridicule à l'atroce, s'est mis à acquitter systématiquement, au nom de la morale et de la propriété
bourgeoises, tous les lâches tueurs, dits passionnels,
des deux sexes.

Cependant la cognée est dans l'arbre, l'affaiblisse-
ment des vieux dogmes, la conquête des libertés
civiles et politiques ont leur contre-coup dans l'organisation familiale, et, de ce chef, le malaise, précurseur
d'une forme plus libérale, plus humaine et plus juste
va croissant.

Les statisticiens, dit Ch. Letourneau, dans son
beau livre sur l'*Évolution du Mariage et de la
Famille*, les statisticiens non évolutionnistes cons-
tatent, sans y rien comprendre, que de plus en plus,
l'indissolubilité du mariage devient intolérable aux
individus. Il y a comme une marée montante de dis-
corde, qui rend de plus en plus précaire la stabilité
conjugale. Ce fâcheux état de choses désole, d'autre
part, les moralistes, qui, eux non plus, n'en trouvent
pas la raison. L'étonnement des uns ne se justifie pas
plus que les gémissements des autres. C'est tout uniquement, l'avenir qui, avec son effronterie habituelle,

veut sortir du passé. On nous crie que tout va finir;
point : tout va se renouveler. Depuis le plus lointain
âge de pierre, l'histoire de l'Humanité n'a été qu'une
longue série du renouvellement. Bien loin de s'affli-
ger, quand le monde entier semble entrer dans une
période de genèse, il y a lieu de se réjouir et de
redire Lucrèce :

> ....,....... Tout est métamorphoses:
> Toujours un flot nouveau chasse les vieilles choses,
> Et l'échange éternel rajeunit l'Univers.

Ici d'aucuns vont se voiler la face.

— Prétendez-vous attaquer la monogamie?

— Non, certes! Sans parler de la loi du balance-
ment des sexes, qui en fait presque une nécessité, elle
est de beaucoup la plus digne, et elle doit être conser-
vée; mais elle peut être améliorée. Il peut y entrer
moins de légalité, moins de contrainte et plus d'amour,
moins de préoccupations d'intérêt et plus de libre
choix.

L'asservissement de la femme, la trop grande contrainte légale et le mercantilisme matrimonial ont
pour contre-partie l'adultère, la prostitution et l'ensauvagissement effroyablement croissant des mœurs
conjugales : tels sont les principaux fléaux de l'actuelle
forme familiale.

Les socialistes ne sont pas seuls à le déplorer.
Ch. Secrétan, dans la *Revue du Christianisme pratique,* dont le titre indique assez la tendance, a dit
avec une indignation bien justifiée :

« Le mariage résultant d'un accord librement sti-
pulé entre deux êtres raisonnables, ce contrat ne doit
renfermer aucune close immorale, et rien ne saurait

être plus immoral que de renoncer à sa liberté personnelle.

« Aussi, ne pouvons-nous pas réprouver avec trop d'énergie les législations qui ne permettent à la femme de concilier l'honneur, l'amour et la maternité qu'au prix de cette chose abominable : le sacrifice de sa personnalité. Si le devoir de l'individu n'était pas un compromis perpétuel entre la raison et la coutume, si la nature ne rétablissait pas le plus souvent elle-même l'ordre renversé par la loi, nous serions contraints d'avouer que la *condition faite à la matrone est plus abjecte encore et plus immorale que la profession de la courtisane: puisque celle-ci ne prête que son corps et peut toujours se reprendre, tandis que l'honnête femme se livre tout entière et pour jamais.*

Les mauvais résultats de la contrainte légale, ici flétrie, et que les hypocrites mœurs bourgeoises resserrent toujours, avaient déjà été indiqués par Montaigne:

« Nous avons pensé attacher plus ferme le nœud de nos mariages pour avoir osté tout moyen de les dissouldre; mais d'autant s'est desprins et relâché le nœud de la volonté et de l'affection que celui de contrainte s'est estréci. »

Herbert Spencer, qui ne saurait guère passer pour un socialiste, juge comme Montaigne, et il ose conclure:

« Dans les classes primitives, pendant lesquelles la monogamie permanente se développait, l'union de par la loi, c'est-à-dire originairement l'acte d'achat, était censée la partie essentielle du mariage, et l'union de par l'affection n'était pas essentielle. A présent, l'union par affection est la moins importante.

« Un temps viendra où l'union par affection sera censée la plus importante, et l'union de par la loi la moins importante, ce qui vouera à la réprobation les unions conjugales où l'union par affection sera dissoute. »

Il est remarquable que le plus illustre adversaire du socialisme lui donne pleinement raison, relativement à la famille, concevant lui aussi une époque où on ne verra plus le scandale du mercantilisme matrimonial, qui est la plaie de toutes les classes possédantes.

Cette plaie est commune aux deux contractants, car, si l'homme doit faire la chasse à la dot, la femme doit faire (ou l'on doit faire pour elle) la chasse à la position.

Comment autrement ?

Toute la vie de la femme est perpétuellement infériorisée par la loi et par les mœurs ; ce n'est pas sa faute si la législation et les conditions économiques du monde ont *commercialisé* l'acte sacré de l'union des deux êtres qui ne devrait être faite qu'en vue d'une heureuse et amélioratrice vie commune et de la perpétuation de l'espèce.

Je sais bien que dans les classes populaires, ce mercantilisme a moins de prise, mais là encore l'odieux mercantilisme bourgeois commence à étendre ses ravages, et, en attendant, que d'autres causes destructives de l'harmonie familiale !

Dans les familles des travailleurs, l'amour, le lien divin qui pouvait tout unir dans une harmonie de solidarité et de justice, est dès le principe battu en brèche par le travail mercenaire, qui, de l'aube à une heure avancée de la nuit, sépare les conjoints et leurs enfants pour les exténuer séparément.

Père, mère, enfants ne se trouvent qu'après une journée épuisante, qui ne leur laisse plus que la force de tomber, brisés de fatigue, pour quelques heures de nuit qui restent, sur un pauvre grabat, dans le logis sans confort et sans joie.

Et que de douleurs plus grandes, quand la maladie ou le chômage ont vidé la huche et éteint le foyer !

Vous le voyez : pas de famille possible pour le prolétaire.

Que d'autres plaies intérieures de la famille actuelle il nous resterait à dévoiler ! Mais il faut conclure ; et nous le faisons en demandant d'après tout ce qui précède s'il est blasphématoire de prétendre que l'organisation familiale doit être améliorée et qu'elle doit l'être à la fois par la réforme des lois civiles, par une transformation économique et par l'adoucissement des mœurs.

Nous ne le croyons pas, et nous ajoutons :

Vouloir un ordre familial qui, fondé sur l'affection mutuelle des conjoints librement unis, sur le respect de la dignité humaine aussi dans la femme et sur le souci du développement intégral de l'enfant, aurait pour but le culte en commun de la justice et du progrès moral et social, le bonheur des contractants, leur perfectionnement et celui de l'espèce, — vouloir cela, ce n'est pas pousser à l'abolition de la famille, mais à sa moralisation.

Qu'en pensez-vous, femmes intelligentes ?

C'est à vous surtout que je m'adresse. On vous a dit que le socialisme, c'est votre abaissement ; on a menti. C'est vous qui avez le plus à gagner au nouvel ordre de choses ; vous qui, dans la société actuelle, êtes civilement infériorisées, politiquement mineures, con-

jugalement asservies et économiquement plus mal-
traitées, plus exténuées, plus exploitées encore que les
travailleurs, sans parler des insondables douleurs de
la prostitution qui frappent les plus malheureuses de
vos sœurs ; sans parler du déprimant et desséchant
célibat, auquel sont condamnées les plus dignes d'entre
vous, en vertu de la mercantilisation bourgeoise du
mariage.

De tous ces maux, le socialisme vous délivrera ;
venez donc à ce suprême consolateur, à ce puissant
rénovateur, qui, à chaque être humain, veut donner
la vie pleine, dans le savoir, dans l'excellence morale,
dans le bien-être, dans la justice et dans l'amour !

CHAPITRE XXII

LA CRISE POLITIQUE ET LE SOCIALISME

La politique, d'après les précurseurs du Socialisme. — Les antagonismes sociaux sont le plus grand obstacle à la rénovation politique. — Les absurdités et les iniquités de la politique actuelle, encore assombries par un retour offensif de la barbarie militaire. — Répression depuis un siècle et demi. — Invocation de Morelly. — Les tendances pacifiques de l'Europe intellectuelle vers 1770. — Les divers projets de paix perpétuelle. — Les nouvelles espérances pacifiques, après 1815. — Tous les socialistes amis de la paix. — Pourquoi a été rouverte la période des guerres nationales. — Seul le socialisme fondera la paix internationale.

Toutes les diversités sont dépendantes ; tout s'enchaîne dans le monde des réalités, dans le monde des idées, et, à plus forte raison, dans le monde social, qui est une résultante (toujours améliorable parce que très complexe) des deux premiers.

Si donc, conformément à cette loi de solidarité et d'unité suprême dans l'universel et perpétuel devenir, les socialistes ont pu dire aux prédicants moralistes : *Pas de régénération morale sans préalable transformation sociale,* ils peuvent, en vertu du même principe, dire aux progressistes : *Pas de réorganisation politique, largement reconstructive et généreusement réparatrice, si l'on veut séparer cette réorganisation de la solution des grands problèmes que prétend résoudre le socialisme.*

De leur côté, sauf de peu nombreuses exceptions, les socialistes ne séparent pas les deux termes ; et, sur ce point, ils ont de qui tenir. Les trois grands précurseurs du socialisme moderne : Saint-Simon, Robert Owen et Charles Fourier, autant que de rénovation morale et transformation économique, se préoccupèrent de la reconstitution politique des nations civilisées.

La politique, avait dit Saint-Simon et magnifiquement formulèrent ses disciples, *la politique est tout entière dans l'*ASSOCIATION UNIVERSELLE, *qui ne sera réalisée que lorsqu'il aura été rendu justice à tous, que lorsque les inégalités et les antagonismes, avec tout leur cortège de servitudes, d'iniquités, d'erreurs et de misère, auront fait place à une société où le bonheur universel sera fait de l'épanouissement moral, intellectuel, affectif et physique de tous les êtres humains régénérés par la science, l'art, la justice et l'amour.*

Plus pratique, mais non moins synthétique, Robert Owen concevait la politique appliquée comme l'effectuation d'un ensemble méthodique de mesures pour *bien distribuer, bien nourrir, bien vêtir, bien loger, bien employer, bien éduquer, bien gouverner et cordialement unir la population du Globe.*

Fourier, lui, reprochait aux politiciens actuels de favoriser dix fléaux, qu'il énumérait comme suit : *Indigence. — Fourberie. — Oppression. — Carnage. — Maladies provoquées. — Intempéries outrées. — Cercle vicieux. — Obscurités dogmatiques. — Égoïsme général. — Duplicité d'actions.*

A cette série ténébreuse, il opposait une série lumineuse, en préconisant une politique novatrice qui aurait en vue les dix réalisations suivantes :

Richesse graduée. — *Vérités pratiques.* — *Garanties effectuées.* — *Paix constante.* — *Hygiène générale.* — *Équilibre de température.* — *Doctrines expérimentales.* — *Philanthropie.* — *Solidarité générale.* — *Unité d'action.*

Dans les trois formules on trouve exprimée, en des styles différents, la même idée dominante : *Organisation scientifique de la solidarité humaine.* N'est-ce pas là, en effet, la formule politique la plus digne d'une Humanité majeure ?

Pourtant, que nous sommes loin même des toutes premières applications !

Nul lien de doctrine, nul lien d'activité, nous l'avons vu précédemment ; nul lien dans les sciences, que stérilise si déplorablement le manque d'unité des efforts ; ni dans les arts, qu'aucune pensée novatrice commune n'inspire ; ni dans la politique actuelle, qui n'est guère que le champ clos, ensanglanté et plein de pièges, des collectivités et des individus en lutte.

Est-il besoin d'ajouter que, hormis les protestations et les revendications socialistes encore impuissantes, rien de vivifiant ne jaillit de cette obscure mêlée, où passent et repassent, se heurtant furieusement, et les plus forts piétinant les plus faibles :

Nations qui se détroussent sans scrupule, au coin des frontières et qui consacrent le plus clair de leurs ressources à la préparation de guerres exterminatrices.

Classes ennemies dont l'hostilité se manifeste par des guerres civiles, des conjurations, des coalitions et

la croissante intensification de l'exploitation capitaliste.

Travailleurs obligés de lutter entre eux pour l'obtention du travail salarié qui les fait vivre.

Capitalistes et travailleurs luttant pour le partage
des richesses produites, dont les premiers frustent
généralement les seconds.

Partis enfermés dans leurs préventions, leurs préjugés et leurs haines.

Gouvernements sans idée, sans orientation progressiste et sans générosité.

Administration routinière, coûteuse, vexatoire.

Opposition sans scrupule, dans la plupart des cas,
parce que sans responsabilité et trop souvent purement négative.

Parlements inférieurs à leur tâche et sacrifiant, en
toute occasion, les grands intérêts continentaux, à
plus forte raison planétaires, aux ambitions chauvi-
niques et même aux rapacités commerciales; bref, les
intérêts généraux aux intérêts particuliers.

Comment s'étonner, après cela, si, selon le mot
cruel de Herzen, les milieux politiques sont tels qu'il
arrive souvent que l'honnête homme s'y sent étranger?

Comment s'étonner si les gouvernements européens, pour ne parler que de ceux-là, n'ont aucune
idée d'une Europe républicaine fédérée, qui, après
avoir fondé la paix, la liberté, la justice chez elle,
s'élèverait à la dignité de tutrice des peuples moins
avancés et se montrerait partout où besoin est, initiatrice, libératrice et civilisatrice?

Au lieu de cela, divisée contre elle-même, l'Europe
nationaliste et militaire applique impitoyablement son
droit barbare du plus fort aux peuples et peuplades

dont elle devrait être la bienfaitrice et l'éducatrice. Sous
prétexte d'expansion coloniale, elle dépeuple, asservit
et pille trois continents : Asie, Afrique, Australie.

Quant à l'Amérique, avec ses émigrés européens,
notamment anglo-saxons, elle se charge de la besogne
chez elle par la destruction systématique des derniers
autochtones, par la mise au pillage de leurs terres, et,
n'était la propagande socialiste, irlando-franco-alle-
mande, qui prépare aussi là-bas les transformations
sociales pacificatrices et justicières, l'entreprenant et
féroce égoïsme yankee, devenu le maître du monde,
grâce au monarchisme déprimant et au militarisme
insensé qui divisent et affaiblissent les principales
nations européennes, préparerait de tristes surprises
à la civilisation, qu'il ferait rétrograder en tuant le
sentiment social, seule lumière qui nous reste (et
combien faible !) en ces jours sombres, si chargés de
contradictions, d'iniquités et de menaces.

« Toute nation semble jetée hors de sa voie, la déli-
vrance sera commune à toutes, » écrit Proudhon.

Mais, en attendant que vienne l'universelle pacification que porte, dans ses plis, le rouge étendard du
socialisme international, un chauvinisme (issu de je
ne sais quelle déviation régressive qui sera le grand
crime du xix° siècle) se développe et menace constamment de noyer tous les progrès acquis dans le
sang de millions d'hommes.

Certes, nous faisons la différence entre les Républiques menacées qui doivent s'armer pour se défendre et les monarchies provocatrices ; entre les
peuples libres qui veillent et les chancelleries scélé-
rates qui conspirent ou les chauvins qui provoquent ;
mais le fait n'en reste pas moins celui-ci :

Les nations européennes si fières de leur science, de leurs arts, de leurs richesses, n'ont garde de se fédérer pour assurer la paix, pour répandre la justice dans le monde, après les avoir instaurées chez elle ; pour se donner en exemple à l'humanité, dont, malgré leurs démérites, elles sont encore l'avant-garde. Au lieu d'assumer cette mission tutélaire, elles se barricadent derrière leur vaniteux particularisme, s'arment épouvantablement les unes contre les autres pour être prêtes au premier signal que donnera un empereur à l'âme inquiète, un ministre nerveux ou un Parlement d'incapables, à déchaîner une tempête guerrière qui détruirait des peuples entiers et ferait oublier, par une plus mongolique destruction, les traînées de sang que les Alexandre, les César, les Omar, les Gengis-Kan, les Tamerlan, les Charles-Quint, les Napoléon ont laissées dans l'Histoire.

Une légende antique bien touchante rapporte qu'un jour, du haut de l'Olympe, Zeus, pris de pitié pour les peuples, qu'opprimaient et pressuraient les rois et leurs soutenants de la caste guerrière, suscita la guerre de Troie pour que ces héros, trop coûteux à entretenir et « fardeau inutile de la terre », comme dit le vieil Homère, s'entre-tuassent bravement sur les bords du Scamandre et délivrassent ainsi les peuples de leurs exigences et de leur tyrannie.

Le fougueux Pierre l'Ermite, parcourant la France pour prêcher la guerre sainte et pousser vers Jérusalem des hordes innombrables de seigneurs cruels, avides et pillards, qui, pour les trois quarts, y trouvèrent la mort, fut certainement, sans le vouloir, un des bienfaiteurs de l'humanité.

En effet, la naissante civilisation occidentale

aurait peut-être péri, si les Turcs et les maladies pestilentielles n'avaient fauché par myriades les aventureux et rapaces féodaux, pour qui le pillage et le massacre des serfs de la glèbe, livrés sans défense à leurs brigandages, était vie ordinaire et jeu agréable.

Autres sont maintenant les situations ; la conflagration ne porterait pas la mort dans les rangs de la minorité dirigeante et capitaliste ; elle faucherait presque exclusivement dans les masses profondes du prolétariat, qui justement proteste contre la guerre et veut la paix internationale, la liberté républicaine et la justice sociale, sans pouvoir les imposer, lui qui pourtant est le nombre.

Telle est l'ironie, telle est la tristesse de la situation présente.

Que dire encore ? Sur ce point, il y a régression depuis un siècle et demi ; la démonstration n'en est que trop facile :

« ... Et toi, Humanité ! sois maintenant libre et paisible, ne forme qu'un grand corps organisé par les accords d'une unanimité parfaite ; que la variété infinie de désirs, de sentiments et d'inclinations se réunisse en une seule volonté, qu'elle ne meuve les hommes que vers un unique but : le bonheur commun ; que, semblable à la lumière, cette félicité s'étende également à tous. Sois la mère commune d'une famille heureuse. »

Ainsi burinait en 1750 Morelly, sur la page terminale de sa *Basïliade*.

Ce n'était pas là qu'un rêve. Voltaire écrivait de son côté quelques années plus tard : « Je vois avec « plaisir qu'il se forme en Europe une République « immense d'esprits cultivés. »

Les citoyens volontaires de cette noble République croyaient à la pacification future, et tous y travaillaient.

En premier lieu, l'économie politique naissante par la voix de Quesnay, Dupont (de Nemours), Letronne, Boudeau, Lecerf, Mercier la Rivière, Gournay, l'admirable Turgot, en France ; par celle d'Adam Smith, de Humes, de James Mill en Angleterre ; par celle de Filangieri, Vasco, Beccaria, Verri, Genovesi, Gioia, Romagnosi, en Italie ; par celle de leurs émules en Espagne, en Hollande, en Suisse, en Allemagne... s'efforçait de déshonorer la guerre et de glorifier le travail.

Les économistes avaient pour approbateur et pour appui le noble public cosmopolite qui suivait les Fontenelle, les Montesquieu, les Voltaire, les Diderot, les Buffon, les d'Alembert, les d'Holbach, les Helvétius, les Condorcet, les Wieland, les Gessner, les Franklin, les Richardson, les Grimm, les Pope, les Gœthe, les Schiller, les Galiani, les Mably, les Raynal, les Morelly, les Sterne.

A tous les penseurs, il semblait que le jour de la Fédération européenne était proche ; on poussait l'espérance jusqu'au mépris, parfois excessif, au moins en France, du patriotisme.

Au reste, l'idée d'une Europe fédérée pouvait paraître mûre, ayant passé par bien des phases et acquis bien des titres de noblesse.

Déjà, en 1464, Georges Podiebrad, roi de Bohême, avait exposé devant Louis XI, roi de France, un plan de pacification et d'organisation de la nouvelle Europe. Henri IV et son ministre Sully, vers la fin du xvıᵉ siècle, avaient conçu un projet semblable, mais plus approfondi : il s'agissait de fonder une République chrétienne d'États indépendants, où les guerres eussent été rendues impossibles par une sorte de Conseil amphictyonique.

En 1623, Éméric Lacroix avait publié à Paris le *Nouveau Cynée, discours des occasions et moyens d'établir une paix générale et la liberté du commerce pour tout le monde;* il plaidait en faveur de l'établissement d'une *Diète internationale permanente*, qui devait être investie du pouvoir d'arranger toutes les querelles entre les nations. Leibnitz avait soutenu, en 1670, que ce but serait atteint par les nations de l'Europe quand elles se formeraient en Confédération. N'oublions pas aussi qu'en 1603, le grand et vertueux William Penn dans un *Essai sur la paix présente et future de l'Europe*, avait tenté également de prouver que, par l'établissement d'une *Diète* ou *Confédération*, l'Europe pourrait, si elle le voulait, s'affranchir entièrement de la guerre.

Enfin, vingt ans plus tard, la théorie de la paix universelle et perpétuelle avait trouvé, dans l'abbé de Saint-Pierre, l'un de ses plus enthousiastes défenseurs. Le premier de ses ouvrages sur ce sujet fut publié en 1712, le dernier en 1736.

Rappelons encore que J.-J. Rousseau avait donné, en 1761, une éloquente exposition des vues de l'ingénieux abbé Goudard, dans son livre la *Paix de l'Europe* (1764) et dans son *Espoir chinois* (1764); que Mayer, dans son *Tableau politique et littéraire de l'Europe* en 1775, avait proposé, pour assurer et maintenir la paix, les plans de congrès européens qui sont, en substance, les mêmes que celui de l'abbé de Saint-Pierre; et que Kant allait donner son projet de paix perpétuelle par l'arbitrage, récemment traduit en français par Ch. Lemonnier.

Malgré les coupables conquêtes de Frédéric II, grosses de guerres futures, malgré le non moins coupable dépeçage de la Pologne par Catherine II, Marie-Thérèse et le même Frédéric qu'on trouvait toujours là où il y avait des « provinces à voler »; malgré ces menaçants symptômes, tous les penseurs croyaient qu'une aube nouvelle de pacification occidentale allait désobscurcir l'horizon de l'histoire.

L'espérance est tenace ; trois quarts de siècle plus tard, et bien que la sanglante épopée napoléonienne, qui succéda si malheureusement à l'héroïque défense républicaine de la France révolutionnée, eût réveillé tant de mauvais instincts, la prédiction de Saint-Simon et de Comte qu'une civilisation industrielle allait succéder à la civilisation militaire parut sur le point de se réaliser. Encore au moment où la guerre de Crimée battait son plein, l'illustre auteur de l'*Histoire de la Civilisation en Angleterre*, Henri-Thomas Bückle, annonçait fièrement la fin des guerres. La guerre actuelle, disait-il, a été suscitée par les deux peuples les plus arriérés de l'Europe (Russie et Turquie), ce sera probablement la dernière; la civilisation ne tolérera plus des conflits de ce genre.

On pouvait le croire. Tous les socialistes (moins Proudhon, qui, dans de regrettables boutades, a osé glorifier la guerre) posaient à la base de l'organisation politique future la Fédération des peuples. Et la grande *Association internationale des travailleurs*, fondée en 1864, donnait de cette fédération une première assise en solidarisant les salariés des Deux-Mondes pour la lutte émancipatrice contre l'oppression politique et contre l'exploitation capitaliste.

Mais, pendant que les prolétaires se fédéraient ainsi à travers les frontières, que de vaillants et clairvoyants progressistes comme V. Hugo, Garibaldi, Ch. Lemonnier, Frédéric Passy, Hogdson Pratt, John Bright, Gœgg, Accolas, Godin, Cremer, Moneta, E. Thiaudière, Élie Ducommun, Ruchonnet, et combien d'autres, se proclamaient les citoyens d'une Europe pacifiée et fédérée, le chauvinisme nationaliste relevait la tête ; et maintenant la civilisation occidentale ploie sous le poids des armes, dans l'attente de quelque destruction mongolique.

Tant il y a loin de la coupe aux lèvres !

La bourgeoisie dirigeante, en se refusant aux réformes sociales, a vu se greffer sur son libéralisme politique la systématisation de la lutte économique, du déchaînement des égoïstes et des intérêts antagoniques, de l'agiotage spoliateur, de l'exploitation de l'homme par l'homme, avec toutes ses conséquences de misères, de servitudes, de dégénérescence morale et physique. Mais elle devait, au moins, nous donner, avec la paix politique, la paix internationale.

On voit ce qu'il en est : la regression est d'ailleurs explicable.

Lorsque la Révolution française déchirant, de sa foudre et de ses éclairs, le ciel de plomb du vieux régime, emportait, dans sa tourmente émancipatrice, le despotisme royal, mais épargnait les privilèges économiques, elle s'arrêtait à moitié œuvre, ce qui était fatalement aller au-devant d'un nouveau militarisme.

Que si, en effet, la grande bénéficiaire, la classe bourgeoise, avait besoin tout d'abord du marché universel pour l'écoulement de ses marchandises, c'est-à-dire de paix internationale, elle avait dans sa situation particulière plus besoin de maintenir, par la force, dans l'ordre, le prolétariat grandissant, et de réprimer, en même temps que les tentatives républicaines, le socialisme naissant. *Or, pour réprimer, il faut des armées*, et c'est pourquoi le militarisme, en dépit des promesses des rois, survécut aux traités de 1815.

Tacitement, il fut entendu que désormais le rôle principal des armées (qui devaient s'en acquitter trop bien) serait de réprimer les aspirations populaires et notamment les revendications prolétariennes ou socialistes. Le principe ne tarda pas d'ailleurs à être hautement formulé par le général Changarnier, qui, dans sa proclamation à l'armée des Alpes datée de Lyon 1849, s'exprima comme suit, en substance :

« Les armées modernes ont pour fonctions moins la lutte contre l'ennemi extérieur que la défense de l'ordre contre les émeutiers de l'intérieur. »

Les choses ne sont pourtant pas allées aussi loin que l'aurait voulu Changarnier. Les armées répriment bien encore, mais elles ont d'autres perspectives. L'organe crée la fonction; il n'est donc pas étonnant que la constitution de formidables armées nationales ait surexcité le nationalisme qui, follement favorisé, comme diversion, par les gouvernements menacés, a bouleversé l'Europe par le « fer et par le feu », rouvert sinistrement le temple de Janus et créé la terrifiante situation internationale actuelle.

Maintenant, nous vivons accablés sous la perpétuelle menace d'une conflagration qui mettrait aux prises dix millions d'hommes armés d'engins foudroyants et nous ramènerait aux funestes destructions des Barbares du ve siècle, avec cette différence que c'est sur leurs propres terres que les nouveaux Barbares, — les prétendus civilisés de nos jours, — porteraient la désolation et la mort. On n'a pas idée d'une pareille aberration, et on ne saurait la comprendre, si l'on ne remonte à la cause que nous venons d'indiquer sommairement.

Telle sera pourtant l'horrible réalité de demain, tel l'aboutissant de la situation présente, si le socialisme n'y met ordre.

Si vis pacem, para justitiam : si tu veux la paix entre les peuples, organise la justice parmi les hommes, crient les événements à l'homme contemporain perdu dans les sentiers sanglants du militarisme homicide et déprimant.

A ce point de vue, l'avènement du socialisme n'est pas seulement une question de meilleure organisation politique et économique, c'est une question de vie ou de mort sociale.

C'est pourquoi nous voulons l'abolition des États carnassiers, oppresseurs et pressureurs qu'a réalisés la bourgeoisie dirigeante, infidèle à sa mission historique ; c'est pourquoi nous voulons les remplacer par un ensemble de Républiques fédérées dans lesquelles floriront, comme couronnement de la paix internationale, cette « plus grande des déesses », a dit le vieil Euripide, la liberté politique, l'égalité économique et la fraternité sociale.

Sommes-nous si coupables de vouloir la suppression de la guerre et l'abolition de l'exploitation de l'homme par l'homme, la paix internationale et la fraternité sociale ?

CHAPITRE XXIII

LA GRANDE INIQUITÉ ÉCONOMIQUE

Quelle est la tâche la plus urgente du Socialisme. — Le chant d'Antiparos. — Le machinisme moderne et le Moloch industriel. — Le mystère capitaliste et les douleurs de la vie ouvrière. — Quelle est la plus urgente des revendications sociales.

L'exploitation de l'homme par l'homme ! Voilà bien l'ennemi qu'il faut d'abord terrasser. Si le socialisme doit intégraliser ses aspirations et se préoccuper de régénération morale, de culture mentale, de développement affectif et d'affinement esthétique en même temps que de transformation économique, il est certain que cette dernière est la plus urgente.

Le socialisme est d'abord la revendication prolétarienne du temps présent. Mener à bien cette partie de la tâche contemporaine est pour ses champions le plus urgent, le plus impérieux des devoirs.

En ces sombres jours de servitude capitaliste et de misère croissante, qui pourrait être sourd à la plainte lamentable de ceux qui peinent dans les enfers du salariat et de ceux, toujours plus nombreux, que le capitalisme repousse même de ses bagnes et jette, pour y mourir de faim et de froid, dans le sombre gouffre de l'abandon complet et de dénuement absolu.

Oui le premier devoir de la société est de mettre fin à cet abominable état de choses, en vertu duquel on voit des foules affamées et déguenillées tomber de privations devant les ammoncellements de richesses produites par elles et accumulées par des oisifs au nom d'une chose morte (le capital) qui dévore des êtres vivants (les travailleurs).

Et le mal grandit avec les progrès de la science et le perfectionenment de l'outillage.

Lorsque, au III° siècle, le moulin à vent fut introduit d'Orient en Occident, le poète grec Antiparos immortalisa la joie publique dans la strophe suivante, d'une inspiration si haute, si généreuse, et d'une facture si brillante.

« Esclaves qui faites tourner la meule, épargnez vos mains et dormez en paix. C'est en vain, que la voix retentissante du coq annonce le matin. Dormez ! D'après l'ordre de Demeter, la besogne des jeunes filles est faite par les nymphes des champs, et maintenant celles-ci bondissent, brillantes et légères, sur la roue qui tourne. Elles entraînent l'axe avec ses rayons et mettent en mouvement la lourde meule qui tourne en rond. Vivons une vie plus joyeuse que nos pères et jouissons, sans travailler, des bienfaits dont la déesse nous comble. » (*Anthologie grecque*, t. II.)

Ainsi le poète antique avait reconnu que l'appropriation des forces naturelles doit se faire au profit de tous.

On ne l'entend pas ainsi dans la société individualiste actuelle.

De nos jours pourtant, il s'agit de bien plus que de l'application d'une force naturelle au broiement du grain. Le défi d'Aristote a été relevé victorieusement par l'industrie moderne ; « les navettes marchent toutes seules », et le fer, animé par la science et soumis à la volonté de l'homme, fait, à lui seul, un travail auquel ne pourraient suffire les efforts réunis de quatre humanités laborieuses. Grâce à cette merveilleuse baguette des Mille et une Nuits, la richesse publique est décuplée, les distances sont supprimées, toutes les forces naturelles sont devenues (où peuvent devenir) les servantes de l'homme. En un mot, les forces productives ont été centuplées, et elles ne cessent de s'accroître vertigineusement.

Qu'il pourrait donc être beau le thème de la poésie du travail !

Les modernes Antiparos devraient pouvoir chanter l'Humanité délivrée du trop lourd labeur et s'épanouissant dans l'abondance universelle.

Ce qu'ils chantent, hélas ! ce qu'ils ont à chanter, c'est le dévorement des générations ouvrières par l'industrialisme moderne, dont le machinisme a multiplié la puissance au profit exclusif de quelques-uns et au détriment de la majorité opprimée, exploitée et dolente :

> Écoutez, écoutez, enfants des autres terres,
> Enfants des continents prêtez l'oreille aux vents
> Qui passent sur le front des villes ouvrières,
> Et ramassent au vol, comme flots de poussière
>   Les cris humains qui montent de leurs flancs.
> Écoutez ces soupirs, ces longs gémissements,
> Que vous laisse tomber leur aile vagabonde
> Et puis vous me direz s'il est musique au monde
>   Qui surpasse en horreur profonde
>   Les chants lugubres qu'en ces lieux
> Des milliers de mortels élèvent jusqu'aux cieux.

L'auteur des *Iambes* n'a pas exagéré. En se transformant en usine, l'ancien atelier est devenu une maison de terreur où l'on va se courber, s'épuiser et mourir, et c'est la population entière qui est prise et broyée dans les engrenages d'acier.

Autrefois, les hommes valides, seuls, étaient astreints au labeur industriel ; la fabrique moderne prend aussi la femme et l'enfant pour les soumettre, sans considération d'âge ou de sexe, à un travail plus durement commandé, et rendu toujours plus torturant et plus meurtrier.

Si vous croyez que le tableau est trop chargé, avant de crier à l'exagération, ô Pangloss de l'économisme orthodoxe, méditez ces lignes de Frédéric Engels, que Marx a citées dans son *Capital* :

« L'esclavage auquel la bourgeoisie a soumis le prolétariat se présente sous son jour dans le système de la fabrique.

« Ici toute liberté cesse de fait et de droit. L'ouvrier doit être le matin dans la fabrique, de grand matin ; s'il vient deux minutes en retard, il encourt une amende ; s'il est en retard de dix minutes, il court le risque de perdre sa journée.

« Il lui faut manger, lire, dormir sur commande. La cloche despotique lui fait interrompre son sommeil et ses repas. Et comment se passent les choses dans l'intérieur de la fabrique ?

« Ici le patron est législateur absolu.

« Il fait des règlements comme l'idée lui en vient, modifie et amplifie son code, selon son bon plaisir, et s'il y introduit l'arbitraire le plus extravagant, les tribunaux disent aux travailleurs :

« Puisque vous avez accepté volontairement ce contrat, il faut « vous y soumettre ».

Ces travailleurs sont ainsi condamnés à être tor-
turés physiquement et moralement, depuis leur enfance jusqu'à leur mort.

Quiconque a peiné dans ce qu'on a si bien nommé les *bagnes capitalistes*, sait que c'est bien ainsi
que les choses se passent encore, même pour la durée
du travail, en dépit de quelques lois limitatives en
faveur des femmes et des enfants, lois qui, sauf un
peu en Angleterre et en Suisse, sont ouvertement
violées par les patrons.

Un publiscliste autorisé et bien informé, M. J. Lœ-
sevitz, publiait récemment sur la *Législation du travail* de suggestives études où l'on trouve les données
suivantes, qui n'ont pas été contestées.

« Dans les tissages mécaniques de l'Ain et de Saône-
et-Loire, la journée est de 13 heures ; dans les tissages
de coton des Vosges, elle est de 11 heures ; dans plusieurs départements du Midi, la durée du travail est
souvent, dans les périodes de grande activité, de 15
ou même de 16 heures. Les ouvriers, ajoute le rapport de l'inspecteur auquel nous empruntons ces
détails, les ouvriers ne peuvent s'y soustraire, sous
peine d'expulsion pendant la morte saison. Parfois
même, l'ouvrier passe la nuit complète du samedi.
Il se retire le dimanche matin, après avoir travaillé
24 heures consécutives.

« Dans les petits ateliers de Lyon, dont le nombre
est fort élevé (25,000 environ), on travaille jusqu'à
16 et 17 heures par jour. Dans le moulinage de
l'Ardèche, de malheureux enfants, de 9 à 12 ans, travaillent depuis 4 heures du matin jusqu'à 7 heures 1/2
du soir. Dans les filatures de laine de Fourmies, Anor
et Trélar, le travail a été porté à 14 et même 18 heures.

« Voilà l'infernale existence qui est faite par l'oligarchie capitaliste à des millions de salariés. »

Et pas de protestation individuelle possible.

Si vous n'êtes pas content, partez, d'autres attendent à la porte. Telle est la parole que l'on entend à tout propos. Pour un geste, pour un mot, pour un oubli, on est jeté sur le pavé et réduit à chercher longtemps, sans le trouver parfois, le travail exténuant, humiliant et mal payé qui du moins empêchait de mourir totalement de faim.

C'est ainsi que le machinisme, qui, après avoir assuré leur bien-être, devait affranchir les prolétaires du travail exténuant, n'a fait qu'intensifier et prolonger leur tâche, que river leur chaîne de misère, de servitude et d'insécurité.

Le fait s'explique, s'il ne peut se justifier.

La production capitaliste exige la concentration des capitaux, le perfectionnement incessant de l'outillage mécanique et, pour l'emploi de la division et de la socialisation du travail, de nombreuses agglomérations de travailleurs ; elle est, en un mot, sociale dans ses moyens, tout en restant individuelle dans sa forme, c'est-à-dire la chose exclusive de quelques seigneurs de l'industrie, qui commandent arbitrairement le travail, exploitent les travailleurs, sans devoirs reconnus, sans autres préoccupations que de gagner le plus possible sur les salaires de leurs subordonnés.

Par ce système, le travail étant réduit à l'état de marchandise, il est clair que tous les perfectionnements mécaniques qui accroissent la production de l'effort humain, diminuent, par cela même, la demande de bras sur le marché du travail, rompent l'équilibre, et, par suite, contraignent les prolétaires, sous peine de mourir de faim, à subir toutes les conditions des capitalistes. Toutes les choses donc restant en l'état, les progrès industriels tournent fatalement contre les travailleurs destinés ainsi à devenir de plus en plus misérables, pendant qu'en vertu de nos progrès, les capitalistes, de moins en moins nombreux, deviennent de plus en plus riches.

Le fait est là : les travailleurs de moins en moins payés peuvent de moins en moins racheter leurs produits ; il y a surproduction, *engorgement du marché* pendant qu'ils manquent de tout, alors les mortes saisons sévissent, alors éclatent ces crises et s'étendent les chômages générateurs de souffrance, de mortels dénuements qui font frémir.

Le roi phrygien Midas avait reçu de Bacchus le don dangereux de changer en or tout ce qu'il touchait ; le capitalisme change en facteurs d'oppression et de misère tous les progrès scientifiques et industriels:

Rien à répondre, par conséquent à cette constatation de Ferdinand Lassalle.

« Le travail antérieur, *le capital, étouffe le travail vivant*, dans une société qui produit dans les conditions de la division du travail, de la loi de la *concurrence* et de l'individualisme. Les propres produits du travail étranglent le travailleur ! Son travail d'hier se soulève contre lui, le terrasse et le dépouille de son productif travail d'aujourd'hui.

« Et plus le travailleur produit, depuis l'avénement du machinisme, plus il accumule de capitaux au service de la Bourgeoisie, dont il augmente la propriété, plus il facilite, par là, les progrès ultérieurs de la division du travail, plus il augmente le poids de sa chaîne, plus il rend déplorable la situation de sa classe. »

Devant un si meurtrier système d'exploitation capitaliste, qui tient tous les progrès modernes en échec et des millions d'êtres humains dans le servage et dans la douleur, n'est-il pas compréhensible qu'une savante et puissante école socialiste n'ait vu dans le socialisme qu'une question économique.

Si, pour notre part, nous avons protesté contre ce rétrécissement de la pensée sociale contemporaine, nous n'en disons pas moins que l'objectif immédiat doit être l'extirpation du salariat, racine de tant de maux, et son remplacement par une organisation solidariste du travail.

Nous ne saurions trop insister sur ce point.

La plus criante iniquité, c'est l'iniquité capitaliste; la plus lourde souffrance est la souffrance prolétarienne; de cette iniquité et de cette souffrance il faut tout d'abord avoir raison, et c'est pourquoi, en tête de leur programme, tous les socialistes dignes de ce nom ont placé la transformation économique, dont les premières réalisations devraient être telles, de garantir :

1° *Le droit à l'existence pour tous, dans la mesure des ressources communes ;*

2° *Le droit pour les valides à un travail rémunérateur, réglé législativement et socialement, d'après les prescriptions de l'hygiène et les exigences de la dignité humaine ;*

3° *Le droit à un entretien suffisant, à l'instruction générale et professionnelle pour tous les enfants.*

Voilà pour la partie défensive, c'est-à-dire purement philanthropique, des revendications prolétariennes; la partie positive a été résumée comme suit :

Réalisation graduelle d'un état social dans lequel la terre, les instruments de travail et les forces du crédit et de l'échange, relevant de l'administration sociale, le travailleur reçoive (la part des charges sociales étant prélevée) l'équivalent du produit de son travail.

Réaliser ce programme, c'est toute la tâche économique du collectivisme que d'aucuns affectent encore de confondre avec l'ancien communisme, ce qui nous met dans l'obligation de bien préciser la différence entre les deux systèmes.

Le *Communisme* est la mise en commum des forces productives et des produits sous la gestion directe de l'État ; le collectivisme, c'est simplement l'inaliénabilité des forces productives mises sous la tutelle de l'État. Ce dernier les confie temporairement et moyennant redevance à des groupes professionnels ; la répartition se fait au *prorata* du travail ; quant à la consommation, elle est entièrement libre, chacun dépense, comme il lui plaît, l'équivalent qui lui a été attribué — les charges sociales étant remplies — du produit de son travail. Le collectivisme n'est donc pas « une contrefaçon belge du communisme » comme l'a écrit Paul Lafargue, mais bien une transaction, sur le terrain de la justice, entre l'ancien communisme utopique et l'individualisme régnant.

Qu'un jour doive venir où les mœurs, éclairées et adoucies par une longue période de justice économique et de solidarité croissante étant devenues plus sociales, le *collectivisme* sera remplacé par ce que nous appelons maintenant le *communisme libertaire*, nous le croyons d'autant plus que pour nous le socialisme n'apportera pas au monde une société parfaite, mais simplement une société supérieure en puissance et en justice à la société actuelle, et qui sera elle-même suivie de formes sociales plus hautes que notre pensée ne peut encore concevoir. Les collectivistes n'ont pas la prétention de dire du progrès : « Nous t'apportons ta dernière conquête, tu n'iras pas plus loin. » Ce serait tomber dans la sottise des religionnaires qui prennent pour la vérité absolue et éternelle le dogme étroit qui enserre leur cerveau. Pour les socialistes conscients, la transformation sociale, au lieu de fermer au progrès les grandes voies de l'histoire future, les lui ouvrira au contraire toutes grandes et toutes fleuries de science à accroître, de forces naturelles à maîtriser, de perfections morales à acquérir et de félicités sociales à réaliser.

Mais que de ces splendides avenirs nous sommes loin ! Le collectivisme lui-même n'est encore qu'une espérance, se présentant sous diverses formules, que l'on peut énumérer de la sorte, en suivant la série historique :

1° *Collectivisme emphytéotique.* — Cette forme de possession de la terre, dont l'appellation dit la nature, fut proposée en 1826 par Bernardino Rivadavia, président de la République Argentine. L'État, possesseur de la terre, s'interdisait de l'aliéner, mais il la confiait, moyennant redevances fixées tous les dix ans, à des fermiers emphytéotes dont les contributions constituaient la rente sociale.

2° *Le collectivisme industriel.* — Le premier théoricien du collectivisme est sans contredit Constantin Pecqueur. Cet estimable penseur présenta, en 1836, à l'*Académie des Sciences morales et politiques*, un

ouvrage en deux volumes ayant pour titre : *les Intérêts du commerce, de l'industrie, de l'agriculture et
de la civilisation en général* (Paris, 1836). Dans cet
ouvrage, Pecqueur proposait de *socialiser* (le néolo-
gisme est de lui) les institutions de crédit, les chemins de fer, les mines, et de se servir des ressources
que procurerait cette mesure pour compléter graduellement la socialisation de toutes les forces productives.

Sur la proposition d'Adolphe Blanqui, l'*Académie
des sciences morales et politiques* (elle n'était pas
encore morte à tout progrès) prima le livre de Pecqueur, dont elle n'avait probablement pas saisi toute
la portée socialiste.

François Vidal conclut comme Pecqueur, vers cette
même époque, dans ses brochures, portant pour
titres : *les Caisses d'épargne, la Création d'ateliers
de travail.* De même avait conclu Auguste Blanqui
en 1835 dans son prógramme du *Libérateur* (1).

Cette conception devint prédominante dans le prolétariat français dès que Louis Blanc l'eut fait sienne,
en 1846, et l'eut exposée dans son *Organisation du
travail* avec une précision incomparable et une élo-

_____

(1) Par Pecqueur, et Vidal, le collectivisme se rattache aux
pères du socialisme français. Pecqueur, ancien Saint-Simonnien,
avait appris de ses maîtres qu'en bonne justice sociale la collectivité seule est propriétaire, et que les individus ne peuvent
être que des possesseurs temporaires. Vidal, qui resta toujours
quelque peu phalanstérien, avait trouvé le collectivisme réformiste, en développant simplement le *Garantisme* de Fourier.
Il est à remarquer que d'autres phalanstériens comme Barat
(*la Propriété sociale de la terre*); de Brévans (*la Collectivité*),
comme surtout Victor Considérant, le plus célèbre propagateur de la doctrine, ont aussi fini par aboutir à un collectivisme modéré.

quence qui n'a pas été dépassée. Elle devint dès lors limpide : l'État, le maître du crédit, des chemins de fer, des mines, des canaux, en retirerait d'immenses ressources que, par son *Ministère du travail et du progrès*, il emploierait à commanditer les sociétés industrielles et sociales des travailleurs, et « à substituer graduellement le travail associé au travail salarié. » La transformation devait d'ailleurs être assez profonde pour que l'on arrivât, en un temps plus ou moins long, au travail-fonction, c'est-à-dire à une organisation communautaire de la production.

3° *Collectivisme colinsien*. — A partir de 1850, Colins préconisa l'appropriation collective du sol et d'une partie des capitaux. Il voulait que l'on procédât par voie de rachat (le rachat étant rendu possible par un gros impôt sur l'héritage). Dans ce système, l'État ne s'attribuait que le domaine éminent du sol et des gros capitaux qui devaient être exploités par des familles ou des associations assujetties à une redevance sociale et à un cahier des charges. Pour ce qui est de la terre, Colins allait jusqu'à l'octroi de baux emphythéotiques. Cette forme de propriété n'était pas sans analogie avec l'*Ager publicus* concédé des Romains et les *Domaines engagés* de notre ancienne monarchie.

4° *Le collectivisme internationaliste* fut surtout en honneur dans les troisième, quatrième, sixième Congrès de l'Internationale (1868-1869-1074) et eut pour principal propagateur César de Paepe. Mélange des conceptions précédentes, le *Collectivisme internationaliste* part de ce principe : *La société a le droit d'abolir la propriété individuelle du sol et du grand outillage industriel; il y a nécessité à ce que cette abolition ait lieu*. Quant aux moyens, on admettait en première ligne l'impôt sur l'héritage, l'impôt unique, direct et progressif, et la reprise par la société avec indemnité à débattre (quelques-uns disaient reprise pure et simple) des institutions de crédit, des chemins de fer, des mines, canaux et monopoles quelconques.

Cette réorganisation sociale devait être tentée dans toutes les nations civilisées, fédérées à cet objet. Dans ce système, la production et les services publics de toute nature étaient confiés à des compagnies ouvrières soumises à une redevance sociale et à un cahier des charges, sauvegardant les intérêts généraux et ceux de tous les contactants.

5° Le *Collectivisme révolutionnaire* se forma par simple accentuation du *Collectivisme internationaliste*. Il est basé, quant aux moyens, sur l'expropriation révolutionnaire, et sans indemnité de la classe bourgeoise par le prolétariat soulevé et maître des pouvoirs publics. Pour les théoriciens de cette école, le collectivisme n'est que la somme de communisme immédiatement réalisable par la Révolution sociale violente. Depuis 1879, le collectivisme révolutionnaire français, du moins par ses plus brillants partisans, a fait sa jonction avec la savante doctrine de Marx, actuellement prédominante dans les partis ouvriers socialistes d'Europe et d'Amérique.

6° Le *Collectivisme marxiste* diffère du *Collectivisme révolutionnaire* en ce qu'il est plus objectif.

Pour les marxistes, nous le savons, l'histoire n'est que la trame de la lutte des classes, se poursuivant à travers les modifications successives des conditions économiques. Dans la société actuelle la prédominance bourgeoise a succédé au règne de la noblesse et du clergé. Cette phase individualiste a eu sa nécessité pour le développement des forces productives; mais les conditions économiques que le régime bourgeois ou capitaliste engendre sont entravées dans leur développement naturel par ce régime même; elles tendent à briser le moule capitaliste et à préparer le collectivisme, qui est ainsi l'aboutissant fatal de la société capitaliste, en vertu de l'évolution incompressible de la petite industrie vers la grande industrie et de celle-ci vers la production sociale. Le nouveau régime entrera dans les faits lorsque les Prolétariats qu'organise et discipline le mécanisme de la grande production pourront arracher les pouvoirs publics à leurs adversaires de classe et procéder, légalement ou violemment à la socialisation des forces productives, à l'universalisation du travail et à l'abolition des classes.

Rappelons que les marxistes n'ont jamais bien accepté l'appellation de collectivistes; ils revendiquent celle de communistes scientifiques;

7° Le *Collectivisme anarchiste*, contemporain du collectivisme révolutionnaire (1872-1880), fut surtout en honneur chez les internationalistes espagnols, italiens et suisses. Il diffère du collectivisme révolutionnaire en ce que, pour les collectivistes anarchistes, la révolution, qu'il faut hâter par tous les moyens, devra être purement destructive des formes gouvernementales et juridiques bourgoises. Il restera ensuite aux groupes, aux communes libres et autonomes de se fédérer librement pour l'organisation de la production et des services publics indispensables.

8° Le *Collectivisme agraire*, qu'on pourrait dire

aussi *Collectivisme anglo-américain*, dont la première idée dans sa forme exclusive revient à James Mill, le père de J.-S. Mill, s'est naturellement développé dans les pays de grande propriété ; il n'en saurait être question en France, tant que la spoliation commencée des petits propriétaires par la féodalité capitaliste n'aura pas avancé son œuvre meurtrière à l'aide de la concurrence étrangère, qui sera bientôt écrasante, des pays de grande propriété où l'agriculture est *gand-industrialisée*, c'est-à-dire rendue triplement productive par l'association et la division du travail, les procédés chimiques et les applications mécaniques.

Le *Collectivisme agraire* a pour principaux théoriciens l'Irlando-Américain Henry Georges, le savant naturaliste anglais Alf. Russel Wallace, les Irlandais Michel Dawitt, Patrick Ford, Mac Glyn ; il fut partiellement préconisé en 1869-1871 par J.-S. Mill et Herbert Spencer (1).

Parmi les différents systèmes du collectivisme agraire, celui de Henri Georges réunit le plus de partisans ; il a pour but — nous l'avons suffisamment indiqué dans ce chapitre même — de remplacer tous les impôts par la rente sociale du sol qui, tout en restant entre les mains des propriétaires cultivateurs, deviendrait ainsi la propriété inaliénable du sol.

Cette théorie, très répandue déjà en Irlande, en

(1) Voir l'*Auto-Biographie*, de J.-S. Mill, et la *Statique sociale*, d'Herbert Spencer.

M. Émile de Laveleye, l'éminent auteur de la *Propriété et des Formes primitives*, qui insiste pour la reconstitution des domaines communaux peut, par suite, être classé avec quelques socialistes de la chaire, parmi les collectivistes d'extrême droite.

Angleterre, en Amérique, est appelée à passer prochainement dans les faits en ces trois pays.

9° Le *Collectivisme réformiste,* qui est le nôtre, se rapproche fort de ce que nous avons appelé le *collectivisme industriel.* Dans cette donnée, on tient grand compte de l'évolution capitaliste; mais on ne croit pas qu'il faille laisser s'achever la *paupérisation* du prolétariat et la *prolétarisation* de la petite bourgeoisie industrielle, commerciale et agricole, avant d'agir socialement.

La reprise par l'État (forme d'indemnité restant à débattre) des institutions de crédit, des chemins de fer, des mines et canaux, des grands établissements sidérurgiques; la reprise par la Commune de divers monopoles d'ordre communal : omnibus, petites voitures, gaz, électricité, eaux, grands magasins; la fondation de minoteries régionales, de boulangeries et boucheries communales, auraient, selon les collectivistes réformistes, la plus grande efficacité socialiste. Elles pourraient amener une solution graduelle et pacifique, surtout si ces mesures étaient complétées par un fort impôt sur l'héritage progressif quant à la fortune, et gradué quant au degré de parenté. De telles mesures permettraient, pensent-ils, de créditer puissamment les travailleurs associés, de multiplier, dans les communes, les colonies agraires, de créer de toutes pièces un machinisme communal agricole, et d'opérer ainsi graduellement la socialisation des forces productives. Celle-ci n'entraînerait pas d'ailleurs l'entreprise directe par l'État; mais le simple octroi, par l'État ou par la Commune, selon les cas, de baux aux associations, contre redevance sociale et cahier des charges.

Dans les différents collectivismes, on admet le droit de l'enfant à un entretien satisfaisant, à une instruction générale et professionnelle, aux frais soit de la Commune, soit de la Société. De même on admet pour les invalides et les incapables un large droit à l'existence, dans la mesure des ressources sociales.

On voit qu'il serait difficile d'enfermer en une définition unique les différentes données collectivistes issues des différents degrés de développement historique et les différentes constitutions économiques des peuples, se traduisant naturellement en divergences. Mais ces divergences ne sont à tout prendre que des adaptations diverses d'un même principe social, et la variété est un signe de force, puisqu'elle indique que la doctrine peut se plier aux différentes situations économiques des peuples et aux divers degrés de leur évolution politique et sociale.

Au surplus, tous ces collectivismes dérivent de données générales communes que l'on peut ainsi classer :

1° *L'appropriation commune, plus ou moins graduelle, de la terre et des instruments de la production et de l'échange (cette forme d'appropriation ne devant pas succéder à la petite industrie et à la petite propriété, mais seulement à la monopolisation de ces dernières par la nouvelle féodalité financière et industrielle) ;*

2° *L'organisation corporative, communale ou générale de la production et de l'échange ;*

3° *La faculté pour chaque travailleur d'user à sa guise de l'équivalent de la plus-value par lui créée ;*

4° *Le droit au développement intégral pour les enfants, le droit à l'existence pour tous les incapables de travail et l'assurance pour tous les valides d'un travail rémunérateur dans l'association de leur choix.*

Il nous reste maintenant à entrer dans quelques détails sur les réformes propres à supprimer rapidement la misère et son cortège d'ignorance, de servitude, d'iniquité et de souffrances de tous genres, et à orienter la société moderne vers une civilisation collectiviste, ayant pour principe l'universalisation du savoir, du travail et du bien-être.

LIVRE SIXIÈME

LES RÉFORMES SOCIALES URGENTES

CHAPITRE XXIV

COOPÉRATION ET SOCIALISME

Délimitation du sujet. — Du véritable rôle de la coopération. — D'où proviennent les anciennes divisions entre coopéra-teurs et socialistes. — Ce que peut la coopération sous cha-cune de ses formes. — Le terrain de conciliation. — La revendication préalable d'une législation internationale du travail domine tous les programmes ouvriers socialistes. — Historique de la question. — L'initiative du gouverne-ment suisse. — La conférence de Berlin. — Probabilité de victoire prochaine. — Importance de la question. — Ce que donnerait la réduction de la journée.

Il ne saurait être ici question de donner une nomen-clature relativement complète des réformes sociales ; je m'y suis attaché dans une publication précédente (1) et la présente étude ne pourra fournir que des indica-tions générales, d'ordre purement économique. Ne pourront, par exemple, y trouver place, autrement que par simple énumération, ni la *réforme du Code civil*, ni la *réforme familiale*, ni la *réforme judi-*

(1) *Le Socialisme intégral*, deuxième volume

ciaire, ni la *réforme de l'impôt*, ni l'*abolition de
la vénalité des offices*, ni la *réforme de l'éducation*,
et qui sont toutes de grande urgence, mais d'un ordre
différent et devant par conséquent être abordées dans
une étude spéciale.

Notre but, plus restreint ici, a été simplement de
marquer quel devrait être le caractère de l'intervention
économique des pouvoirs publics, en vue de l'amélioration immédiate de la condition des travailleurs et de
l'abolition graduelle du salariat.

Tout d'abord, nous nous heurtons dans le prolétariat même à une objection préjudicielle. Les coopérateurs nous disent que les prolétaires peuvent conquérir leur émancipation économique, sans recourir
ni à l'État ni à la Commune ; les coopérateurs qui
pensent ainsi se trompent grandement. Non pas qu'il
faille tout attendre des pouvoirs publics et que forcément stérile soit l'action coopérative, le prétendre
serait manquer aussi gravement à la vérité et à la justice que le font les partisans outranciers de l'exclusif
Aide-toi. L'un et l'autre de ces exclusivismes sont con-
damnables, mais ils s'expliquent par l'âpreté des luttes
politiques et la multiplicité des intérêts en cause.

En écartant les extrêmes, on échappe à l'écueil.
Entre le *Tout par les pouvoirs publics* et l'exclusif
Aide-toi, il y a place pour une politique dont cet
arrangement d'un vieux proverbe : *Aide-toi, les pouvoirs publics t'aideront*, donnerait la formule assez
exacte.

Dans cet ordre d'idée, la coopération devrait, tout
en poursuivant des améliorations immédiates, avoir
aussi pour objectif l'éducation administrative et l'organisation du prolétariat, dans le but d'arriver à l'abo-

lition du salariat, avec le concours des pouvoirs publics, d'abord influencés, puis conquis.

Tel était bien le programme du père de la coopération, l'illustre Robert Owen; mais telle ne fut pas la politique de ses successeurs, surtout anglais. Ils mutilèrent l'idée du maître, en faisant un *but* de la coopération, qui ne saurait être qu'un *moyen*, selon la juste expression d'un fécond et populaire écrivain socialiste belge, mon ami Louis Bertrand.

De cette déviation vinrent les divergences qui ont si longtemps tenu à l'état d'hostilité déclarée socialistes et coopérateurs.

Des deux côtés on en revient. Les coopérateurs admettent que leur action ne peut être que très limitée. Ils comprennent que les restreintes solidarités de ceux qui n'ont rien ou presque rien sont impuissantes contre l'organisation patronale et commerciale qui remue des milliards, commande le travail, fait la loi sur le marché et détient, en même temps que la presque totalité des forces productives, la masse des richesses produites et les grandes voies de communication avec leur immense outillage.

Pour leur part, les socialistes voient dans la coopération la possibilité de conquérir des améliorations immédiates, et surtout un puissant instrument de discipline et d'éducation économique pour les prolétaires.

Sur ce terrain, on devait s'entendre, et, de fait, depuis surtout que le parti ouvrier belge a édifié de puissants établissements coopératifs, en les considérant surtout comme un moyen de hâter l'avènement des transformations futures, coopérateurs et socialistes, se regardant comme les soldats d'une armée qui, tout en étant divisée en théories d'ordre différent, tout en ne marchant pas d'un pas égal. n'en vont pas moins au même but,

Une sommaire délimitation des possibilités auxquelles peut prétendre la coopération suffira à démontrer qu'elle ne peut être qu'un adjuvant du socialisme, qu'une sorte de préparation aux luttes réformatrices, et que, laissée à elle-même, elle serait impuissante à entamer si peu que ce soit le système capitaliste.

Tout d'abord l'étude des innombrables expériences de plus de soixante années d'efforts, en Angleterre, en France, en Allemagne, en Belgique, en Italie, aux Etats-Unis, en première ligne, nous permettent d'affirmer que la coopération n'est véritablement efficace que sous la forme de *société de consommation*. Mais, même dans ce cas, elle n'atteint encore que très partiellement le parasitisme commercial, et elle laisse intact le parisitisme capitaliste, autrement oppressif, autrement onéreux. Il n'apparaît pas non plus, quoi que prétende dans son généreux optimisme un coopérateur éminent, M. Charles Gide, que les *sociétés de consommation* puissent se multiplier et s'étendre au point de pouvoir servir de base à l'organisation de la production dans le sens de la justice.

Il faut attendre moins encore des *sociétés de production*, les conditions de la production moderne nécessitant pour toute entreprise importante une quantité de capitaux bien supérieure à la totalisation des épargnes que peuvent réaliser les coopérateurs.

Peut-être y aurait-il plus d'éléments de succès dans les *sociétés en participation*; mais ces sociétés ne reposent que sur l'arbitraire patronal; on ne peut rien fonder sur le bon vouloir des privilégiés, toute l'histoire en témoigne, et le peu d'empressement du patronat contemporain à faire la part du feu le confirme malheureusement. En mettant les choses au mieux, la participation aux bénéfices laisserait toujours en dehors de son action l'immense et dolente armée industrielle de réserve. Elle ne ferait que créer des privilégiés du travail ; ce n'est donc pas une réforme d'ordre générale.

Que dire maintenant de *la prévoyance coopérative* ?

Pas plus que la prévoyance individuelle, elle ne dépasse le rayon de quelques intérêts particuliers. L'assurance universelle est une trop lourde tâche pour l'initiative individuelle dans une société hérissée de tant d'inégalités, obscurée de tant d'ignorance, où l'insuffisance du pain quotidien et l'insécurité du lendemain sont le triste lot du plus grand nombre : *l'assurance est un service d'ordre social, et il n'y peut être pourvu que socialement*.

Quant aux *coalitions*, seule arme du prolétariat, elles sont, en somme, avantageuses ; mais elles gagneraient à être organisées intercorporativement pour être toujours conformes à la justice et aux intérêts bien entendus de la classe ouvrière. En tous cas, elles ne sont qu'un phénomène du salariat, et le but — auquel elles ne peuvent contribuer directement — doit être l'abolition du salariat.

En résumé, un des grands torts des coopérateurs avait été de s'enfermer dans le cercle étroit de l'*Aide-toi* exclusif, qui ne saurait à lui seul avoir raison de l'ignorance, des iniquités et de la misère ; mais non moins répréhensibles avaient été les socialistes, en rabaissant, en combattant même quelquefois les tentatives coopératives. De même, encore une fois, que seule l'initiative individuelle serait impuissante, l'ac-

tion plus puissante des pouvoirs publics ne pourra
être véritablement bienfaisante que si elle est secon-
dée par les libres efforts collectifs d'un prolétariat
familiarisé avec les difficultés administratives des
organisations politiques et économiques.

A ce titre, véritable école de pratique industrielle et
commerciale, la coopération, qui se débarrasse de
plus en plus de l'exclusivisme primitif, est une excel-
lente préparation à la gestion des services publics
qu'il s'agit d'arracher aux monopoleurs.

En un mot, coopérateurs et socialistes sont des militants de la même œuvre novatrice et justicière; les
travaux des uns, les luttes des autres, se complètent
mutuellement, et leur union hâterait le jour, désiré
par tous, de l'émancipation humaine.

Au congrès coopératif international de Paris en
1889 ont été, par le coopérateur-socialiste belge Dem-
blon, prononcées les paroles suivantes :

« Les vastes élucidations d'une sociologie strictement déduite de toutes les sciences ne permettent
plus de croire perfectibles en elles-mêmes les institutions sociales existantes. Une transformation, qui
s'esquisse déjà, sortira graduellement du stade actuel,
avec une vigoureuse logique, comme du bouton naît la
fleur. »

C'est bien cela ; il ne s'agit pas seulement, comme
l'ont cru trop de coopérateurs, de tâcher d'améliorer
les conditions présentes par petites places et sans
toucher à l'ensemble. Pour tous les progressistes, le
devoir est plus haut et la tâche plus vaste ; il faut
aussi aider à la préparation de l'avenir et apporter sa
pierre à l'édifice de justice et de solidarité, dont les
fondements immenses sont jetés par les vaillants de

la minorité militante, et qu'il appartient aux hommes de demain de bâtir assez ample pour contenir le bonheur universel.

Entre temps, l'exploitation capitaliste, que ne peut en rien réfréner la coopération, broie les prolétaires dans ses engrenages d'acier, et, si on la laissait faire, elle dévorerait les générations ouvrières, que déjà elle déprime, affame, torture, exténue et étiole. En attendant sa suppression et son remplacement par une organisation sociale du travail, un seul moyen de limer les griffes du monstre : *l'intervention des pouvoirs publics dans la réglementation des conditions du travail.*

De l'efficacité de ce système, les résultats déjà obtenus notamment en Angleterre, en Suisse, dans l'Amérique du Nord, ne permettent pas de douter.

Mais, pour produire toutes ses conséquences, il doit être *internationalisé,* ce qu'ont bien compris les partis ouvriers, en inscrivant en tête de leurs programmes la lutte pour l'obtention d'une *Législation internationale du travail.*

Déjà longue est l'histoire de cette si légitime et si modeste revendication. Elle eut, comme nous l'avons dit, Owen pour premier formulateur, en 1811; elle devint, ensuite, pendant de longues années, la plate-forme du patronat philanthropique alsacien; à partir de 1830 elle fut notamment réclamée par Daniel Legrand, Burkhardt et Dolfus.

Un ami de ces derniers, le philanthrope Bavarois Hahn, porta la question devant les congrès internationaux de Bienfaisance publique (Francfort 1885, et Bruxelles 1856), où sa proposition, vivement appuyée par les Français Audiganne, Wolowski, Jules Duval, par les belges Ducpétiaux, l'ancien ministre Rogiers, Ahrens Ackerdyrk Veruliers et par l'Allemand Land-mann, fut votée à une forte majorité.

A partir de 1866, ce sont les membres de l'*Internationale* (congrès de Genève, et congrès de Baltimore, septembre 1866) qui, en demandant la journée de huit heures, se firent les champions d'une législation internationale ouvrière. Ardemment préconisée, de 1877 à 1880, par les Allemands Karl Hirsch et Karl Hœchberg, par l'Autrichien Kautsky, et surtout par le Belge César de Paepe, l'idée nouvelle devint bientôt l'article premier du programme des partis ouvriers des Deux-Mondes.

En 1881, elle fait un pas de plus, et, sur la proposition du colonel Frey, elle fut acceptée, par le gouvernement suisse, qui tenta de réunir un congrès international de délégués gouvernementaux du travail, ayant en vue l'élaboration des lois protectrices des travailleurs.

Ce fut sans succès d'abord; mais si active et si constante devint la propagande des Partis ouvriers que, quelques années après, les gouvernements ne purent repousser la proposition renouvelée du gouvernement suisse. Une conférence devait, dans les premiers mois de 1889, se tenir à Berne; elle se tint à Berlin, de par la volonté impérieuse du jeune empereur allemand.

Déjà acceptée par la Suisse, et en principe par l'Allemagne, par l'Autriche-Hongrie, et ayant été l'objet d'une prise en considération à la Chambre française (proposition Camélinat) et au Conseil municipal de Paris (proposition Vaillant), la législation internationale semblait devoir être adoptée en principe par la Conférence de Berlin. Il n'en fut rien; le mauvais

vouloir des délégués français, anglais, belges, espagnols, italiens, stérilisa tout, et la question est encore
pendante. Au moins elle est posée constamment avec
une énergie croissante par les Partis ouvriers et socialistes qui, finiront bien par l'emporter. Ce sera leur
première grande victoire.

Marx, que l'on n'accusera pas de trop se complaire
aux étapes réformistes échelonnées sur la longue et
pénible route au terme de laquelle verdoie, fleurit et
fructifie la terre promise des futures justices socialistes, Marx ne s'y est pas trompé, et il a consacré le
tiers de son monumental *Capital* à un récit à la Ta-
cite de la longue et tragique lutte, finalement victorieuse, qu'ont soutenue pour l'obtention des lois de
fabrique le prolétariat anglais et ses alliés progressistes contre la sophistique économiste et l'avidité
patronale.

Et c'est bien vu.

Exténuation et révolte, privations et force, incerti-
tude du lendemain et fermeté ne vont guère ensemble.
Le mauvais et dur Guizot l'avait bien compris, d'où
son cruel et trop véritable aphorisme : « Le travail est
un frein. »

Il est un frein surtout avec les journées de douze,
quatorze, seize, dix-huit heures, qui, torturantes
pour tous, affaiblissent les forts et tuent les faibles.

Comment voulez-vous qu'un homme épuisé de fatigue, et constamment menacé dans ses moyens
d'existence, s'il se départ de la résignation douloureuse à laquelle sa pauvreté le condamne, se sente fort
pour revendiquer ses droits méconnus ?

Il est impossible, a écrit avec raison un inspecteur
de fabriques, l'anglais Sounders, « il est impossible

de faire un pas vers la réforme de la société, avec quelque espoir de réussite, si la journée de travail n'est pas d'abord limitée. »

Cet inspecteur a raison : il faut d'abord humaniser le travail, et pas d'autre moyen que la limitation de la journée, complétée par l'édiction de prescriptions hygiéniques et ce par voie législative.

Nous ne prétendons pas qu'une bonne législation internationale du travail mettrait fin à la misère ouvrière et aux conflits sociaux ; nous disons seulement qu'en adoucissant le travail dans son hygiène générale, dans son intensité, dans sa durée, elle améliorerait considérablement la destinée de ceux qui vivent de salaires et hâterait les émancipations futures.

Le seul fait de la diminution des heures de travail entraînerait les avantages suivants :

1º Diminution immédiate de la misère ouvrière par l'admission, au moins temporaire, dans les ateliers ou fabriques de centaines de centaines de milliers de sans-travail ;

2º Abolition du supplice des longues séances de travail, si douloureux et si meurtrier pour tant de millions d'êtres humains ;

3º Développement intellectuel et moral de la classe ouvrière, fait dont la portée révolutionnaire n'a pas besoin d'être démontrée depuis que, dans sa très incisive *Critique sociale*, Auguste Blanqui a magistralement fait ressortir l'incompressibilité d'un peuple intelligent et instruit ; ce qui est vrai d'un peuple l'est d'une classe, à plus forte raison : tant sait l'homme, tant il vaut, car nous ne valons que par nos actes, et pour bien agir, il faut savoir.

Supposez donc que les perfectionnements méca-

niques aient en dix ou quinze ans rétabli l'ancien état
de choses sur les marchés du travail ; la situation resterait autre, par ce fait que les individualités ouvrières
ne seraient plus les mêmes ; et, en dépit des meurtrières
balances de l'*offre* et de la *demande*, les capitalistes
seraient quand même moins puissants devant un
Prolétariat plus conscient, plus instruit, et qui, en
outre, aurait profité des bonnes années pour introduire des garnisons socialistes dans les forteresses des
pouvoirs publics et des administrations communales.

A tous les points de vue donc, la législation internationale du travail ne présente que des avantages, et
il n'est pas étonnant qu'elle soit à la fois réclamée
par les socialistes de toutes nuances et par les ouvriers
de tous les groupements professionnels.

Bien entendu, nous parlons d'une législation internationale du travail s'appliquant aussi à la petite industrie, voire même à l'industrie domestique, et se
préoccupant aussi des travaux agricoles ; il n'y a pas
que l'exploité de grande industrie qui souffre. Je sais
bien qu'ainsi élargies, les lois du travail sont d'élaboration et d'application autrement difficiles ; mais,
comme il s'agit, en somme, d'un peu plus de justice
et du mieux être de tous, on peut bien y prendre un
peu de peine. Que si maintenant un tel bienfait légal
est véritablement impossible, ce sera une nouvelle
condamnation immédiate et irrémissible du salariat,
et l'avertissement aux prolétaires d'aviser par d'autres
moyens à la conquête d'une plus juste et plus
humaine organisation du travail.

CHAPITRE XXV

LE DROIT A L'EXISTENCE

*Le droit à l'existence pour chacun. — Premier devoir social.
Les précédents. — Nécessité de changer de système d'assistance. — L'assurance sociale, sa possibilité et ses avantages.*

En attendant la transformation collectiviste, qui
mettra fin à l'exploitation capitaliste et à son succé-
dané, la misère ouvrière, les socialistes modernes ont
sagement agi en concentrant leurs premiers efforts
en vue de l'obtention de lois protectrices du travail
et des travailleurs : c'est de première nécessité.

Mais, si l'amélioration des conditions du travail
s'impose, la protection de l'existence humaine n'est
pas de nécessité sociale moindre, et il est permis de
dire que pour qui sait faire abstraction des termes
d'école, le but économique des sociétés progressives
est certainement contenu dans cette proposition :

*Organiser la production et la répartition des
richesses de façon que le droit à une suffisante vie
soit assuré à tous les êtres humains; aux valides
par le travail, aux invalides par la solidarité sociale.*

Si cette formule n'est pas la plus scientifique, elle a
peut-être le mérite d'être la plus large, la plus pratique

et de parer au plus pressé. Pas besoin ici de dissertations à perte de vue : le capitalisme a plus que quadruplé la production des richesses ; mais, par le développement même de son principe, il s'oppose à leur équitable répartition, et, pendant que les entrepôts regorgent, des millions et des millions d'êtres humains souffrent de la faim et meurent lentement de privations. Voilà le fait brutal.

En présence d'une anomalie si contraire à la justice et si douloureuse dans ses conséquences, le devoir social est clair, même pour ceux qui admettent la légitimité intrinsèque de la forme propriétaire actuelle. Dans une société riche au point d'avoir à supporter périodiquement des crises de surproduction et où quelques-uns peuvent se livrer à toutes les folies du luxe, il y a crime lorsque, dans la limite des possibilités générales, le pain quotidien n'est pas assuré aux plus déshérités.

D'une façon plus ou moins imparfaite, le droit à l'existence pour chaque membre de la société dans la mesure des ressources communes a toujours été reconnu comme un principe de désirable application ; les embryons d'assistance publique, les devoirs de charité envers leurs semblables que se reconnaissent les meilleurs des possédants n'ont pas d'autre signification. Dès qu'après avoir brisé les anciennes dominations cléricales et militaires le peuple put élire ses représentants, le droit pour tous à l'existence fut proclamé le premier devoir social ; ainsi prononcèrent l'*Assemblée nationale* en 1789, ainsi la *Législative* en 1792, ainsi la *Convention*, en 1793.

Or ce qui, vu l'exiguïté des ressources sociales d'alors, était d'impossible réalisation est d'application facile, depuis que le révolutionnement des moyens de production à décuplé les richesses.

Mais, pour cela, il faudrait changer de système d'assistance publique, en substituant la justice solidariste à l'humiliante charité.

En effet, dans notre société moderne, basée sur le travail, le droit à l'existence ne saurait être assuré valablement par les procédés actuels d'assistance publique et d'assistance privée même étendus et améliorés. En serait-il autrement d'ailleurs qu'il ne faudrait plus s'y arrêter, le droit à l'existence dans la société actuelle et en attendant le triomphe du socialisme, qui fera de la solidarité humaine une vérité, doit être fondé non pas sur l'aumône ou la philanthropie, mais sur un système général d'assurance sociale, ayant pour adjuvant la garantie du droit au travail, qui suppose à son tour une organisation de travaux publics, pouvant parer aux chômages involontaires.

Par ce procédé, la moitié des causes de dénuement étant supprimée, on resterait toujours en présence des charges résultant du service des enfants assistés, du service hospitalier, des dénuements causés par les maladies ou infirmités, par la vieillesse et enfin par la mort des chefs de famille.

On pourrait y pourvoir, dans les cas spéciaux, par la réorganisation des établissements hospitaliers actuels et par la fondation de maisons d'éducation et de refuge ; dans les cas généraux, par la création d'un *Ministère de l'Assurance sociale* qui assumerait la direction de deux grands services :

1° *Les assurances concernant les personnes ;*

2° *Les assurances concernant les animaux et les biens.*

Pour la deuxième catégorie, qui comprendrait les

branches : *incendie, sinistres maritimes* (celle-ci mixte), intempéries (grêle, gelées, inondations), épizooties, etc., l'application serait facile. L'État prendrait (après rachat préalable des titres au taux d'émission réelle), la succession des compagnies existantes, il n'y aurait ensuite qu'à rendre l'assurance obligatoire pour tous, ce qui serait d'autant plus facile que l'économie résultant de l'emploi de l'outillage administratif et l'extention des opérations permettrait de réduire les primes à la moitié, peut-être au tiers des taux actuels (1).

Le service des assurances concernant les personnes serait plus compliqué. D'abord, il se subdiviserait en assurances :

Contre la maladie ; contre les accidents provenant du travail ; contre les accidents quelconques ; contre la mort des soutiens de famille ; contre l'invalidité résultant d'infirmité ou de vieillesse.

Ici encore on devrait débuter par l'obligation de l'assurance pour toute personne jouissant, par son

(1) Le professeur Wagner, de Berlin, a donné une théorie complète de l'intervention absolue et nécessaire de l'État en matière d'assurance : « L'assurance, dit-il, est un de ces grands intérêts publics à l'égard desquels l'administration a le devoir d'intervenir pour en faire une institution de droit public, donnant lieu à l'organisation d'un service public comme ceux de la monnaie, des postes et télégraphes, des routes, etc. »

Ces services sont faits soit par la régie directe de l'État, soit par des compagnies concessionnaires sous le contrôle de l'État. M. Wagner se prononce nettement pour la première méthode.

« Selon lui, l'État, pris comme l'intermédiaire des citoyens entre eux, est tout désigné pour monopoliser les assurances. Seul, il peut donner une sécurité absolue et conserver à l'institution son caractère philanthropique en protégeant le faible par une complète égalisation des risques. » (*Nouveau Dictionnaire d'économie politique.*)

travail ou autrement, d'un minimum de ressources qui serait fixé, en tenant compte de la diversité des régions et des prix.

Le total des primes ainsi payées devrait suffire au quart des charges de l'assurance générale, que l'on peut évaluer pour la France à 3 milliards, soit, pour le quart, en chiffre rond, 750 millions ; 300 seraient payés par les gens à revenu ; resterait à la charge des travailleurs de tout ordre 450 millions, soit 4 1/2 o/o environ des salaires, évalués au chiffre total de 10 milliards par an.

Un milliard serait fourni par les employeurs de toutes catégories ayant à payer une contribution de... qui serait un peu plus élevée pour les industries dangereuses. Cette quote-part paraîtra modérée si l'on se rapelle que le seul produit net des chemins de fer livrés aux compagnies financières est de 650 millions par an.

Sur ces ressources spéciales, l'État prélèverait les 1,250 millions destinés à parfaire le budget de l'*assurance sociale* (service des personnes).

De quelle nature seront ces ressources spéciales ?

Divers projets ont été présentés. Nous retenons celui d'André Godin, le fondateur du Familistère de Guise. Dans ce projet, par la simple attribution à l'État de l'hérédité collatérale, combinée avec un impôt progressif sur l'héritage, on arrive à une entrée nationale annuelle de deux milliards et demi, ce qui permettrait de supprimer, si l'on voulait, la taxe imposée aux salariats.

De la sorte, le budget de l'*Assurance sociale* serait assuré sans qu'il soit besoin de recourir à d'autres sources de revenus.

Cependant, nous nous sommes placés dans la situation la plus défavorable, laissant le capitalisme dans son plein et meurtrier fonctionnement.

André Godin, le fondateur du *Familistère* de Guise, écrivit en 1886 :

« Les revenus fonciers du duc de Westminter s'élèvent, pour Londres seulement, à 3,750,000 francs par an et, à l'expiration des baux, les maisons devenant sa propriété, ces revenus s'élèveront à 37,500,000 francs par an.

« Les propriétés du duc de Bedfort rapportent au moins 1,500,000 francs par an et rapporteront 18,750,000 francs à l'expiration des baux.

« Les revenus du duc de Portland sont estimés à 2,000,000 par an et s'élèveront à 17,500,000 francs au bout des quatre-vingt-dix-neuf ans.

« Enfin on attribue à lord Portland 1,500,000 francs de rentes foncières par an, et 18,750,000 francs, après l'expiration de ses baux.

« Presque tous ces baux emphytéotiques expirent avant la fin du siècle.

« Ces propriétés ont été louées ou vendues suivant l'usage anglais, il y a un peu moins d'un siècle.

« Depuis la date de ces baux ou de ces ventes temporaires, les nobles possesseurs n'ont aucun souci de ces domaines ; leurs intendants ont été réduits au rôle passif d'encaisser de temps en temps les loyers ou les annuités des ventes. Toute l'augmentation de valeur provient des dépenses du gouvernement anglais, de la municipalité de Londres et des locataires ; et les lords seront seuls à encaisser les plus-values créées par ces trois facteurs.

« Est-ce de la justice ?

« Comment les économistes, défenseurs de ces prodigieuses iniquités s'y prennent-ils pour justifier avec cet axiome, admis par eux tous, que *la propriété, le capital, sont les fruits du travail, et qu'ils peuvent appartenir à un autre qu'à celui-là même qui a fait le travail. (Bastiat.)*

« Cette statistique établit péremptoirement que trois familles ayant fait une opération, il y a moins d'un siècle, sur des propriétés donnant un revenu de 9,750 francs, vont jouir maintenant, sans avoir fait œuvre depuis de leurs mains, sans avoir mis la moindre molécule cérébrale en mouvement, pour obtenir ce résultat, ces quatre familles, disons-nous, vont jouir maintenant d'un revenu de 92 millions 500,000 francs, sans compter les revenus de leurs propriétés rurales, qui sont très étendues.

« Le revenu nouveau va être dix fois égal aux loyers primitifs.

« Si le gouvernement avait opéré sur des domaines donnant alors un revenu de 300,000,000, il disposerait actuellement de ressources annuelles de 3,000,000,000, sans que le peuple anglais soit astreint au paiement d'aucun impôt.

« On nous dira : Mais en France, ces choses-là n'arrivent pas ; la propriété est trop divisée.

« Certainement, les cas analogues que nous pourrions trouver dans notre pays n'atteignent pas des proportions aussi flagrantes. Mais quiconque se donnera la peine de réfléchir et d'inventorier l'origine des fortunes, dans le rayon qu'il connaît, s'apercevra que la différence entre les possesseurs de la richesse publique en France et en Angleterre consiste simplement en ceci que, chez nous, il y a quinze ou vingt richards dans les cas où il n'y en a qu'un en Angleterre. Les causes et la justice sont les mêmes dans les deux pays.

« Si, après l'expropriation de la noblesse et du clergé, la nation française avait conservé et fait exploiter selon la méthode des lords anglais des domaines nationaux, donnant alors 250,000,000 de francs de revenus, les ressources annuelles qui en proviendraient auraient atteint depuis longtemps plus de 2 milliards et demi.

« Nous ne serions pas acculés à l'emprunt à jet continu, et à la banqueroute au bout de tous ces emprunts.

« L'Hérédité de l'État nous donne le moyen de réparer ces fautes et d'appliquer à la société, pour le bonheur de tous les citoyens, la méthode que les lords anglais pratiquent pour la satisfaction de leur égoisme. »

D'après le célèbre réformateur, cette hérédité de l'État, dont l'action n'atteindrait pas le pécule des parents pauvres, devrait s'exercer dans les proportions suivantes :

Au-dessous de deux mille francs.	1 %
De deux mille à cinq mille francs.	3 %
De cinq mille à dix mille francs.	5 %
De dix mille à vingt mille francs.	7 %
De vingt mille à cinquante mille francs .	10 %
De cinquante mille à cent mille francs . .	15 %
De cent mille à cinq cent mille francs. . .	20 %
De cinq cent mille francs à un million. .	30 %
D'un million à cinq millions de francs. .	40 %
Au-dessus de cinq millions de francs. . .	50 %

On arriverait ainsi à 2 milliards et demi de recette, comme il ressort du tableau suivant, dressé également par André Godin, d'après les données statistiques officielles des années 1882-83-84 :

	Droits actuels d'enregis- trement	Droits d'hérédité à établir
Mutations par décès, en ligne collatérale, au delà du quatrième degré jusqu'au douzième.	9,149	
Totalité de l'héritage.		91,465,201
Entre grands-oncles, grand'tantes, petits-neveux, petites-nièces et cousins germains	20,731	
Totalité de l'héritage.		125,904,614
Entre frères et sœurs, oncles et tantes, neveux et nièces	146,246	
Totalité de l'héritage.		724,875,492
Testaments entre époux	160,934	
50 % sur 534,976,245 francs . .		267,488,122
Testament entre personnes diverses	35,806	
50 % sur 215,812,860 francs. . .		107,946,430
Total de l'hérédité en ligne collatérale.		1,317,639,356
En ligne directe dont le droit actuel est de	513,875	
On pourrait, d'après les considérations qui précèdent, établir le droit d'hérédité de l'État d'une façon progressive, en ne prenant que 1 % sur les petits héritages et 50 % sur les plus forts, de manière que le droit fût de 33 % sur environ 3,300,000,000 de fr.		1,100,000,000
Total du droit d'hérédité. . . .		2,417,639,859 [1]

Ainsi serait résolue la question budgétaire du droit à l'existence. Mais nous n'en sommes qu'à la préface des mesures réparatrices.

[1] *La République du travail et la réforme parlementaire,* par André Godin, fondateur du familistère de Guise.
Voir aussi du F∴ Parmentier un projet analogue et non moins bien documenté.

CHAPITRE XXVI

LE MINISTÈRE DU TRAVAIL ET SES ATTRIBUTIONS

Nécessité de cette institution réclamée par les socialistes depuis 1840. — Historique. — Les premières tâches du Ministère du Travail, ses attributions diverses, son action possible sur la loi de l'offre et de la demande par la réorganisation des travaux publics. — Établissement d'armées agricoles et industrielles. — Le bien qui en pourrait résulter.

En affirmant dans le précédent chapitre que, dans la société actuelle, le *droit à l'existence* doit avoir pour *substratum* le *droit au travail*, nous étions, pensons-nous, dans la vérité.

En effet, dans la *Cité antique*, où peinait, au-dessous des citoyens, toute une population d'esclaves exploités sans merci, le droit à l'existence, pour la minorité libre, pouvait être garanti par de simples procédés d'assistance sociale.

Il en va autrement dans notre société moderne, où il s'agit de stipuler pour tous les êtres humains. Ici, le droit à l'existence entraîne de soi le droit au travail, qui en est la dignification, en même temps que le principal moyen.

Les socialistes l'ont toujours entendu de la sorte. En indiquant pour premier but social à atteindre la garantie d'un minimum de suffisante vie pour tous, Fourier se hâte de proclamer que le droit au travail est *le premier des droits naturels,* et il ajoute que si ce droit primordial n'est pas tout d'abord consacré, tous les autres droits reconnus par les constitutions sont sans effet.

Pour Victor Considerant le droit au travail pouvait seul légitimer le droit de propriété, et, dans un esprit de modération que nous ne saurions admettre, Proudhon disait : « Accordez-moi le droit au travail, et je vous accorderai le droit de la propriété. » Ce serait sacrifier le droit d'aînesse pour un plat de lentille.

Louis Blanc a eu un sens plus juste des possibilités et des répercussions économiques, quand il a démontré que le droit au travail entraînait *l'organisation du travail,* c'est-à-dire l'association des travailleurs facilitée, et commanditée par l'État.

Quant au principe, Louis Blanc le justifie en ces termes, qui ne laissent rien à reprendre :

« Admettre le droit à l'existence et nier le droit au travail, c'est reconnaître à l'homme le droit de vivre improductivement ; c'est consacrer son existence comme charge, quand on refuse de la consacrer comme emploi, ce qui est d'une remarquable absurdité. »

Tous les socialistes de la première moitié du siècle ont pensé de même, et, dans le parti républicain proprement dit, le droit au travail a souvent été considéré comme la grande conquête sociale de la Révolution, ainsi que cela ressort de ces paroles de Ledru-Rollin, en 1848 :

« Quand nous demandons le droit au travail, nous ne faisons que réglementer les déclarations qui

avaient été faites par nos pères, et qui ont été empor-
tées par les réactions. »

Ledru-Rollin avait raison : le droit au travail, reconnu par l'*Assemblée nationale* de 1789, et par des
hommes aussi modérés que Malouet, était tout naturellement passé dans le droit révolutionnaire, comme
nous l'avons vu dans le chapitre précédent. Malheureusement la Révolution, sauf les expédients des
ateliers de secours, n'avait pas eu le temps d'appliquer
le nouveau droit, quand la réaction bonapartiste de
l'an VIII, qui mutila la Révolution de ce qu'elle avait
de plus généreux, emporta, avec bien d'autres éléments d'avenir, le droit à l'assistance et le droit au
travail.

Mais à quoi bon insister sur la tradition historique
dont peut se recommander le droit au travail. Il va
sans dire qu'en démocratie, même en démocratie
bourgeoise, le droit de vivre en travaillant devrait être
considéré comme le premier des droits sociaux, ou, si
l'on veut, comme la trop insuffisante rançon de l'aliénation individuelle du sol et des instruments de
travail.

En attendant l'instauration de la justice économique par la socialisation des forces productives, on
n'exige pas trop en demandant que les spoliés aient
au moins la ressource assurée d'un travail suffisant à
les faire vivre.

Le droit au travail est donc, même en se plaçant
sur le terrain de la société actuelle, le plus indispensable des droits de l'homme.

Ceci posé, comment arriver à la réalisation de ce
droit ? C'est encore aux socialistes français de la première moitié du siècle que nous pouvons le demander.

Depuis 1840, ils n'avaient cessé de demander la constitution d'un *Ministère du Travail et du Progrès*, et ils
avaient tellement fait accepter ce *desideratum* par
l'opinion publique que le 26 février 1848, quand les
barricades des Parisiens victorieux fumaient encore,
le Gouvernement provisoire faisait afficher la proclamation suivante :

*Le gouvernement provisoire de la République fran-
çaise s'engage à garantir l'existence de l'ouvrier par
le travail.*

Il s'engage à garantir du travail à tous les citoyens.

*Il reconnaît que les ouvriers doivent s'associer
entre eux pour jouir du bénéfice légitime de leur
travail.*

La promesse ne fut pas tenue ; mais Juin s'ensuivit
et les socialistes, même les plus modérés, n'ont jamais
cessé de réclamer cette mesure salvatrice. Nous n'en
voulons pour preuve que les récentes propositions
de Camille Raspail, de Millerand et de Mesureur à la
Chambre française. En repoussant ces propositions,
la majorité parlementaire a voulu accorder un semblant de satisfaction par le *Conseil supérieur du Travail* et par l'*Office du Travail*, qui ne sont qu'un dé-
rivatif illusoire ; la question reste pendante !

Les États-Unis ont créé un *Ministère du Travail*
qui n'est, à vrai dire, qu'un office de renseignement
et de statistique ; nous voulons plus, et, selon nous, le
Ministère du travail devrait avoir une tâche autrement vaste.

Tout d'abord office de Législation industrielle et
de Statistique, il devrait être en même temps le
Ministère de l'organisation du travail.

Comme office de *Législation industrielle*, le *Mi-*

nistère du Travail aurait pour tâche, en premier lieu, de dresser un tableau comparatif de cette législation dans les différents pays, proposer une amélioration des lois actuelles et travailler à l'établissement d'une législation internationale de travail, à laquelle sont déjà favorables les gouvernements suisse, allemand et autrichien.

En second lieu, le Ministère du Travail devrait veiller et pourvoir à la rigoureuse application des lois actuelles en s'employant sans cesse à les internationaliser et à les compléter.

Le ministère ne devrait pas s'en tenir à la lettre, en cette matière; il devrait notamment s'efforcer de remplir le rôle d'arbitre dans les différends entre travailleurs et capitalistes et prévenir ainsi la plupart des conflits.

Viendraient ensuite diverses intromissions de détail, comme, par exemple, la réorganisation du travail dans les prisons. Question poignante, s'il en fut, et pour l'industrie libre, indignement concurrencée, et pour les condamnés, affamés, exténués, pressurés par les adjudicataires sans conscience.

Le *Ministère du Travail* mettrait fin à ce triste état de choses, en prenant, de concert avec le ministère de la justice, des mesures du genre de celles-ci :

Création de nombreux pénitenciers agricoles ou coloniaux devant absorber au moins les trois quarts des condamnés.

Reprise par l'administration de la direction directe du travail.

S'astreindre à ne fabriquer que des objets de consommation et de fabrication générale et qui seraient surtout consommés dans les établissements de l'État.

Observance dans les prisons des prescriptions limitant la durée du travail.

Taux de salaire fixé au *minimum* reconnu, dont la moitié devrait faire retour aux prisonniers.

L'œuvre *statistique* du *Ministère du Travail* ne serait pas moins importante et moins bienfaisante, car là encore tout est à réorganiser sinon à créer. Aussi le service de statistique du Ministère du Travail aurait-il des tâches multiples ; nous ne pouvons mentionner que les principales :

Dresser, au moins deux fois par an, un tableau comparé de la production agricole et industrielle dans les différents pays ; cette production, envisagée dans les divers éléments qui la constituent : richesses naturelles, outillage, procédés, salaires, etc. Insister sur la condition des travailleurs, tant au point de vue moral qu'au point de vue économique.

Signaler les progrès de la concentration capitaliste et ceux des sociétés ouvrières, sous leurs diverses formes : sociétés de participation aux bénéfices, de consommation, de prévoyance, de crédit mutuel, de production, de résistance, d'instruction mutuelle, etc.

Analyser les conditions du marché : trop plein ou pénurie, soit des bras, soit des produits ; mouvements d'émigration, activité ou ralentissement de la production ; les grèves, les accidents, action de la législation industrielle, marche des salaires et des prix ; prodromes de crises (d'inflation et de dépression), moyens de les atténuer ou prévenir, situation commerciale, importations, exportations, différences des prix, fausses manœuvres des producteurs et des échangistes, action subversive de la spéculation sous toutes ses formes, mais notamment sous celle des marchés à terme.

De pareilles données seraient utiles aux États et aux industriels; elles le seraient surtout aux ouvriers, qui seraient toujours renseignés à la *Bourse du Travail* de leur ressort des conditions générales des marchés du travail et aussi sur la tendance au développement ou à la dépression des professions diverses, sur les inégalités de salaires que rien ne justifie, etc.

Éclairées de la sorte, les Fédérations régionales ou nationales des sociétés de résistance dirigeraient plus fructueusement leur action régionale ou nationale, voire même internationale, pour l'élévation raisonnable ou l'égalisation relative des salaires et aussi pour l'amélioration constante des conditions du travail.

D'après cela, l'action du Ministère du Travail se manifesterait tout d'abord par l'extension, l'amélioration et l'application rigoureuse des lois de protection ouvrière, par la réorganisation du travail des condamnés et enfin par l'établissement d'un service sérieux de statistique.

Il devrait encore pourvoir :

1º A la réorganisation du travail dans les manufactures et autres établissements de l'État, dont le nombre aurait augmenté et l'importance serait allée croissant parallèlement à la création favorisée des *Magasins généraux* et des services publics communaux ;

2º A l'exercice rationnel de la puissante force de pondération résultant de la masse de commandes industrielles laissées à la discrétion de la nouvelle institution ministérielle, qui s'en servirait pour atténuer ou prévenir les crises, régulariser le marché et préparer l'organisation du travail ;

3º A l'institution d'une Chambre ouvrière consulta-

tive du travail, à bases rigoureusement corporatives,
et d'une chambre consultative de l'industrie et du
commerce, admises à présenter des projets qui seraient
publiquement discutés ;

4° Par l'institution d'un grand conseil arbitral élu,
moitié par les syndicats ouvriers, moitié par les syndicats patronaux et les Chambres de commerce (la
présidence appartenant à un délégué du Ministère du
Travail), conseil arbitral qui se prononcerait sur tous
les différends économiques à lui soumis par les parties
intéressées;

5° Réorganisation de l'enseignement agricole, industriel et commercial.

Une heureuse transformation du travail résulterait,
sans conteste, d'un tel ensemble de mesures. Néanmoins, étant données surtout les répercussions du
marché étranger sur le marché français, l'ère, des
crises ne serait pas entièrement close, et il y aurait
encore, pour bien des professions, des temps de chômage total, tout au moins de fortes dépressions dans
la demande du travail.

Comment y pourvoir, comment fournir du travail
au grand nombre de ceux qui, momentanément dés-
occupés, réclameraient ?

Deux moyens se présenteraient :

Ouvrir des ateliers sociaux et forcer la production,
ou bien mettre en activité les chantiers des travaux
publics en instance.

Le premier procédé ne pourrait être entrepris que
très en grand et nécessiterait une révolution économique complète, sous peine de n'être qu'un expédient
fort imparfait qui atténuerait peut-être la crise, mais
la prolongerait.

Voyons le second procédé pour la France :

Actuellement, les travaux publics sont votés au jour le jour par deux Chambres politiques rivales, plus soucieuses, en ces sortes de choses, des petits intérêts électoraux que de l'utilité commune et d'ailleurs dévoyées le plus souvent par des spéculateurs qui, sous le masque de certains intérêts régionaux, stérilisent les plus fécondes initiatives.

Dans le nouveau système, les grands travaux d'utilité générale seraient simplement sériés par rang d'urgence, et l'on laisserait au Ministère du Travail (ou aux Communes en certains cas) le soin de l'exécution, étant entendu que ces travaux sont destinés surtout à parer aux époques de crises.

Dans cette hypothèse, le Ministère du travail, qui, par les bénéfices résultant de sa gestion des manufactures de l'État, tabacs, alcools, poudres et explosifs, allumettes, postes et télégraphes, etc., disposerait déjà d'un budget de plus d'un milliard, en emploierait la plus grande partie dans le sens indiqué plus haut aux grands travaux d'utilité générale ayant pour but l'amélioration du sol et le perfectionnement de l'outillage, ce qui constituerait un véritable accroissement du capital productif.

A cet avantage s'ajouterait celui de plus-values croissantes, que le Ministère du Travail emploierait au développement des institutions socialistes et à l'allègement des charges budgétaires.

Ainsi armé, le *Ministère du Travail* pourrait organiser *les armées agricoles et industrielles* que tant de socialistes ont réclamées.

Cette armée productive et réparatrice se composerait :

1° Des ingénieurs agricoles, des ingénieurs civils, des architectes, du personnel médical, des préposés administratifs nommés par le Ministère;

2° Des chefs de travaux élus par les travailleurs permanents ;

3° Des travailleurs *permanents*, engagés volontaires qui pourraient être au nombre de 50,000 ;

4° Des travailleurs *éventuels*, dont le nombre pourrait s'élever en certaines circonstances à 300,000 et plus.

On ferait large mesure en attribuant à tout ce personnel un salaire collectif moyen de 500 millions de francs par an. Les *permanents* auraient une haute paye; les *éventuels*, c'est-à-dire les chômeurs involontaires embauchés temporairement, jusqu'à la reprise du travail dans leur profession, devraient se contenter du salaire *minimum* avec (outre la gratuité des chemins de fer pour une ou deux visites par mois à leur famille) indemnité de déplacement.

Dans les mois de fort travail agricole, les *éventuels* pourraient être mis à la disposition des cultivateurs à salaire débattu de gré à gré, c'est-à-dire plus fort, ce changement de travail étant facultatif.

En toutes saisons, dans les périodes d'inflation industrielle, les travaux publics n'occuperaient guère que 50,000 hommes; le nombre grossirait en périodes de dépression pour s'élever dans les moments de crise à 3 ou 400,000 hommes.

Le nombre des chômeurs, en temps de crise, n'est guère plus élevé.

Deux objections cependant :

Première objection. — Les femmes, qui souffrent aussi des crises, ne pourraient pas être employées dans les travaux de terrassement.

Réponse. — Les services accessoires des armées industrielles : cuisine, couture, blanchissage, raccommodage, confection, etc., pourraient comporter l'embauchage de 20,000 femmes. Ensuite il serait possible à l'administration ministérielle d'augmenter transitoirement le personnel féminin des manufactures de tabac, des fabriques d'allumettes, des cartouches, des établissements d'alcool, etc., jusqu'à concurrence de 10,000 ouvrières de plus.

Enfin le Ministère du travail, disposant directement de la confection, pourrait bien, dans les villes éprouvées par le chômage, forcer les commandes de façon à occuper 20,000 ouvrières de plus.

Total des ouvrières pouvant être ainsi éventuellement employées, 50,000. Le nombre des chômeuses, surtout de celles qui sont sans ascendants valides ou sans mari travaillant, ne dépasse pas souvent ce chiffre.

Deuxième objection. — Les chômeurs industriels seraient peu soucieux d'accepter des travaux de terrassiers et d'agriculteurs.

Réponse. — L'objection ne porte pas, puisque les victimes des dernières crises actuelles, on l'a bien vu de 1884 à 1887, ont toujours réclamé, notamment à Lyon et à Marseille, l'ouverture de chantiers communaux de terrassement, qu'ils n'ont, d'ailleurs, jamais pu obtenir.

Au surplus, pas d'autre moyen, en société capitaliste, de neutraliser les crises. J'ajoute que cette dérogation à la séparation absolue des travaux industriels et des travaux agricoles aurait plus d'un avantage. Ce contact des ouvriers urbains et des ouvriers agricoles profiterait à tous. Les premiers apprendront des seconds à mieux tenir compte des réalités, et les seconds, au contact des premiers, s'initieraient aux nobles préoccupations de la politique générale. Une opinion publique nouvelle, nettement réformiste et—cette fois irrésistible—s'en dégagerait qui hâterait singulièrement la résolution, dans le sens du bien général, des antagonismes économiques et des conflits sociaux.

En tout cas, le but serait atteint, le droit au travail garanti, et la socialisation des forces productives en pleine voie de réalisation, comme on va le voir.

Le produit de l'hérédité de l'État pour la France, que nous prendrons pour exemple, s'élèverait (voir la page 254), en chiffres ronds à 2,400,000,000

Les ressources du *Ministère du Travail* seraient approximativement les suivantes :

Tabacs.	400,000,000
Postes, télégraphes, téléphones. . . .	200,000,000
Chemins de fer, canaux, messageries	650,000,000
Mines et carrières.	60,000,000
Domaines actuels (revenus).	53,000,000
Salines, allumettes, et divers. . . .	100,000,000
Autres services publics à établir. . .	Mémoire.
Total en chiffres ronds.	1,300,000,000

Total général du budget du droit à l'existence et de la réorganisation du travail, 3,700,000,000, et il ne faut pas oublier que la suppression de l'état de guerre, l'abolition du budget des cultes, l'abolition du parasitisme administratif, du cumul et des sinécures, la graduelle extinction de la dette publique, etc., allégegeraient le budget de près de 2 milliards de dépenses improductives.

L'État socialiste aurait ainsi en main des ressources suffisantes pour assurer à tous ses composants une aisance modeste et pour servir de point de départ à d'autres mesures plus directement socialistes, telles que la socialisation des monopoles, dont les chapitres suivants vont traiter.

CHAPITRE XXVII

DE L'AGIOTAGE ET DU CRÉDIT SOCIAL

La loi des faits dominants. — Une citation de Leroy-Beau-
lieu. — Les envahissements du fléau de l'agiotage. — Sa
compression impossible dans l'état actuel. — Opinion
de M. de Villèle. — Le socialisme aura seul raison de l'a-
giotage pour la socialisation des monopoles et du crédit.
— Comment pourrait-être opérée la nationalisation du
crédit.

C'est, je crois, Ferdinand Lassalle qui a dit qu'à
chaque époque de l'évolution humaine, le *processus*
social est déterminé par quelques faits dominants. On
trouve facilement dans la situation actuelle la démonstration de cette loi. Le monde économique
étant, en système dit capitaliste, basé sur la productivité du capital, même lorsqu'il est entre les mains
d'un détenteur oisif, il semble que tout soit arrangé
pour favoriser le parasitisme et l'injustice.

Pendant que les petits propriétaires, victimes de la
concentration capitaliste, sont jugulés sur les marchés
de la production, où la concurrence règne en souveraine, les moyens et les petits bourgeois, — les titulaires de cette classe moyenne, que les envahissements
de la grande industrie, de la haute finance et du gros
commerce réduisent sans cesse, — la masse des petits

possédants et des épargnistes est ruinée dans cet antre de l'agiotage que l'on appelle la Bourse.

« Personne n'ignore le brigandage qui se commet sous le couvert de la fondation de sociétés par actions. Rien n'est plus éhonté ni plus criminel. C'est un des symptômes les plus tristes de la démoralisation publique.

« Ce qu'étaient autrefois, dans les temps les plus reculés du moyen âge, les grandes compagnies d'aventuriers et de brigands qui rançonnaient les marchands ou pillaient les campagnes, les sociétés par actions le sont aujourd'hui, non pas toutes, sans doute, mais beaucoup d'entre elles, avec plus de sécurité, plus d'impunité, plus de loisirs et plus de jouissances pour leurs fondateurs et leurs directeurs. C'est une organisation systématique et méthodique du pillage. » (Leroy-Beaulieu, dans l'*Économiste français* du 21 juillet 1881.)

Ainsi parle un thuriféraire de l'ordre capitaliste que l'on ne saurait taxer de sévérité à l'égard des spéculateurs. Et le fléau envahit tout, lassant du travail, décourageant de la probité, bouleversant des situations, détruisant la classe moyenne, paupérisant le prolétariat, aiguisant les rapacités, corrodant les consciences, déprimant les âmes, semant partout l'iniquité et la misère.

Les meilleurs esprits s'affligent, s'en épouvantent et disent que réagir est une nécessité urgente.

Les choses n'en étaient pas encore à ce point, quand Proudhon écrivit dans son *Manuel du spéculateur à la Bourse* :

« Il n'y a plus à reculer; il faut que cette situation ait une issue; et il n'y en a que deux possibles : —

Ou le triomphe du système, c'est-à-dire l'expropria·
tion en grand du pays, la concentration des capitaux,
du travail sous toutes ses formes, l'aliénation de la
personnalité, du libre arbitre des citoyens au profit
d'une poignée de croupiers insatiables, — ou la *liquidation.* »

En sériant ainsi : 1815, 1830, 1848, 1852, 1870,
on peut dire qu'à chaque époque l'agiotage s'est accru
en proportion géométrique; on peut continuer la
série, en considérant l'agiotage actuel comme le dou-
blement géométrique de l'agiotage du second Empire
qui parut l'*ultima Thulé*, la réalisation suprême de la
démoralisation financière.

Il n'en était rien, et d'autres surprises nous étaient
réservées. Le fléau sévit maintenant sur les Deux
Mondes, et il croît dans des proportions dont quelques
chiffres donneront une idée pour l'Europe.

.De 1875 à 1884, le total des émissions nouvelles
s'est élevé à plus de 42 milliards pour l'Europe;
depuis, l'accroissement par année a toujours été de 4 à
6 milliards. Les dettes publiques ont largement contribué à la progression vertigineuse.

M. de Reden a calculé qu'en 1850 les dettes gouvernementales s'élevaient à 46 milliards ; d'après
M. Maurice Bloch, elles atteignaient le total respec-
table de 64 milliards en 1869 ; en 1881, elles se tota-
lisaient, nous a appris M. Mulhal, par le chiffre
effrayant de 120 milliards. Ce n'est pas être au-dessous de la vérité d'évaluer à un milliard et demi par
an l'accroissement continuel des dettes publiques, et
si, dans les chiffres ci-dessus, nous faisons entrer en
ligne de compte les dettes communales, on peut
estimer à 130 milliards au moins la valeur représen-

tative des titres que les États et les Communes jettent sur le marché financier, en proie aux spéculateurs, qui n'ont que l'embarras du choix, car de plus en plus la fortune publique prend la forme financière.

Auguste Chirac a dressé pour la France le tableau suivant :

Valeurs financières.		Autres valeurs mobilières.	Total mobiliers.
Années.	Milliards.	Milliards.	Milliards.
1851	3,870	29,543	34,413
1870	6,343	49,596	55,939
1882	35,572	70,816	106,388

Ces données nous apprennent que de 1851 à 1882, c'est-à-dire en trente ans, les valeurs mobilières autres que les financières ont un peu plus que doublé, tandis que les valeurs financières seules ont *décuplé*.

Les pirates ont de quoi pirater, et ils n'y manquent guère. Chaque jour, ce sont des déconfitures nouvelles dans lesquelles, en rafflant les millions par centaines, on ruine les familles par milliers. Les auteurs de ces opérations en sont quittes, au pis-aller, pour quelques mois de prison, et les plus grands coupables sont toujours indemnes, tant la justice est douce aux grands fripons ! Et le mal va croissant.

On a proposé bien des moyens de sévir contre les agioteurs ; l'histoire nous apprend que, même appliqués par des gouvernements énergiques, ils ont toujours été impuissants. On pourrait gêner l'agiotage par quelques sévères dispositions légales, mais on ne le supprimerait pas, et nous trouvons assez bien motivées ces paroles, déjà anciennes, de M. de Villèle à la Chambre des députés de la Restauration :

« Il n'y a qu'un moyen de tuer l'agiotage, c'est de renoncer à votre système de crédit. Mais, tant que vous sentirez, comme nous, l'indispensable nécessité pour un pays comme la France de recourir à des emprunts, le jour où sa sûreté peut l'exiger, ou même sa prospérité le lui demander, il faut bien conserver tous ses moyens de crédit. Tant que vous sentirez la nécessité de conserver cette ressource extraordinaire du crédit pour les circonstances extraordinaires, vous êtes soumis à la pénible condition d'en subir les conséquences fâcheuses : *l'agiotage.* »

Rien à répondre ; les emprunts d'État et les emprunts communaux sont le plus puissant élément d'agiotage ; ils en sont aussi le plus irrésistible excitant.

D'où il ressort qu'en demandant la graduelle extinction des dettes publiques nationales et communales, réclamée par le socialisme, on aura pour premier résultat de tarir la source la plus abondante de l'agiotage.

Il en est d'autres, que les socialistes ne négligeront pas dans leur œuvre d'assainissement moral et financier.

Ils arracheront leurs dernières griffes aux rateleurs du travail d'autrui, par la nationalisation des Banques d'État, des chemins de fer, des mines houillères et métallifères, des canaux, des messageries terrestres et maritimes, de l'assurance dans toutes ses branches, des eaux minérales, des hauts fourneaux, etc. Ajoutez à cela la réduction en services publics communaux des monopoles, usurpés en ce moment par les compagnies du gaz, de l'éclairage électrique, des eaux, des docks et entrepôts, des magasins généraux, des omnibus et tramways, des petites voitures, etc., et voyez ce qu'il restera pour alimenter les marchés à terme? Un centième des valeurs actuelles.

Alors

> Le combat cessera, faute de combattants.

Entrons maintenant dans le détail de la principale des réformes financières qui viennent d'être énumérées.

Quand les hommes, affranchis de l'ignorance, de la servitude et de l'exploitation capitaliste, auront fait justice des sophismes économistes, ils s'étonneront qu'on ait pu livrer, en plein xix* siècle, les grands établissements de crédit — ces institutions sociales par excellence — à quelques financiers sans conscience.

Où conduit, en effet, cette aberration? Les gros spéculateurs qui, en leur qualité de rois de la Bourse, drainent comme il leur convient l'épargne nationale, sont les maîtres des chemins de fer, des mines, canaux, messageries, hauts fourneaux, etc.; et ces mêmes individus sont les directeurs et les bénéficiaires des banques nationales investies du privilège bien social de fabrication de monnaie fiduciaire. Ils ont ainsi la haute main sur le commerce et l'industrie, c'est-à-dire sur toute la vie économique des nations.

Tous les bons esprits s'en inquiètent enfin; les monopoleurs sont combattus, et, pour ce qui est par exemple de la socialisation du credit, Millerand a donné récemment à la bourgeoisie française un solennel avertissement, en lui disant combien elle serait avisée de marquer son souci des nécessités écono-

miques nouvelles et des légitimes revendications populaires, en ouvrant, par la nationalisation de la
Banque de France, la série des réformes sociales sérieuses.

Autant que l'intérêt social du plus grand nombre,
la science économique commande cette transformation du crédit public. Les Banques, a très bien dit
Rouanet dans la *Revue socialiste*, sont des ateliers de
monnaie fiduciaire, et les banquiers des agents inter-
médiaires qui fournissent le marché du médium de
circulation nécessaire, en même temps qu'ils mo-
bilisent les capitaux, les concentrant et aidant par là
au développement de la production.

« Mais l'extension des banques a amené la formation d'une puissance spéciale, les banquiers ou financiers, qui, périodiquement, inondent le marché d'une
quantité de signes monétaires en disproportion avec la
masse réelle des marchandises que ce signe représente; d'où les perturbations anarchiques qui révo-
lutionnent le monde de l'échange, tarissent la source
de crédit et spolient le marché au profit des faux-
monnayeurs fiduciaires. D'où encore la nécessité de
mettre ordre à ce despotisme anarchique par l'intervention naturelle de l'État. »

L'intervention de l'État ne peut s'exercer que par
la reprise du monopole, qui est en outre nécessitée par
les besoins nouveaux du crédit, notamment en ce qui
concerne l'agriculture et le travail associés.

A tous ces points de vue envisagée, la nouvelle
institution aurait des attributions singulièrement
étendues.

Dans une semblable hypothèse on pourrait concevoir la *Banque Nationale (Banque de France, Crédit*

Mobilier, *Comptoir d'Escompte*, *Crédit Industriel et Commercial*, *Société de Dépôts et Comptes courants*, *Trésorerie* réunis et transformés) administrée directement par le *Ministre des finances et du Crédit*, assisté d'un conseil électif. Elle aurait à pourvoir tout d'abord au recouvrement des impôts et à l'extinction graduelle des dettes publiques.

En même temps qu'elle améliorerait les conditions du crédit commercial, la *Banque Nationale* pourrait, par l'action énorme qu'elle exercerait au marché, refréner l'agiotage (déjà affaibli par d'autres mesures), prévenir les crises financières, atténuer les crises industrielles, moraliser l'échange et favoriser, quand les intérêts généraux l'exigeraient, certaines industries productives, les améliorations agricoles, viticoles, sylvicoles, en première ligne.

Elle pourrait enfin, d'accord avec le *Ministère du Travail* (dont nous avons parlé), aider au créditement d'associations ouvrières de production et favoriser l'établissement des *Magasins Généraux*, nationaux ou communaux (dont nous faisons, plus loin, ressortir l'utilité).

N'en voilà-t-il pas assez pour faire admettre que cette première et plus importante des réformes financières à effectuer, la nationalisation de la Banque d'État, serait un puissant instrument d'amélioration économique et de transformation sociale?

C'est donc en parfaite connaissance de cause que tous les groupements socialistes et tous les partis ouvriers d'Europe et d'Amérique l'ont inscrite dans leur programme de revendications immédiates.

Quant à la reprise elle-même, rien de plus simple, n'en déplaise aux économistes rétrogrades, qui ont

charge de menacer les naïfs des foudres de la haute
banque, pour le cas où la nation oserait reprendre
son bien.

La Banque de France ne fonctionne qu'avec les
sommes que lui versent les trésoriers généraux pour
le compte du Trésor ; or ces sommes représentent plus
de 2 milliards, qui sont composés, en majeure partie,
d'espèces sonnantes.

Il suffirait donc au gouvernement d'ordonner à ses
trésoriers-payeurs généraux de ne plus verser à là
Banque de France, pour que celle-ci, pour continuer
ses opérations, soit obligée de remettre en circulation
tout le métal qu'elle a emmagasiné. On peut remarquer, en effet, que, de 1872 à 1890, l'encaisse de la
Banque de France a passé de moins de 800 millions à
près de 2 milliards et demi, de sorte qu'elle a emmagasiné à peu près huit mois des perceptions faites ordi-
nairement par les trésoriers-payeurs généraux. Plus
elle ira, plus elle accroîtra cet emmagasinement.

Raison de plus pour procéder à la reprise, qui est
au-dessus de la discussion de procédure, puisqu'il dépend de la nation d'être maîtresse de son Trésor public et de révoquer le privilège d'émission du billet de
banque.

Ne nous laissons donc pas troubler par les criaille-
ries de la haute banque et des économistes rétrogrades:
la nationalisation du crédit est non seulement de
pressante nécessité, mais encore de facile application.

CHAPITRE XXVIII

DE LA SOCIALISATION DES MINES ET DES CHEMINS DE FER

*Les arguments de César de Paepe en faveur de cette mesure. —
Leur bien fondé. — Les réclamations ouvrières. — Légitimité légale de la socialisation des mines. — Réquisitoire
d'un délégué. — Avantage de la socialisation.*

Il n'y a pas de route royale pour la science, a dit,
non sans raison, Karl Marx, dans la préface du *Capital.*

Certes, ces rapides esquisses n'ont et ne peuvent
avoir aucune prétention scientifique ; mais, s'appliquant aux choses économiques et à des faits d'observation souvent obscurs, toujours complexes, elles
réclament du lecteur quelque attention, peuvent
manquer d'attrait, et nous n'y pouvons rien.

On reconnaîtra qu'il serait difficile, par exemple,
de traiter sous la forme d'une chronique littéraire la
grave question de la socialisation des mines ?

Cette réforme n'en est pas moins, de toute urgence,
réclamée par la justice et par l'humanité.

En sa forte étude *sur les services publics dans les
sociétés futures,* César de Paepe motive fortement le
retour à la société des richesses du sous-sol, criminellement aliénés par des gouvernants prévaricateurs.

Il en doit être ainsi, dit-il :

« 1° Parce que les mines, carrières, etc., sont nécessairement des monopoles, puisque les terrains à
houille, à minerais, à marbre, à pierre bleue, à pavé,
à ardoises, sont nécessairement assez limités, et que
tout monopole aux mains des particuliers ou d'associations quelconques peut devenir le point de départ
de spéculations et de rançonnements exercés sur le
public ;

« 2° Parce que l'industrie houillère en particulier,
par suite de la substitution de plus en plus générale
de la machine à vapeur au travail musculaire de l'ouvrier dans presque toutes les industries, doit distribuer régulièrement à tout l'appareil industriel moderne son pain quotidien, qui est la houille, c'est-à-
dire le calorique, c'est-à-dire le mouvement ; et que,
par suite de cet état de choses, la production moderne se trouve sous la dépendance de l'industrie
houillère, laquelle est ainsi devenue un véritable service public d'un genre particulier, un service public
destiné à fournir à la production son aliment indispensable, l'élément essentiel de sa vitalité, la force
motrice. »

Tout cela est si patent que les démonstrations
seraient inutiles. Que le public soit rançonné par les
Compagnies minières, nous n'avons pas eu de peine à
l'établir avec chiffres à l'appui dans le deuxième volume du *Socialisme intégral*.

Quant au gaspillage, notamment des houillières,
cette richesse sociale d'autant plus précieuse qu'elle
est de quantité limitée, il est de notoriété publique.

Enfin les récents congrès nationaux et internationaux des ouvriers mineurs ont fait la lumière sur

l'odieuse et meurtrière exploitation dont les travailleurs du sous-sol sont victimes.

Leurs réclamations formulées dans les congrès internationaux de Bruxelles, de Paris et de Londres sont des plus modestes :

1º La fixation légale de la journée à 8 heures ;

2º L'abolition du marchandage ;

3º Salaires minima : piqueur, 8 fr. ; boiseur et mineur, 7 fr. ; manœuvre, 6 fr.

4º Le paiement de la journée intégrale aux malades et aux blessés ;

5º L'admission à la retraite après 25 ans de service, sans condition d'âge ; pensions aux victimes d'accidents ;

6º Taux de la pension, 3 fr. par jour, y compris les jours fériés.

Le premier devoir de l'État, maître du sous-sol, dont il administrerait avec intelligence et prévoyance les richesses en ce moment gaspillées, serait de faire droit à ces demandes, et ce serait un premier bienfait de la socialisation des mines.

Fort bien, dira-t-on, mais cette socialisation est-elle d'effectuation possible ?

Nous répondrons en abordant la question telle qu'elle est posée en France.

La législation française prescrit contre les concessionnaires cinq cas de déchéance, qui sont les suivants :

1º *Pour réunions des mines non autorisées* (décret du 23 octobre 1851).

2º *Pour refus de payement des taxes dues à des syndicats autorisés* (art. 6, loi du 27 avril 1838).

3º *Pour refus de payement des travaux faits d'of-*

fice par l'administration (art. 9, loi du 27 avril 1838).

4° *Pour compromission des intérêts des consommateurs par la suspension ou la restriction de l'exploitation* (art. 49 de la loi de 1810).

5° *Pour compromission de la sûreté publique par la suspension ou la restriction de l'exploitation* (art. 49, déjà cité).

Du chef des quatrième et cinquième paragraphes, les compagnies sont incontestablement en défaut, et la clause de résiliation pourrait être invoquée par l'État.

Sur les 1,216 mines concédées, 717, c'est-à-dire plus de la moitié, ne sont pas exploitées. Pour les combustibles minéraux seulement, sur 612 concessions instituées, 277, soit 45 o/o, se trouvaient dans le même cas en 1872.

Et qu'on ne cherche pas à cette non-exploitation d'autres motifs réels que celui d'amener le haussement des prix du charbon et comme résultat l'augmentation des bénéfices des concessionnaires prévaricateurs. L'article 49 de la loi de 1810 est donc parfaitement explicable, et combien plus le serait-il si l'on entrait dans les détails de l'exploitation !

Voici sur ce point l'opinion d'un ancien délégué mineur, aujourd'hui membre du *Conseil supérieur du travail*.

Au congrès de 1882, M. Michel Rondet, délégué de la *Chambre syndicale des mineurs de la Loire*, put sans craindre aucune rectification formuler ces graves accusations :

« Messieurs les actionnaires veulent que leurs actions doublent, triplent, quintuplent. Pour cela, ils font participer messieurs les ingénieurs aux bénéfices ; ils les forcent à faire sortir beaucoup de charbon avec peu d'ouvriers et peu de matériaux.

« *Il s'ensuit de nombreux accidents et des pertes considérables de houille* ; mais que leur importe que *la propriété nationale* soit gaspillée, que soit écrasée, foulée aux pieds l'humanité, pourvu que leurs coffres-forts se remplissent !

« Je signalerai au congrès qu'il y a des mines, dans le bassin de la Loire, qui sont exploitées par *éboulements*, méthode condamnée par les gardes-mines. Ce genre d'exploitation par éboulements est défectueux ; il présente divers inconvénients :

« 1° C'est le plus dangereux pour l'ouvrier ; 2° la Compagnie n'en retire pas même le tiers ; 3° les deux tiers qui restent deviennent la proie du feu, au détriment de la vue et de la santé du mineur ; 4° le redevancier est volé, et la fortune publique est brûlée.

« Je citerai encore, toujours pour le compte de cette Compagnie, qu'en 1869, lors de la grève des mineurs de la Loire, elle a laissé incendier des massifs immenses de houille, pour ne pas céder aux demandes des ouvriers.

« De pareils faits sont des crimes de lèse-propriété qui devraient traduire leur auteur à la barre des cours d'assises. Si un paysan incendiait sa récolte pour ne pas payer ses manœuvres trop cher, les tribunaux l'appelleraient certainement à leur barre.

« Pour ces féodaux financiers, il n'en est pas ainsi ; au contraire, le gouvernement leur donne des soldats pour massacrer les mineurs, comme à la Ricamarie et à Aubin ; aussi considèrent-ils les mines comme leur propriété, et les mineurs comme leurs esclaves. »

Rien à ajouter à cet écrasant réquisitoire; le gaspillage des vies humaines et de notre richesse houillère est indéniable, et l'article 49 est de plus en plus applicable de plein droit.

Se récriera-t-on maintenant sur l'onérosité budgétaire qu'entraînerait la nationalisation des mines? Justement on n'aurait ici à faire face à aucune des difficultés financières qu'il faudra résoudre pour opérer, par exemple, le rachat des chemins de fer.

Le capital nominal des compagnies minières ne dépasse pas 1 milliard pour la France. Et encore y aurait-il à régler, en justice et en équité, certains comptes avec les exploitants sans vergogne qui ont taché leur privilège de tant de boue et l'ont trempé de tant de sang.

Il y aurait bénéfice pour tous : bénéfice pour l'État, qui serait maître de sa richesse houillière; bénéfice pour les consommateurs, qui auraient le charbon à meilleur marché; bénéfice pour les ouvriers mineurs, nous l'avons précédemment démontré, et enfin bénéfice moral pour tous, car la nationalisation des mines serait l'acheminement à l'apaisement social, qu'on n'obtiendra que par la graduelle instauration de la justice économique dans les relations humaines.

Non moins bienfaisante serait la socialisation des chemins de fer et, en général, de tous les monopoles.

La concentration capitaliste, l'accroissement et le fusionnement des monopoles, les coalitions industrielles et commerciales de toutes puissantes compagnies patronales ou financières, en foulant de plus en plus les travailleurs, en rançonnant de plus en plus les consommateurs, et enfin en tendant à subordonner l'État à une, ploutocratie sans entrailles et qui crève de richesses, toute cette aggravation de la situation économique a fait des conseils de de Paepe une prescription de salut public.

Ainsi, pour les chemins de fer, même en faisant abstraction de la dure exploitation dont sont victimes dans la seule Europe plus de trois millions de travailleurs des voies ferrées ; même en passant sur les défectuosités du service, si vexatoires pour les populations et quelquefois si meurtrières pour les voyageurs, il est bien certain que la nationalisation s'impose par simple nécessité budgétaire.

Les bénéfices nets des compagnies s'élèvent pour l'Europe à 2 milliards 850 millions ; pour l'Amérique à 1 milliard 600 millions, *soit un total annuel de près de quatre milliards et demi.*

Où est pour les peuples la nécessité de payer ce lourd tribut à une infime minorité d'accapareurs ?

Et plus sombre encore s'annoncent les lendemains, car tous les monopoleurs se coalisent contre la liberté des travailleurs et contre les intérêts de tous les citoyens.

« De même, nous dit Henry George, le célèbre auteur de *Progrès et Pauvreté,* de même que les voleurs s'unissent pour piller de concert et partager le butin, de même les différentes lignes de chemins de fer s'unissent pour élever les tarifs et égaliser leur gain ; de même le *Chemin de fer du Pacifique* forme avec la Compagnie de *Navigation de l'Océan pacifique* une combinaison qui équivaut à l'établissement de barrières d'octroi sur terre et sur mer. Et, de même que les créatures de Buckingham, sous prétexte de faire respecter la patente royale, opéraient des recherches dans les maisons privées et saisissaient les papiers et les personnes par convoitise pour extorquer de l'argent, de même une grande Compagnie télégraphique qui, grâce à la puissance du capital associé, prive le peuple des États-Unis des avantages complets d'une invention bienfaisante, accapare la correspondance et ruine les journaux qui l'incommodent. »

Tels sont les faits cités par Henry George. Sa conclusion n'est pas optimiste :

« Il n'est pas nécessaire d'appuyer sur ces choses, il suffit d'y faire allusion. Chacun connaît la tyrannie et la rapacité qui font que les capitaux réunis corrompent, volent et détruisent. »

Dans ces conditions, le premier objectif de l'activité socialiste doit être la guerre aux monopoles, à commencer par les plus puissants, les Banques nationales, les Mines, les Chemins de fer.

Il n'y a plus d'hésitation possible sur ce point pour les républicains socialistes. En particulier, la cause de l'exploitation des chemins de fer par l'Etat ou sous sa haute direction est cause gagnée. Elle est plus d'ailleurs qu'une inspiration juste et qu'une nécessité économique de l'avenir, elle est déjà entrée dans les faits. Fonctionnant en Belgique dès le principe, en Allemagne depuis quelques années, en cours de réalisation en Suisse et en Autriche-Hongrie, commencée également en Russie, elle donne en France des résultats favorables sur le réseau qui a échappé à la rapacité des compagnies ; elle est au total réclamée par tous les progressistes ; quoi qu'on fasse, son jour est proche dans notre patrie ; la France productrice ne se laissera pas rançonner jusqu'en 1954 par la simple raison que MM. Raynal, Rouvier, Ferry, Constans, et les ignorantes majorités qui les ont suivis l'ont ainsi voulu.

Les fameuses conventions seront révisées ; les actionnaires responsables auront à rendre compte de bien des abus d'exploitation, de bien des avances (intérêts et principal) de l'État que les complices de l'ordre administratif ont laissé escamoter. Ces justes restitutions favoriseront singulièrement le rachat des actions et du matériel roulant. Quant aux obligataires, ils recevront dès titres amortissables et convertis, par exemple en valeurs à 2,50 ou 3 o/o, comme il en est en Angleterre et même en Amérique. De la sorte, sans secousses, sans faire d'injustice, l'État rentrerait dans ses droits, dans son avoir pour le bien de tous.

Il n'y aurait que l'embarras du choix pour le mode nouveau d'exploitation. L'administration directe a donné d'assez beaux résultats en Belgique, en Allemagne, en Autriche-Hongrie, en Suisse, pour qu'elle puisse être généralisée en France.

D'autres systèmes ont cependant été proposés, analogues à celui dit des *Compagnies ouvrières* ; de Proudhon, Auguste Chirac et Jules Pinaud pensent que l'on pourrait confier l'exploitation des réseaux aux employés actuels groupés en Syndicats et liés par un sérieux cahier des charges.

Nous n'y contrevenons pas. L'important est de restituer à la Société ce qui est à la Société et de transformer en service public toute organisation de production ou de transmission qui devient monopole. Et, après les grands établissements de crédits, après les mines et carrières, après les chemins de fer et canaux, il conviendra de socialiser les sources d'eaux minérales qui sont encore laissées à des particuliers, les source d'huile minérale (pétroles) et en général toutes les richesses du sous-sol.

Puis devront venir la nationalisation des transports maritimes, des assurances, des grandes entreprises régionales de défrichement, de drainage, d'irrigation, de desséchement, de reboisement, d'endiguement de fleuves, de canalisation des rivières.

Il ne serait pas moins nécessaire de mettre sous la direction de l'État les chantiers maritimes, les grands ateliers de constructions et en général les grands établissements sidérurgiques, dès que, par l'importance qu'ils auront prise, ils seront devenus des monopoles.

Ce qui est vrai pour l'État l'est aussi pour la Commune, qui doit, elle aussi, transformer en services publics urbains tous les monopoles de son ressort. Et nous allons voir que là encore le champ d'action est vaste.

CHAPITRE XXIX

LA COMMUNE SOCIALE

Le dépeuplement des campagnes, ses causes, ses remèdes. — La commune agrandie, son organisation, ses institutions. — La communalisation des monopoles ; les précédents, les avantages. — Tableau de la Commune sociale.

« Un publiciste, que son individualisme économique peut faire classer parmi les adversaires du socialisme, le D' Bordier, a écrit dans son livre : *la Vie des Sociétés,* les lignes suivantes :

« Un fait domine le milieu social des campagnes, c'est la *ségrégation,* c'est-à-dire un ensemble des conditions opposées à celles des villes, où se fait au contraire la *sélection.* Il existe un certain *habitus* dés villes, que chacun de nous revêt sans s'en douter, comme un uniforme sous lequel se cache notre couleur individuelle. Ici, c'est tout le contraire : les relations sont peu fréquentes ; dans un même village, chacun garde son individualité; les relations d'une localité avec une autre sont moins fréquentes encore ; il en résulte que chaque localité garde ses préjugés, ses mœurs, ses charmes, son patois, comme elle garde aussi ses maladies, sans que l'extension du bien, comme du mal, soit aussi fatale que dans les villes. Or vivre isolé est mauvais pour un individu, pour une famille, pour un groupe d'hommes plus étendu et même pour une nation. »

C'est là un fait que tout le monde déplore, mais contre lequel on n'a trouvé que des homélies qui prouvent seulement le peu de réflexion de leurs auteurs.

On n'arrêtera le dépeuplement des campagnes qu'en portant dans toutes les communes la vie politique, philosophique, littéraire et artistique.

C'est beaucoup demander, nous l'admettons ; pourtant il ne saurait être utopique de concevoir dans une société délivrée des guerres internationales, des oppressions politiques et des iniquités sociales, la commune transformée devenue une puissance éducative, un centre politique, un foyer littéraire et artistique en même temps qu'un puissant organisme économique : bref, le pivot de la vie sociale future.

En effet, la Commune, trop sacrifiée par la Monarchie et par la Bourgeoisie, ces deux triomphatrices des derniers siècles, est devenue le cri de guerre ou d'espérance des socialistes et la légitime préoccupation des politiques éclairés.

Tous comprennent, par exemple, que la monstrueuse inégalité actuelle des distributions communales est un danger en même temps qu'une injustice. De là ces projets de *communes-cantons* de Gambetta, de Floquet et de quelques autres ; projets incomplets, sans doute, mais qui ont le mérite de montrer à la démocratie routinière la voie à suivre. Effectivement, rien ne sera fait au point de vue politique et surtout au point de vue social, tant que ces milliers et milliers de villages de quelques centaines d'habitants, véritables étouffoirs où nul progrès ne peut germer, nulle vie morale prendre naissance, n'auront fait place à des agglomérations communales, vivant d'une vie administrative commune, ayant chacune son établissement d'enseignement secondaire, son service médical et pharmaceutique, son théâtre, sa salle de conférences, son journal administratif local, son cercle philosophique, ses concours littéraires, ses sociétés politique, orphéonique, gymnastique, etc... Le tout relié, bien entendu, avec les organisations analogues, au chef-lieu régional.

Élargissant la question, nous pouvons ajouter qu'il ne serait pas non plus indifférent de faire surgir dans toute l'Europe plus de cent mille foyers nouveaux d'activité progressiste se manifestant au triple point de vue philosophique, politique, économique.

Économique aussi, avons-nous dit et avec raison, car si, abstraction faite de quelques grandes villes, la Commune politique n'existe nulle part, la Commune sociale, telle qu'elle devrait fonctionner pour répondre aux besoins nouveaux, est tout entière à créer, et pourtant sa constitution est l'œuvre la plus urgente. Les socialistes l'ont bien compris, et c'est surtout vers la conquête des municipalités qu'ils ont porté leur effort électoral, que de très appréciables succès ont déjà récompensés.

Les élus socialistes ont immédiatement ouvert les hostilités contre les iniquités et les insuffisances pratiques du vieux droit municipal bourgeois. Bien délimité est d'ailleurs le combat, au point de vue économique; c'est d'abord contre les monopoleurs qu'il faut marcher : chaque conquête faite sur eux est mère de conquêtes plus vastes et de prospérités futures.

Par surcroît de bonne fortune, en l'occurrence, il

se trouve que les monopoles à combattre ont presque tous une origine impure, et que l'honnêteté publique, autant que l'intérêt général est lié avec la politique socialiste.

La haute banque, souveraine d'une partie de la presse, combat les services publics urbains avec non moins d'ardeur que les services publics nationaux ; mais elle perd visiblement du terrain.

Sans aller aussi loin que les socialistes, les démocrates soucieux du bien public admettent facilement la commune régissant elle-même ses services d'eaux, d'éclairage, de traction (petites voitures, omnibus, tramways), monopolisant les bains et lavoirs, organisant, sur des bases nouvelles, le service encore embryonnaire de l'hygiène, avec y compris un service médical et un service pharmaceutique. On peut même, sans trop soulever d'objections, demander que les municipalités veillent à l'approvisionnement de la cité (réorganisation du service des halles et marchés, minoteries, etc.), que, pour la commodité de tous ses ressortissants, elles ouvrent des Magasins généraux, qui, basés sur le système des warrants, seraient de véritables établissements de crédit pour les producteurs directs.

Ne vous hâtez pas de crier à l'impossible ; ce ne sont pas là des propositions utopiques : ce que l'on demande ici est en voie de réalisation, notamment dans les trois pays les plus libéraux du monde : la Belgique, l'Angleterre et l'Amérique.

Bruxelles se trouve très bien de ses régies communales (Gaz et Eaux), et il va communaliser les tramways. En Angleterre, plus de deux cent villes sont entrées aussi dans la voie des régies communales, y ont consacré déjà près de deux milliards, et ce n'est qu'un commencement.

Les villes américaines ne restent pas en retard; dans certaines, comme à Buffalo, on est allé jusqu'à la création d'un service municipal de chauffage par la mise en fonctionnement d'un calorifère colossal. Enfin une pétition monstre a été présentée tout récemment à la législature de Massachusset, pour obtenir dans les villes les plus importantes l'établissement de dépôts de charbon, aux frais des municipalités, pour permettre aux habitants de s'approvisionner à des prix équitables. Il paraît que la chose va s'effectuer.

Il est une autre initiative que devront prendre les municipalités démocratiques : la limitation du droit propriétaire urbain, et la construction d'habitations ouvrières.

Adolphe Blanqui, l'auteur de l'*Histoire de l'économie politique*, a écrit :

« J'ai étudié avec une religieuse sollicitude la vie privée d'une foule d'ouvriers, et j'ose affirmer que l'insalubrité de leurs habitations est le point de départ de toutes les misères, de tous les vices, de toutes les calamités de leur état social. »

La vérité est que le système actuel a pour conséquence :

Le refoulement de la classe ouvrière des grandes villes dans certains quartiers excentriques malsains, comme il en fut au moyen âge des Juifs dans leur Ghetto.

Le vice et le crime, notamment l'ivrognerie et la prostitution favorisés par l'insuffisance de logement.

La misère aggravée par le taux scandaleux des loyers.

La dégénérescence de la race.

Voilà le mal ; les propositions faites pour y obvier ont été combattues avec une passion singulière. N'est-on pas allé jusqu'à dire que l'intervention des pouvoirs publics dans les constructions de maisons à petits loyers aurait pour effet de *démoraliser le prolétariat*. A cela Louis Bertrand dans son livre substantiel : *la Question des Logements*, a répondu fort justement :

« Est-ce que les riches qui vont à l'Opéra sont démoralisés parce que ce théâtre est subventionné ? Pas le moins du monde. Ils voudraient que la subvention fût doublée, à condition qu'on diminuât de moitié le prix de leurs loges ou de leurs fauteuils. Certaines villes possèdent des immeubles qu'elles louent à des particuliers, à des bourgeois. Pensez-vous que ceux-ci sont démoralisés pour cela ?

« Au surplus, actuellement, on vient en aide aux indigents, en leur accordant des secours de la bienfaisance publique. On reconnaît qu'il y a là un devoir social à remplir. Dans ce cas, nous le concédons, il y aurait lieu de trouver démoralisant l'acceptation d'un secours en argent ou en bon de pain, de charbon, etc. Mais, si les villes fournissaient des logements à très bon compte aux ouvriers, en se contentant d'un revenu réduit de 3 à 4 o/o, il n'y aurait là rien d'immoral ni de démoralisant pour ceux qui profiteraient de cet acte de bonne administration. »

Quant aux moyens, on pourrait, le principe admis, procéder de la sorte :

D'abord, l'administration communale devrait exercer une surveillance continuelle sur les habitations. Il existe encore, dans les villes. des quartiers habités

par des pauvres et dont les masures sont infectes et
malsaines. La première chose à faire, dans ce cas,
c'est de procéder à la démolition de ces maisons.
Mais, une fois ce travail accompli, la ville ou les communes, au lieu de vendre leurs terrains à des particuliers, devraient faire bâtir elles-mêmes des logements
simples, mais construits dans toutes les règles de
l'hygiène. La commune resterait propriétaire de ces
maisons et les louerait à des particuliers, au prix de
revient.

Si ce système était suivi un peu partout, au bout de
quelques dizaines d'années, la commune serait propriétaire d'une bonne partie des habitations et, par suite
de la concurrence, ferait diminuer le prix des loyers
des autres maisons appartenant à des particuliers.

Qui trouverait qu'il serait injuste de protéger la population contre l'exorbitance de la prélévation des propriétaires et contre les vexations souvent inhumaines
qui l'aggravent ?

Toutes ces réformes accomplies, il y aurait peu à
faire pour réaliser la Commune sociale, dont les services constitueraient un tout de vie philosophique,
politique, économique et artistique. La série suivante
en pourra donner une idée.

1° *Domaine communal.* Reconstitution et agrandis-
sement rapide du domaine communal (terres, maisons, établissements divers, etc.): premier pas vers la
propriété communale, dans le but de permettre à la
municipalité d'activer la vie économique et de se
créer des ressources en recourant le moins possible
à l'impôt.

2° *Travaux publics.* Construction et entretien des
divers édifices d'utilité publique, construction de mai-

sons modèle, répondant aux nécessités de bon marché
et d'hygiène, construction et entretien des rues,
chemins et toutes voies quelconques, usines et ateliers de construction pour le matériel des services
maintenant monopolisés (éclairage, omnibus, tramways, petites voitures), navigation fluviale et établissement d'industrie municipale de réserve, devant
surtout fonctionner en temps de chômage, au bénéfice
des travailleurs établis depuis plus d'un an dans la
Commune.

3° *Crédit communal.* Banque communale, succursale ou correspondance de la Banque nationale, fonctionnement à déterminer.

4° *Alimentation, commerce.* Approvisionnement de
blé devant être cédé à prix rationnel. Greniers d'abondance, minoteries. Boulangeries et boucheries muni-
cipales, destinées surtout à l'approvisionnement des
établissements communaux, hôpitaux, asiles, écoles
et institution de comptoirs d'échange, pour recevoir
et mettre en vente les produits salariés qui leur seront
confiés moyennant un droit de dépôt et de vente très
modéré, services des halles et marchés et des foires
régionales.

5° *Assistance publique* réglée avec le concours de
l'État, de façon que le concours social suffisant ne
manque à aucun malade, à aucun infirme, à aucun
vieillard, et que l'existence de tous les incapables de
travail soit assurée dans la mesure des ressources
communes. Amélioration du service hospitalier.
Adoption de tous les enfants abandonnés ou confiés;
fondation de nourriceries et établissements spéciaux
dans ce but. Réfectoire de secours, asile de nuit dé-
mocratiquement organisés, etc.

6° *Enseignement public.* Instruction générale à tous les enfants avec bifurcation pour les spécialités professionnelles jusqu'au degré d'instruction dépendant de la région ou de l'État. Repas scolaires, fournitures a tous. Création d'écoles d'apprentissage, faisant suite à l'école-atelier et placées sous le contrôle de la délégation générale des corporations.

7° *Hygiène, salubrité, protection.* Organisation d'un grand service médical et pharmaceutique gratuit pour les indigents, à tarifs modérés pour les ressortissants. Inspection sévère des ateliers et des logements, mesures pour assurer la salubrité publique, établissements de laboratoires municipaux pour l'analyse des denrées alimentaires, sanction contre les falsificateurs. Ce service comprendrait, en outre, l'approvisionnement des eaux, le balayage des rues, les abattoirs, les lavoirs publics (gratuits), les bains publics (presque gratuits), les travaux d'assainissement et d'embellissement, le service des sépultures et crémation.

8° *Sécurité publique.* Police municipale et compagnies de secours contre l'incendie, les inondations, etc.

9° *État civil* et tout ce qui en dérive : notariat communal (conséquence de l'abolition de la vénalité des offices), cadastres, etc.

10° *Arbitrage communal.* Arbitres élus au suffrage universel pour connaître de tous les différends civils et commerciaux, ainsi que de tous les faits ressortissant actuellement du tribunal de simple police. Cette justice serait entièrement gratuite.

Dans ce même service rentrent les Conseils de prud'hommes et tribunaux de commerce réorganisés.

11° *Statistique.* Bureau chargé de la statistique

générale de la commune : production, consommation, échange, développement de la fortune publique, naissances, mariages, décès, etc. *Bourse du Travail* et *Bourse de Commerce* avec affichage des renseignements généraux sur l'offre et la demande du travail ou des produits dans la commune et hors de la commune.

12° *Arts, métiers et divertissements.* Expositions industrielles et artistiques permanentes; théâtres et concerts communaux, les premiers presque gratuits, les seconds gratuits ; musées scientiques et artistiques, jardins botaniques et zoologiques, conférences publiques (sciences, arts, philosophie, morale, histoire, littérature, etc.).

Cette transformation de la Commune présuppose une non moins radicale transformation de l'État.

CHAPITRE XXX

DE L'ÉTAT SOCIALISTE

Les fédérations communales et nationales dans la République sociale future. — Des insuffisances et des défectuosités de l'électorat actuel. — Le referendum. — Les représentations politiques et les représentations économiques. La République universelle.

La République étant la forme politique de la dignité humaine, les États que fonderont les peuples émancipés ne sauraient être que républicains, voire même républicains fédéralistes, car le fédéralisme seul permet de combiner le respect des besoins régionaux particuliers et de la relative autonomie des agglomérations secondaires (communales et autres) avec les grands intérêts des nations librement constituées et ceux de la suprême Confédération internationale qui reliera et solidarisera tous les peuples.

— Aussi supérieure qu'on la suppose, cette organisation politique future aura un point de commun avec la nôtre : le système représentatif, hors duquel on ne peut pas concevoir d'organisation politique un peu étendue. Mais combien le nouveau système représentatif sera différent de celui qui résulte de l'électorat actuel !

Le suffrage improprement appelé universel commence par frustrer du droit électoral la moitié des majeurs, les femmes. D'autre part, il sacrifie les minorités, si considérables qu'elles puissent être.

Les proclamés élus sont-ils au moins les élus de la majorité des adultes mâles?

Rien de moins vrai.

En attribuant le droit de suffrage à tous les adultes mâles sur la terre entière, on aurait *cinq cent millions d'électeurs,* or le nombre total des électeurs, presque tous européo-américains, est de soixante-dix millions, soit le septième des adultes majeurs et le vingtième de la population humaine.

L'électorat est donc aujourd'hui un privilège; restreint dans ses origines, il l'est encore dans ses attributions, par les Chambres hautes, toutes issues soit de nomination royale, soit d'un droit monstrueux d'hérédité politique, soit d'un suffrage mutilé.

Et qu'est l'action malfaisante et déprimante des Chambres hautes, à côté des maux qu'engendre la monarchie, cette abaissante survivance des époques barbares qui opprime les peuples, entretient le militarisme ruineux et corrupteur, fomente les guerres, ce plus grand crime politique des nations modernes?

En résumé, la civilisation individualiste, si fautive au point de vue social, ne l'est guère moins au point de vue politique : il est au moins sûr qu'elle n'a su ni généraliser ni organiser le système représentatif.

Généralisé, nous avons vu qu'il ne l'est pas; organisé, pas davantage. Nul classement dans les attributions. Supposé aussi fort que le jeune prodige que fut Pic de la Mirandole, le député est nommé pour se prononcer sur tout, sans avoir rien étudié; la désolante stérilité du régime parlementaire vient de là.

On le voit, et pourtant on s'en prend aux hommes quand ce sont les institutions qu'il faudrait modifier.

D'aucuns ont proposé le mandat impératif, une billevisée dans l'état actuel des choses ; les tentatives n'ont abouti qu'à livrer quelques élus à des comités électoraux qui se sont nommés eux-mêmes et qu'aucune compétence ne recommande. Leur intervention tracassière n'est même pas toujours désintéressée ; en tous cas, elle ne profite jamais au bien public.

De plus clairvoyants : Fourier, Rittinghausen, Victor Considérant, Ledru-Rollin, J.-B. Millière, se sont prononcés pour la sanction populaire, autrement dit le *referendum*.

Appliqué en Suisse avec une efficacité appréciable, le *referendum* avait trouvé de nos jours un éloquent propagateur dans le regretté Émile de Laveleye.

« Il se peut, dit le célèbre socialiste d'État, il se peut que les institutions démocratiques ne parviennent pas à garantir suffisamment l'ordre dont nos sociétés industrielles et à travail divisé ont bien plus besoin que les sociétés de l'antiquité et du moyen âge, et dans ce cas nous serons ramenés au despotisme, car, avec une grande armée permanente, le pouvoir exécutif, obéissant au vœu des classes supérieures, peut toujours supprimer la liberté. Mais la liberté et la démocratie se maintiennent et nous préservent du césarisme ; il est certain que le peuple voudra prendre en main la direction des affaires publiques, de plus en plus, à mesure qu'il s'instruira et qu'il verra mieux le rapport intime qui existe entre la législation et ses intérêts individuels. Dès lors il introduira, sous l'une ou l'autre forme, le gouvernement direct. La Suisse, qui marche à l'avant-garde des réformes démocra-

tiques, nous a montré le chemin. S'il faut que la
volonté du peuple se fasse, ne vaut-il pas mieux
qu'elle se manifeste paisiblement et régulièrement, par
un plébiscite, comme dans les cantons suisses, plutôt
que tumultueusement et d'une façon peu décisive,
comme cela a lieu en Angleterre, au moyen des meetings, des processions et des démonstrations, et en
Irlande au moyen de batailles entre nationalistes et
orangistes.

« Si les masses sont appelées à voter les lois, ou elles
s'instruiront, ou on les instruira ; et, en tout cas, la
vraie civilisation qui consiste dans la diffusion des
lumières et des idées justes, y gagnera. Un mot profond de Tocqueville se réaliserait. « L'extrême démo-
« cratie prévient les dangers de la démocratie. »

Nous ne méconnaissons pas les avantages, parfois
mêlés de mécomptes, que peut offrir le *referendum* ;
mais, à notre point de vue réformiste, c'est le système
entier qu'il faut changer, en partant de ce principe
que la *politique* et *l'économie* doivent avoir une représentation séparée.

Pense-t-on que la Terre cesserait de tourner, si les
Chambres hautes et les *Chambres basses* actuelles,
dont la division ne répond à rien, étaient remplacées
par une *Chambre politique* et une *Chambre économique* ?

La *Chambre politique* pourrait être élue au suffrage
universel, comme il en est de nos Assemblées actuelles ; mais la *Chambre économique*, plus nombreuse et plus importante, devrait être le produit
d'élections professionnelles (1), s'appliquant à des éli-

---

(1) Cela sous-entend une organisation corporative, dont nos

gibilités spéciales, pour que l'on soit bien en présence d'une sincère représentation des producteurs et travailleurs de toutes catégories.

Dans une suggestive brochure, l'économiste-socialiste Hector Denis, aujourd'hui recteur de l'Université de Bruxelles, préconise la formation d'une *Chambre du Travail* qui serait divisée en deux grandes sections : la *section des intérêts spéciaux* et la *section des intérêts généraux*. Hector Denis se place dans l'hypothèse de la simple amélioration de ce qui est. Nous demanderions davantage à la *Chambre économique*, et lui attribuerions ainsi une *section des applications sociales*.

On aurait ainsi :

1° La *Section des intérêts spéciaux.*—Agriculture.—Industries agricoles. — Pêche. — Mines. — Carrières, ardoisières. — Métallurgie. — Objets en métal. — Verrerie. — Céramique. — Produits chimiques. — Industrie lainière. — Industrie linière. — Industrie cotonnière. — Bâtiment. — Ameublement. — Vêtement. — Industries de luxe. — Alimentation. — Transports. — Industries accessoires des sciences et arts. — Industries diverses. — Employés. — Science et pédagogie. — Beaux-arts.

2° La *Section des intérêts communs.*—Statistique.—Assurances. — Assistance publique. — Subsistances. — Crédit. — Échange. — Commerce international et relations extérieures. — Voies de communication et tarifs. — Hygiène générale. — Travaux publics. —

---

syndicats professionnels facultatifs ne sont qu'un imperceptible embryon. On doit se borner à indiquer l'idée, qui sera développée dans une étude subséquente sur les *syndicats obligatoires.*

Finances. — Rapports des industries. — Rapports du
capital et du travail. — Enseignement. — Institutions
scientifiques et artistiques. — Législation. — Administration.

3° La *Section des applications sociales*, qui aurait
dans ses attributions principales : l'accroissement et
l'amélioration du domaine de l'État, le crédit aux
sociétés ouvrières (agricoles et industrielles), l'administration directe ou déléguée des mines, des chemins
de fer, des canaux, des messageries maritimes, des
manufactures de l'État, des arsenaux, des entrepôts,
des minoteries, des grands établissements sidérurgiques, et en général l'organisation du travail collectif dans tous les foyers de production, de transport et
d'échange, pouvant entrer dans la catégorie croissante
des services publics. De la même section relèverait la
direction des travaux publics en vue de l'amélioration
et de l'embellissement du territoire, et destinés, par
surcroît, en attendant l'avènement du collectivisme,
à faire du Droit au travail une réalité.

Les encouragements aux inventions et découvertes,
la direction des assurances et de l'assistance publique,
entreraient aussi tout naturellement dans les attributions de la *Section des applications sociales*.

A la *Chambre politique* resterait la direction de
l'administration proprement dite, de la politique
étrangère, de l'éducation, des cultes, des beaux-arts,
des fêtes publiques, de la justice, de la police, etc.

Il ne saurait entrer dans notre cadre de tracer un
plan idéal de l'État social futur ; nous devons nous
borner à quelques propositions générales.

En attendant l'union européo-américaine d'abord,
planétaire ensuite, des peuples, tous les penseurs

progressistes s'accordent pour voir les États socialistes du proche avenir prendre la forme de Républiques fédérées, qui ne seront respectivement elles-mêmes qu'une étroite fédération des Communes, aggrandies et transformées politiquement et socialement (1).

S'il n'est pas exact, quoi qu'ait prétendu Buckle, le plus économiste des historiens modernes, que « les grandes réformes ont plutôt consisté à défaire qu'à faire quelque chose de nouveau », il n'en est pas moins vrai que le simple énoncé des principales *nuisances*, auxquelles il mettra fin, donnerait déjà de l'État socialiste une idée fort avantageuse. En tête de ces nuisances, que le socialisme condamne et détruira, il convient de noter :

La guerre, qui favorise toutes les servitudes, prolonge la servitude monarchique, ruine et ensauvagit les peuples ;

Les *antagonismes économiques*, générateurs de monopoles, d'inique exploitation de l'homme par l'homme, de tous les abaissements, de toutes les douleurs du paupérisme ;

---

(1) Pour délibérer sur les intérêts généraux, il faudra bien encore un Parlement, un gouvernement représentatif ; mais les affaires soumises au grand conseil des cités seront assez peu nombreuses, puisque chaque petit État réglera sa législation intérieure, fera dans son sein et à sa manière des expériences de sociologie. Le parlement fédératif s'occupera des grandes voies de communication, de certaines fondations ou entreprises d'intérêt scientifique ou économique, de l'aide à donner à telle ou telle cité éprouvée par des fléaux accidentels, etc.

« Ce grand Conseil aura aussi dans ses attributions l'armée fédérale. Il en faudra bien une pour tenir en respect les peuples encore arriérés ; car les races civilisées amélioreront leurs institutions politiques bien avant que l'unification du genre soit réalisée. (Ch. Letourneau, *l'Évolution politique*.)

L'ignorance, ce puissant agent d'asservissement, cette meurtrière étouffeuse des forces intellectuelles et des forces morales, comme l'a très bien vu Auguste Blanqui, en son incisive *Critique sociale* ; en un mot, ce plus grand obstacle à l'harmonie des volontés, des âmes et des activités.

On ne détruit valablement et durablement que ce qu'on remplace, a prononcé le grand politique révolutionnaire Danton ; ces trois fléaux supprimés, cela signifie, au sens positif, leur remplacement par trois réalisations bienfaisantes, et, en l'espèce, on est amené à conclure à la sub|itution.

1º De *l'état de guerre*, par la *paix internationale* et la fédération des peuples.

2º Des *antagonismes économiques* par l'*organisation solidariste de la production et l'organisation justicière de la répartition des richesses*.

3º De l'*ignorance*, par l'*universalisation du savoir et de la culture morale*.

En analysant cette donnée et en la suivant dans ses développements logiques, nous trouvons tout d'abord qu'au-dessus des Conseils des *Communes sociales*, qu'au-dessus des Parlements économiques et politiques des États, planera le *Grand Conseil Amphictyonique* des Nations fédérées. De ce Conseil les attributions seront fort étendues, car elles comprendront :

— L'arbitrage entre les États ;

— La législation internationale du travail ;

— La colonisation, scientifique, progressive et civilisatrice ;

— Les grands voyages scientifiques ;

— Les observations météorologiques dans le but d'arriver à l'amélioration des climatures ;

— La statistique du globe ;

— Les encouragements aux inventions et découvertes d'utilité internationale ;

— L'unification des poids, mesures et monnaies ;

— L'initiation pacifique, bienfaisante et graduelle des peuples moins avancés aux bienfaits de la civilisation socialiste ;

— La direction des armées industrielles de volontaires levées pour les grands travaux de fertilisation, d'amélioration, d'embellissement du globe (complément des grandes voies de communication, canalisation des fleuves et rivières, percement des isthmes, tunels, déssèchement des marais, irrigation, assainissement, assolement des terres, reboisement des montagnes, construction des ports, édifications des villes, etc., etc.) ;

— L'initiative des mesures générales de préservation, de réparation, d'amélioration, que les circonstances exigeront ;

— En un mot, arrangement et développement des choses pour que l'homme soit heureux dans la paix, la justice et la bonté ; pour que, « ayant pris possession du globe, il n'y soit nulle part un étranger. »

Si c'est là un rêve, ce n'est pas un mauvais rêve ; n'en déplaise aux apôtres de l'oppression, des antagonismes et de la guerre ; mais c'est plus qu'un rêve : c'est l'avenir, et ce n'est pas seulement l'organisme politique qui sera renové.

LIVRE SEPTIÈME

PERSPECTIVES

CHAPITRE XXXI

DES LIMITES DE LA PRÉVISION SOCIALE

*Le temps des rêves utopiques est passé. — Il faut agir. —
Conséquence de la Révolution française et de la Révolution
industrielle. — Des essais de prévision socialiste.— Schœffle,
Letourneau, de Paepe, G. Renard, etc. — Des limites que
le sujet comporte.*

« Ose te tromper et rêver, » disait Schiller, en une
heure de découragement.

Nous ne voulons pas nous tromper, car l'illusion
est une endormeuse : nous voulons savoir; nous ne
voulons pas rêver, car le rêve est l'ennemi de l'action :
nous voulons agir.

Nous voulons agir, parce qu'ainsi l'ordonne le devoir social, qui nous crie : « Marche, combats, souffre
et travaille pour la justice. Tu es d'une époque de
bouleversement et de transformation où l'homme ne
vaut que par ses actes et par ses œuvres, où tous
ceux qui aiment et qui pensent doivent, comme le
fatidique héros d'Elseneur, mais pour une cause plus

juste, mourir le harnais sur le dos, dans la bataille
furieuse et longue que combattent contre les rapacités,
les cruautés et les injustices, ceux que ma baguette a
touchés. »

Mais l'on objecte : Au laboureur fatigué, qui, de
l'aube au crépuscule, sous le poids de la chaleur ou
sous la morsure des frimats, conduit d'une main
ferme l'araire que traînent lentement deux bœufs
au regard vague, — à ce laboureur il est permis, pendant que lui et ses bêtes prennent haleine au bout du
sillon, de voir par la pensée le sol nu qu'en ce moment il tourne et retourne, couvert des riches toisons
de Cérès, ondulantes et jaunissantes, sous la brise de
juin.

Il doit pouvoir, lui aussi, contempler en espérance
les riches moissons de bonheur universel qu'il con-
tribue à faire lever et que ceyeux ne verront jamais,
le travailleur socialiste qui, sous le vent âpre des
calomnies, des persécutions, des traverses de tout
genre et de la dure misère, ensemence le champ de
l'avenir. Ses aspirations humanitaires sont sa religion, sa foi et son espérance ; pourquoi ne les pare-
rait-il pas de tous les rêves de félicité commune, de
bonté infinie et de fraternité aimante qui vivent dans
son âme ?

On peut l'admettre, à la condition que le rêve humanitaire ne sera que l'intermède de l'action vail-
lante et soutenue.

Autres temps, autres devoirs.

Jadis l'utopie était la seule forme de propagande
possible, et c'est bien explicable. Lorsque la triste
réalité était séparée du concept de la justice par un
abîme qui ne paraissait pas pouvoir être comblé,

ils faisaient œuvre sainte, les Thomas More, les Campanella, les Morelly et tous les généreux utopistes qui enseignaient, en somme, que le mal et la guerre ne sont pas éternels, et que, si les hommes le voulaient, un jour la paix et le bonheur descendraient sur la terre.

Une autre méthode s'est imposée depuis que la *Révolution française* a brisé violemment les vieilles servitudes cléricales, civiles et politiques ; depuis que la *Révolution industrielle,* sa contemporaine, par l'adaptation des progrès scientifiques à la production et à la circulation des richesses, a centuplé les forces productrices en multipliant les produits à l'infini.

En effet, dès que cette double révolution eut glorieusement clôturé le XVIIIᵉ siècle, la conception d'un avenir solidariste de l'Humanité parut moins chimérique ; aussi les initiateurs socialistes qui ont nom Saint-Simon, Fourier, Robert Owen, et les théoriciens qui suivirent ne se bornèrent pas à tracer des plans de sociétés idéales; ils s'occupèrent également des moyens de réalisation et jetèrent ainsi les premiers fondements de la politique socialiste. Avec Marx et l'école réaliste, le socialisme s'est donné non seulement comme un idéal réalisable, mais comme l'aboutissant fatal de l'évolution économique de la société moderne et des maturations historiques des civilisations antérieures.

Dans cette donnée, l'avenir est prévisible; les contours généraux de la société future peuvent être esquissés. Quelques tentatives ont même été faites en ce sens.

Schæffle, avant qu'il ne fût devenu l'antisocialiste que l'on sait, écrivit, dans cet esprit, des pages en sa

Quintessence du socialisme (1) qui sont à consulter sur l'agencement de l'ordre collectiviste.

Moins méthodique, mais plus compréhensif, mais s'inspirant d'une science pleinement humaine, notre éminent sociologue Ch. Letourneau a, de son côté, semé en divers passages de ses puissantes œuvres (2) de précieux aperçus sur ce que pourra être dans tous les domaines, la civilisation socialiste de demain.

Combien également riche d'informations et de vues est la substantielle brochure de César de Paepe sur *les Services publics dans la société future*, récemment rééditée par la *Revue socialiste* ?

La prévision sociale a d'autres adeptes. Georges Renard, dans la partie sociale de ses *Études sur la France contemporaine*, Henri Brissac, dans sa *Société collectiviste*, Karl Kautsky, dans ses articles sur *le Travail dans la société future*; Eugène Fournière, dans son étude sur *l'État socialiste*, et Frédéric Tufferd, dans *un Programme social*, abondent aussi en propositions suggestives et en combinaisons ingénieuses (3).

(1) *La Quintessence du socialisme*, traduction française par B. Malon. (Librairie de la *Revue socialiste*.)
(2) Voir notamment la *Sociologie*, l'*Évolution de la morale*, l'*Évolution de la famille*, l'*Évolution de la propriété*, l'*Évolution politique*, l'*Évolution périodique*, l'*Évolution religieuse*. (Librairie de la *Revue socialiste*.)
(3) L'utopie proprement dite n'a pas abdiqué. Nous avons, en ces dernières années : *L'An 2000*, par Edward Bellamy ; *Mon Utopie*, par Ch. Sécrétan ; *la Cité future*, par Alain le Drimeur ; *Nouvelles de nulle part*, par Williams Morris ; *Dans cent ans*, par Ch. Richet ; *Cybèle, voyage extraordinaire dans l'avenir*, par Jean Chambon ; *Freiland, ein soziales Zukunftbild*, par Th. Hertzka,
Tous ces poèmes socialistes, rêves d'hommes de bien, ont

Notre tâche est plus restreinte; nous voudrions simplement répondre, par quelques notations, aux deux objections qui, pour être toujours faites, n'en sont pas plus fondées, savoir :

1° Que le seul mobile de l'activité humaine étant l'intérêt individuel, on ne saurait trouver dans la communauté des intérêts un suffisant mobile de travail ;

2° Que le socialisme appliqué serait l'étouffement de la personnalité humaine.

Nous nous en tiendrons donc à la discussion et, nous l'espérons, à la réfutation de ces deux fins de non-recevoir.

Aussi bien, il convient d'être toujours réservé en pareille matière. Nous prévoyons toujours l'avenir avec des idées et des sentiments qui sont tout actuels et qui ne seront probablement pas ceux des hommes de demain. En outre, aux grands tournants de civilisation, les prévisions les plus rationnelles sont quelquefois en défaut, car à tout moment peuvent surgir tels événements imprévus de nature à modifier les développements d'une situation sociale donnée; l'on ne peut faire en somme que des calculs de probabi-

été bien accueillis du public. *L'An 2000*, de l'Américain Bellamy s'est vendu à plus de 400,000 exemplaires, et la traduction française qu'en a publié Théodore de Reinach a été un succès de librairie. N'est-ce pas là une preuve nouvelle de la pénétration rapide de l'idée socialiste dans la mentalité contemporaine ? Tous les clairvoyants, tous les justes sentent la nécessité d'une plus rationnelle et plus humaine organisation sociale. Par contre, M. Richter, le député allemand, vient d'écrire, sous ce titre : *Sozial-demokratische Zukunftbilder*, une utopie antisocialiste, qui a eu du succès parmi les philistins des bords de la Sprée; mais le socialisme allemand et international ne s'en portera pas plus mal. Ce ne sont pas des pochades de ce genre, bien que le talent n'y fasse pas défaut, qui pourront l'atteindre.

lités très relatifs, car ils n'auront de valeur qu'autant
que des circonstances imprévues ne viendront pas
changer l'ordre et l'importance des mouvants et complexes facteurs psychologiques, politiques et économiques de l'évolution sociale, dont on croit avoir
découvert les aboutissants.

CHAPITRE XXXII

DE L'ORGANISATION DU TRAVAIL DANS LA SOCIÉTÉ FUTURE

Base économique du collectivisme. — Amélioration immédiate des conditions du travail dans la société collectiviste. — La faim seul mobile actuel du travail pour les salariés. — Attrayances du travail futur, sanction morale contre les rares récalcitrants possibles. — Développement, facilité de toutes les facultés humaines. — Classification des travaux. — La science, la littérature et l'art dans la société future. — Commission de statistiques. — Résumé.

Le collectivisme, il faut le redire, est basé au point de vue économique sur la distinction faite entre les *Capitaux* (sol, matière première, instruments de travail) et les *richesses* (productions ou objets de consommation et d'agrément).

Les premières sont socialisées et les secondes laissées à l'appropriation individuelle ; d'où il résulte que dans la société collectiviste le travail est organisé socialement, mais que les produits en sont (les charges sociales étant remplies), répartis aux travailleurs, au prorata de leur participation productrice, pour être consommés librement.

A vrai dire, ce ne sont pas les produits mêmes qui sont répartis aux travailleurs, mais leur équivalent, seule forme d'indemnité possible dès que le travail est

18

organisé. C'est en somme une sorte de salariat accru de toute la part que soustrait dans le régime actuel la prélibation capitaliste et complété par des institutions de solidarité, assurant, dans la mesure des ressources communes, à tous les membres de la société, sans distinction, la vie suffisante du jour et la sécurité du lendemain.

La nouvelle organisation aura d'autres avantages qui résulteront de la généralisation du travail, d'un meilleur classement professionnel, de l'incessant perfectionnement scientifique de l'outillage et des procédés de production (1) et enfin d'une plus rationnelle distribution de l'activité générale.

(1) Que ne peut-on pas attendre de ces progrès ?
« Il y a seize ans, la nature était loin d'être asservie par l'homme comme elle l'est aujourd'hui ; le transport à grande distance de l'énergie des cours d'eau, de la parole, du son, etc., par les machines dynamo-électriques, le téléphone, le phonographe, etc., les armes et les ballons à gaz liquéfié n'avaient pas fait parler d'eux ou étaient totalement dans le domaine de l'inconnu. Aujourd'hui des ingénieurs socialistes pourraient, s'ils le voulaient, connaissant les besoins de la nation française et par l'application, avec le socialisme, de toutes les inventions récentes, nous dire combien d'heures de travail seraient nécessaires pour remplir les charges sociales si la République sociale existait. Il est certain que la seule utilisation des machines dynamos et de la force motrice des cours d'eau — ce qui supprimerait totalement l'extraction de la houille — réduirait à quatre heures au maximum le travail social quotidien. Les socialistes militants qui, malheureusement, ne sont pas ingénieurs, ne sont donc pas assez exigeants, en revendiquant les huit heures de travail; de plus, ils ne font pas du socialisme scientifique, puisque ce chiffre huit a été fixé arbitrairement et non par des calculs mathématiquement rigoureux.
D'un autre côté, ces merveilleux appareils appelés téléphonographes vont encore tout révolutionner. Est-ce que, par exemple, dans le futur service public de l'enseignement socialiste, les professeurs actuels ne seront pas remplacés par des

Toutes ces causes auront pour effet de diminuer de moitié au moins la somme de travail que chacun doit fournir, pour que le marché reste approvisionné ; sans compter que les chefs d'atelier étant électifs, que l'âpre lutte pour un gain toujours plus considérable au détriment d'autrui n'ayant plus sa raison d'être, le travailleur ne saurait plus être ni oppressivement commandé, ni surchargé de tâches trop lourdes. Il n'y aura donc nulle raison de tenter de se soustraire à une tâche qui ne ressemblera en rien aux ingrats, incertains, pénibles et exténuants labeurs de la société actuelle.

Néanmoins, on insiste, et on nous répète :

Dans la société actuelle, le travail est impulsé par l'intérêt individuel qui est incontestablement et incomparablement le plus puissant ressort de l'activité humaine. Vous supprimez ce ressort et prétendez le remplacer par un vague solidarisme qui, à mettre les choses au mieux, ne sera accessible qu'à un petit nombre de natures bien douées. Comment remplacerez-vous ce que vous supprimez ? Est-ce par le travail obligatoire, *etiam manu militari,* ou bien les actifs et les altruistes devront-ils peiner pour les paresseux et les égoïstes ?

Nous répondons :

Tout d'abord, il est inexact de dire que dans la

phonographes débitant la leçon pendant que d'autres appareils mécaniques montreront sur des écrans, soit par le système des projections électriques, soit autrement, les formules, les épures, les dessins ou les objets dont on s'occupera ? Ainsi le professeur lui-même ne devient-il pas un mécanicien ? Est-ce que l'étude ainsi faite, dans d'immenses établissements installés de façon à donner à tous une instruction intégrale, ne serait pas attrayante, ne donnerait pas le maximum de résultats ? (Argyriadès : *le Socialisme scientifique.*)

société actuelle le travail est impulsé par l'intérêt individuel. Le salarié n'est pas intéressé à bien œuvrer ni
à produire beaucoup ; c'est même le contraire.

Plus il produit, plus on alourdit sa tâche, plus
on entremêle son travail de morte-saison ; plus, en
dernière analyse, on réduit son salaire. Toute nouvelle
application mécanique, tout accroissement de la productivité de l'effort humain se traduit pour lui, —
telles sont les odieuses contradictions de la société
capitaliste, — par des pertes de ressources et par des
chômages ; dans les deux cas par de la misère. En
résumé, les prolétaires modernes, qui sont la grande
majorité laborieuse du temps présent, *sont poussés au
travail par la faim, qui ne leur permet pas d'en discuter les conditions* ; de là, les bas salaires, les mauvais
traitements, les prescriptions humiliantes, les tâches
épuisantes et la douloureuse précarité de situations,
qui sont le triste lot de millions de prolétaires contraints de passer sous les fourches caudines du capitalisme ou de mourir de faim.

J'avoue que la société collectiviste se passera d'un
pareil propulseur.

Dans l'ordre socialiste, un minimum suffisant de
vie matérielle sera assuré, même aux oisifs volontaires. Mais ces psychopathes, s'il en reste, ce qui est
douteux, seraient naturellement exclus des libres associations philosophiques, littéraires, scientifiques,
artistiques, esthétiques, qui seront l'un des charmes
de la société collectiviste ; de sorte que, tandis que les
impropres au travail (infirmes, valétudinaires, blessés,
vieillards) seront honorés et fraternellement recher-
chés, les oisifs volontaires seraient déconsidérés et
tenus à l'écart.

Pense-t-on que beaucoup d'hommes voudraient croupir dans cette flétrissure?

C'est d'autant moins à penser que, comme nous l'avons dit, le travail journalier, maintenant si asservi, si répulsif, si fatigant, si peu rétribué et parfois si meurtrier, sera rationnellement et fraternellement organisé; abrégé de durée et rendu léger par des perfectionnements techniques de toutes sortes, attrayant par la bonne camaraderie, résultant du libre choix pour chacun du genre de travail et de ses compagnons de tâche.

D'autre part, la rétribution sera assez abondante pour permettre au travailleur, après les cinq ou six heures de besogne obligatoire, de connaître toutes les grandes joies de l'esprit et du cœur et tous les conforts de la vie.

Dans ces conditions, le travail sera un divertissement hygiénique, un devoir noblement accepté, où l'on ira, en théories amicales, musique et bannière en tête, comme à une fête, dans un entraînement à la fois affectueux et social. Certes, ces chantiers et ces ateliers fraternels n'auront rien de commun avec les bagnes capitalistes, qui inspirent une si légitime horreur!

Pénétrons plus avant toutefois dans les difficultés.

Comment se recruteront les personnels des ateliers collectivistes?

De bons esprits pensent que pendant les premières décades d'années qui suivront la transformation sociale, l'État et les Communes devront se borner à concéder le travail à de libres compagnies ouvrières, moyennant redevance sociale et exécution d'un cahier des charges, sauvegardant les intérêts humanitaires et fiscaux de la collectivité et ceux même de l'ensemble des concessionnaires, qui seront garantis contre une trop grande inégalité possible, dans la répartition des charges et des avantages.

On passerait ainsi sans secousse de l'anarchique production actuelle à la production sociale, c'est-à-dire commandée socialement, je ne dis pas régie, dans certains cas par l'État, dans d'autres par la Commune.

De plus, il est à présumer que la transformation sociale ne se fera pas en un tour de main, qu'elle sera précédée d'importantes réformes, telles que la socialisation du crédit, des mines, chemins de fer, canaux, grands établissements sidérurgiques, etc., pour ce qui est du ressort de l'État ; puis, pour ce qui concerne la Commune, de la communalisation des services d'éclairage, de traction, des eaux... et de l'établissement par la Commune de magasins généraux, de minoteries, de meuneries, de boucheries, de boulangeries, de maisons de confections, etc.

Toutes ces réformes, et autres analogues, ayant, on le comprend, déjà révolutionné le travail dans le sens social, faciliteront singulièrement la solution de la grave question de la répartition des activités dans l'organisation socialiste. Pour l'ordonnation générale, on partira du principe que l'idéal cherché est que les travailleurs puissent se répartir d'après leurs affinités vocationnelles, développées par l'instruction intégrale et professionnelle assurée à tous. Ce qui suppose le libre choix entre les professions et les groupes productifs qui offriront des avantages équivalents, mais non identiques.

Bien que le machinisme aille égalisant les tâches, il y aura toujours des degrés dans l'effort ou l'habileté requis.

C'est pourquoi les travaux seront classés d'après une échelle des difficultés, des dangers, et des désagréments. Nous aurions ainsi des classifications à subdivisions multiples de *travaux simples*, de *travaux qualifiés*, de *travaux pénibles*, de *travaux désagréables* et de *travaux dangereux*, etc., etc.

Naturellement le taux des rétributions serait varié. Supposez le travail simple, tarifé 10 pour une heure d'application, l'heure du travail qualifié vaudra 12, celle du travail pénible 15, celle du travail dangereux 20, et ainsi de suite.

Le travailleur qui aura passé par l'apprentissage ou la mise au courant des divers travaux de son choix pourra choisir en connaissance de cause les métiers qui lui plairont le mieux et alterner ses tâches, car ses aptitudes se seront révélées et son goût se sera fixé. Aptitudes et goûts pourront d'ailleurs être multiples ; car, comme le dit Georges Renard, dans ses lumineuses *Études sur la France contemporaine*, « quiconque voudra pourra sans peine passer d'un métier à un autre. Comme tout le monde aura pratiquement étudié la mécanique, un homme intelligent saura tout aussi bien conduire une charrue à vapeur que diriger une scierie ; il pourra indifféremment tisser, coudre, filer. On organisera donc le travail de façon à varier l'effort au plus grand profit de l'individu et de la société tout entière. Aujourd'hui ouvriers de la campagne et ouvriers de la ville forment deux catégories séparées ; en ces temps-là elles se confondront en une seule. Tel qui aura travaillé trois mois d'hiver dans une usine s'en ira, l'été venu, faire les foins ou les moissons pour se retremper dans l'air pur des champs, sous les chauds rayons du soleil. Il sera

remplacé pendant ce temps par le campagnard lassé
du calme des bois et des prés et désireux de raviver
son esprit engourdi dans la vie étincelante des grands
centres. Ce sera ainsi entre villes et villages une circulation perpétuelle d'hommes et d'idées, un échange
fécond de services volontaires. Le sang de la nature
circulera plus vite dans ses artères et ne s'accumulera
plus, au détriment de l'organisme tout entier, dans
une tête trop grosse pour le corps qui la porte ».

Soit, dira-t-on pour les travaux manuels, mais les
professions libérales ne seront-elles pas l'objet d'une
compétition violente ?

Non, parce que chacun sera à sa place, la maternité sociale n'ayant plus les révoltantes et injustifiées
préférences qui sont la honte et le fléau de la société
actuelle.

Chaque année des examens sévères arrêteront au
passage d'une classe dans l'autre les élèves qui, faute
d'intelligence ou d'application, seront reconnus incapables de suivre le cours plus élevé.

« Une sélection se fera ainsi à chaque degré qu'il
faudra franchir, et l'instruction supérieure deviendra
le lot non plus de ceux qui peuvent la payer, comme
c'est actuellement le cas presque toujours, mais de
ceux qui sont les plus capables d'en profiter. Plus
d'hommes de génie étouffés en germe par la misère,
plus de parents riches s'obstinant à transformer en
avocats, en professeurs, en savants, des lourdauds
qui auraient fait d'excellents laboureurs ! Plus de
maîtres condamnés au triste labeur de faire germer
sur un sol ingrat la semence sacrée de la science. Mais
entre tous les hommes un partage équitable de fonctions qui sera conforme aux indications de la nature,

car la liberté des vocations sera le grand distributeur des tâches (1).

Et ces tâches ne seront pas divisées en nobles et en méprisées ; le socialisme proclame l'équivalence des fonctions, et ainsi sera évitée la presse vers des professions plus honorées ou plus avantagées, puisque les avantages seront équitablement proportionnés, et que tous les travaux seront honorés et ennoblis.

Dans cette ordonnation rationnelle des activités, ni les recherches scientifiques, ni la littérature, ni l'art ne seront sacrifiés. L'État, systématiquement et pour le bien commun, encouragera les premières. Pour ce qui est de la littérature et de l'art, ils cesseront d'être le métier de quelques-uns, mais leur culture sera rendue facile à tous les bien doués, étant donné d'une part l'universalisation de l'instruction, d'autre part l'abréviation et l'allégement du travail manuel, assez abondamment rétribué pour permettre au travailleur de donner carrière à ses facultés et de subvenir aux frais d'impression ou de reproduction nécessaires en pareil cas.

Ainsi chacun volerait tout d'abord de ses propres ailes : mais rien n'empêcherait la société (État ou Commune) de prélever sur le fonds commun de quoi subvenir largement aux besoins des gens d'un mérite exceptionnel et reconnu, soit dans la science, soit dans la littérature, soit dans l'art.

En conséquence, non seulement le socialisme ne serait pas la fin de la littérature et de l'art, il en serait en quelque sorte la consécration et l'humanisation. Au lieu d'être le privilège de quelques-uns, les jouis-

(1) Georges Renard, *loco citato*.

sances esthétiques seraient le lot de tous : voilà la différence.

Bien plus, comme le triomphe du socialisme mar-
querait l'avènement d'une foi scientifique et sociale
nouvelle, on verrait, au lieu des pâles copies actuelles,
surgir des œuvres animées d'un souffle puissant et
généreux en harmonie avec les nobles destinées humaines.

On nous objecte encore : mais qui déterminera la
quantité de travail nécessaire ?

Charles Kautsky a répondu dans la *Revue socialiste*.
Supposant la complète nationalisation du travail,
Kautsky voit l'État socialiste dressant son budget en
mettant en regard la consommation prévue et la production nécessaire.

Les commissions de statistique calculent pour un
temps donné la somme des besoins de la nation
entière.

Elles la calculent même largement, de façon à n'être
pas prises au dépourvu si la récolte est mauvaise, de
façon à préparer un fonds de réserve pour les années
stériles s'il y a surcroît. Elles savent le nombre d'heures
de travail qu'exige la création de toute cette richesse ;
elles savent aussi le nombre des travailleurs. Elles
peuvent en conséquence déterminer la journée *minima*
que chacun doit à la société et en même temps la part
qui revient à chacun dans la somme des produits et
qui est égale à la somme de ses heures de travail.

Nous pourrons appeler cela *sa part normale*.

Elle sera toujours supérieure à ce qui est nécessaire
pour vivre, et, comme quantité de choses sont gratuitement assurées, il n'y a pas à craindre le retour de la
misère.

Prenons des chiffres pour éclaircir ces calculs. Supposons que 30 milliards d'heures de travail soient reconnues indispensables pour suffire à tous les besoins du pays ; supposons que les travailleurs se montent à 20 millions : chacun devra 1,500 heures de travail par an, c'est-à-dire, si l'on compte 300 jours de travail à l'année, 5 heures de travail par jour.

Une fois que les commissions de statistique ont fixé la besogne et la rétribution qui reviennent à chacun, elles répartissent l'ouvrage entre les différents *corps de métiers,* et c'est sur eux que l'on compte pour fonctionner comme régulateurs du prix de l'heure de travail. Les corporations répartissent à leur tour l'ouvrage entre les membres qui les composent.

Mais que faire, si l'une d'elles n'a pas le nombre des travailleurs nécessaire ? Attribuer dans celle-ci une rémunération plus forte à l'heure du travail.

Reprenons les chiffres que nous avons pris tout à l'heure. La somme de travail qui incombe à une corporation s'élève, je suppose, à 15 millions d'heures. L'État met à sa disposition une rémunération équivalente, soit 15 millions de *bons de travail.* Si 10,000 ouvriers se présentent, chacun fait 1,500 heures et reçoit en *bons* la même valeur ; il a ainsi sa part normale dans les produits de la nation. Mais, s'il vient seulement 5,000 ouvriers au lieu de 10.000 cela signifie que la rémunération offerte n'est pas assez élevée et quelle doit être portée à 30,000,000 de bons de travail.

Par contre, s'il en vient 20,000, cela prouve que la rémunération est trop forte et qu'elle doit être diminuée. Au besoin, pour tels travaux manquant de titulaires, on fera appel aux volontaires du dévouement social, qui ne manqueront jamais.

Ajoutons que les difficultés de classement ne se présenteront que graduellement, étant donnée la graduation forcée de la transformation sociale et qu'en tout état de cause elles seront toujours de plus en plus atténuées, en raison directe des progrès, on sait combien rapides, de la science et du machinisme.

En résumé, mobiles plus élevés, travail attrayant, varié et court, libre essor des vocations, bon classement des capacités, équivalence des fonctions, développement intellectuel, moral, physique, esthétique, de tous les êtres humains, liberté garantie, déploiement, facilité de tous les talents, de toutes les facultés élevantes, abondance et sécurité pour tous : tels seront les bienfaits généraux que l'on peut attendre de l'ordre collectiviste.

CHAPITRE XXXIII

UN REGARD VERS L'AVENIR

La loi de nature et les rectifications sociales. — Idéals nouveaux. — De quelques novations probables. — La transformation familiale. — Floraisons altruistes. — Les deux principes. — Justification des espérances socialistes — Objurgation et conclusion.

Une malédiction pèse sur la nature des choses, qui a pour loi générale le fort faisant souffrir et dévorant le faible, la vie se nourrissant de la mort.

« Toute créature gémit, » a dit Bossuet, et le poète traduit la plainte infinie de tout ce que la vie a animé pour souffrir, dans ces vers pleins de larmes :

L'horreur fait frissonner les plumes de l'oiseau,
Tout est douleur.
               Les fleurs souffrent sous le ciseau,
Et se ferment ainsi que des paupières closes;
Toutes les femmes sont teintes du sang des roses ;
La vierge au bal, qui danse, ange aux fraîches couleurs,
Et qui porte en sa main une touffe de fleurs,
Respire en souriant un bouquet d'agonies.
Pleurez sur l'araignée immonde, sur le ver,
Sur la limace au dos mouillé comme l'hiver,
Sur le vil puceron qu'on voit aux feuilles pendre,
Sur le crabe hideux, sur l'affreux scolopendre,
Sur l'effrayant crapaud, pauvre monstre aux doux yeux,
Qui regarde toujours le ciel mystérieux! (1)

(1) Victor Hugo, *les Contemplations.*

Moins compatissant, Joseph de Maistre a porté la terrible sentence :

« La terre, continuellement imbibée de sang, n'est qu'un autel immense où tout ce qui vit doit être immolé sans fin, sans mesure, sans relâche, jusqu'à la consommation des choses, jusqu'à l'extinction du mal, jusqu'à la mort de la mort. »

Le conservatisme se résigne à tant d'horreur et, imitant la nature, il fonde ses sociétés sur *la guerre de tous contre tous*, dont Hobbes a donné la formule.

Le socialisme, lui, voit dans l'Humanité éclairée une providence sociale et planétaire. Il lui assigne pour devoir d'amender, dans la mesure du possible, l'horrible loi de nature, de remplacer parmi ses enfants l'injustice et la guerre par la fraternité et par l'amour et d'étendre sur tout ce qui a vie le voile de sa compatissance.

« La chaîne de la vertu, dit Bentham, enserre la création sensible tout entière; le bien-être que nous pouvons départir aux animaux est intimement lié à celui du Genre humain. L'action d'une âme bienveillante ne doit pas se limiter à la race humaine, mais s'étendre à tout ce qui souffre. »

La société future qui s'épanouira dans la civilisation socialiste s'inspirera de ces principes.

Elle commencera, et ce lui sera facile, par supprimer la misère matérielle, cette tortureuse des corps, et l'ignorance, cette déformatrice de l'esprit.

Le travail allégé, attrayant, sera plutôt une distraction qu'une tâche; de plus, comme il ne prendra que quelques heures par jour, toutes les intelligences pourront suivre leurs attractions, et l'espace ne leur manquera pas, car immense est le champ de l'idéal.

« L'art n'est pas limité, comme on l'a tant de fois prétendu, si du moins on ne le réduit pas strictement à la forme et à l'image, si on le vivifie par l'idée. Le moraliste utilitaire aura fort à faire avant d'avoir réformé l'éthique boiteuse que nous a léguée le passé. Avant d'y parvenir, il aura du temps de reste pour aspirer et rêver. Pour le savant, l'idéal est absolument sans limites'; plus il sait, plus il sent qu'il ignore. L'inconnu à découvrir se peut comparer à une énorme montagne à cîme inaccessible et cachée dans les nuées : plus on gravit péniblement le long des flancs, plus l'horizon fuit dans le lointain.

« Tout le monde n'est pas organisé pour entreprendre des recherches scientifiques; mais il est un autre idéal à la portée de tous, celui des réformes sociales, et celui-là ne sera pas épuisé avant qu'aient disparu toutes les misères, toutes les souffrances et toutes les injustices. Nos sociétés contemporaines, tout améliorées qu'elles soient, plongent leurs racines dans un passé brutal, et elles s'en ressentent beaucoup trop; sans les détruire, elles ont simplement masqué les iniquités d'autrefois.

« Notre édifice social a besoin d'être reconstruit bien plus que réparé, mais de pareilles rectifications exigent bien du temps et bien des efforts. On ne les exécutera qu'en mettant en œuvre toutes les ressources mentales, tout le cœur et tout l'esprit de l'humanité; il y faudra des vues justes et de nobles élans de la science et de la générosité, de la raison et du courage. Quelle ample moisson pour les chercheurs d'idéal! Même les natures foncièrement religieuses, celles qui représentent l'appétit du sacrifice, la « folie de la croix », auront plus d'une chance de cueillir la palme du martyre, non la palme stérile de l'ascète, mais celle du novateur prêt à souffrir et à mourir au besoin pour une grande cause (1). »

C'est en effet sur le plan de l'altruisme que le sentiment, la pensée, l'action se donneront carrière.

Il en va tout autrement actuellement; sous le souffle desséchant de l'universel antagonisme des intérêts, l'égoïsme est presque l'unique mobile de l'activité humaine. En religion, il s'appelle le salut individuel; en politique, l'ambition du pouvoir; dans les carrières scientifiques, littéraires, artistiques, militaires, il s'appelle la vanité ou la cupidité, la soif des distinctions ou des dotations particulières; dans l'industrie, les travaux quelconques, le désir immodéré du gain, au détriment d'autrui; dans la famille, il a pour formule : *Tout pour soi et ses petits*. Partout manque le *sens social*, cette religion humaine de demain.

Tout changera de face avec le collectivisme. La religiosité deviendra l'amour de ses semblables et la sainte pitié étendue à tous les êtres; la science, la littérature, l'art, auront pour principe l'amour, pour but l'accroissement des qualités morales, des jouissances matérielles, affectives et esthétiques des êtres humains; ainsi le culte de la beauté et de la bonté contribueront à l'élévation au bonheur de tous. Suivant la même impulsion générale, l'organisation familiale aura l'amour et non l'intérêt pour base. Elle sera allégée des tracas et des soucis du ménage individuel, qui est une source de tant de conflits et de tant de maux.

La vie hôtelière qui se généralise dans l'Amérique

(1) Ch. Letourneau, *l'Évolution religieuse*.

du Nord ne peut nous donner qu'une idée très imparfaite des réfectoires de l'avenir ; mais s'en rapprochent
d'avantage les grandes entreprises culinaires qu'au
nom de la *National health Society* et muni de capitaux
considérables le capitaine Wolff a établies à Londres,
à Liverpool, à Birmingham, au grand contentement
de ses millions de clients, qui trouvent réunis le bon
marché, la succulence, la variété des mets et le confort. La cuisine deviendra un service public, et les
salles de réfection séront des lieux de réunions et de
plaisir, de tournois intellectuels ou esthétiques. Bien
entendu, chacun sera libre de prendre ses repas chez
soi ; mais nul ne voudra plus se soumettre au pénible,
à l'absorbant, coûteux entretien des cuisines mé-
nagères particulières : on se fera apporter de la salle
de réfection. Et combien, ainsi allégés des plus lourds
travaux et des plus constants soucis du ménage, plus
attrayants les intérieurs familiaux ! D'abord l'amour
seul aura présidé aux unions, et l'amour seul les perpé-
tuera—et elles se perpétueront plus qu'on ne croit dans
la liberté, car la misère et l'insécurité du lendemain,
ces tristes aigrisseuses de caractères, seront chassées de
tous les intérieurs et remplacées par tous les conforts
de la vie aisée et large qui, moyennant un travail modéré, sera le lot assuré de tout le monde. Les enfants
seront salués comme une bénédiction, car on ne
pourra avoir nulle inquiétude sur leur sort, la Société
devant pourvoir à la plus grande part de leur entretien. On aura souci, non pas de les voir pourvus de
richesses au détriment d'autrui, comme c'est actuellement le cas, mais de les voir acquérir les qualités de
l'esprit et du cœur. et ainsi l'action des parents concor-
dera avec celle des éducateurs et éducatrices publics.

Il est bien naturel que, dans une société qui a pour devise : *Chacun pour soi*, ce soit l'égoïsme et la capacité d'acquérir par le travail, par le trafic ou par l'exploitation du travail d'autrui qui soient développés par les parents et les éducateurs. Dans la société collectiviste, la vie matérielle étant assurée à tous, les préoccupations égoïstes, cause de tant de cruautés et de tant d'injustices, n'ayant plus leur raison d'être, les sentiments altruistes prédomineront, et une atmosphère vivifiante de fraternité affectueuse remplira les cœurs, épanouira les âmes, donnera aux relations une douceur infinie, et la sociabilité aura des anneaux sans fin. « Nous serions si heureux si nous nous aimions ! » disait Michelet, ce voyant. Mais comment s'aimer, quand on doit lutter les uns contre les autres, pour l'acquisition des moyens de vivre ?

Dans la société de demain, les antagonismes étant remplacés par l'organisation solidariste, rien ne divisera les hommes, qui pourront s'aimer ; ils seront heureux, selon la prédiction de Michelet.

Ce sera un enchaînement continu de sociétés amicales pour les deux sexes, sociétés littéraires, sociétés scientifiques, sociétés artistiques, sociétés de divertissements, de gymnastique, de voyages, d'explorations, de chant, de culture philosophique, d'études diverses, de perfectionnement moral, d'œuvres de bonté, d'amélioration sociale. Comme, dans les ateliers aussi, on choisira ses compagnons, là également la douce amitié sèmera ses fleurs et ses épis à pleines mains, rendant attrayantes toutes les tâches.

Mais écoutez bien, vous pour qui la moralité ne consiste que dans la rêche vertu bourgeoise. Qu'une femme soit acariâtre, avare, méchante, d'esprit obtus, intolérante, médisante, envieuse et cupide, si elle est rétractile et froide, vous la tenez pour honnête femme.

On ose prétendre que la moralité des humains de l'avenir sera plus abordable ; elle sera faite de loyauté dans les affections, de sociabilité, de bonté active, de dévouement, de curiosité intellectuelle, d'affinements esthétiques et d'aspirations vers tout ce qui développe l'esprit, élève l'âme et altruise les sentiments. Ainsi parées d'intelligence, de grâce, et d'exquise sensibilité, les femmes seront inspiratrices, consolatrices, et dispensatrices ; elles feront des hommes les volontaires d'une chevalerie universelle, auréolée d'héroïsmes utiles, d'actions bienfaisantes et des plus hautes vertus sociales.

Au surplus, les champs d'action ne manqueront pas ; il y aura des peuples à civiliser, des continents à féconder ; les aventureux, les dévoués des deux sexes s'enrôleront dans les armées agricoles-industrielles que Morelly et Fourier ont rêvées, et, munies d'une science souveraine, d'un outillage incomparable, elles s'en iront, non pas conquérir, mais pacifier et *bénéficier* le Globe.

Elles exécuteront les gigantesques travaux de réfection d'utilité universelle, tels que les défrichements, les assainissements et les reboisements, sur une immense échelle, les percements d'isthmes et de tunnels, la fécondation des déserts, la destruction des fauves et des animaux nuisibles, l'achèvement des grandes voies planétaires de communication, la rectification des flores et des faunes, la restauration des climatures, l'amélioration des derniers venus parmi les hommes, grandes tâches qui, étant donnés les progrès scientifi-

ques ne sont plus au-dessous des possibilités
humaines.

Et bientôt, sur la terre rénovée s'épanouira une humanité splendide, victorieuse du mal moral et de toute
la partie évitable du mal physique. Dans le rayonnement de cette humanité régénérée, comme une floraison
son de bonté et de justice, et sans préjudice de la continuelle recherche du mieux, le bonheur relatif, le
seul qui nous soit accessible, sera la loi d'or de la vie
sociale et de ses dépendances.

Rêves d'utopistes, dira la peureuse routine. Sont-
elles des utopies, les merveilles de la science moderne
qui mettent aux mains de l'homme une puissance
que les anciens n'auraient pas osé attribuer à leurs
Dieux? La société contemporaine est débordée par son
savoir ; ce qui lui manque, c'est la direction morale,
c'est l'inspiration d'équité et de bienveillance. Il ne lui
vient pas à l'idée d'appliquer sa puissance scientifique à
l'amélioration des conditions humaines ; la science
est abaissée par le capitalisme au rôle de pourvoyeuse
de plus grands bénéfices à quelques manieurs d'argent. Cela au détriment des plèbes laborieuses pour
qui chaque application scientifique ou mécanique se
traduit par des aggravations de travail et de misère.

Quant aux États nationalistes et bourgeois, ils
voient surtout dans la science des moyens de perfec-
tionner les engins de destruction. C'est de l'aberration. Le chauvinisme d'une part, le capitalisme
d'autre part, brochant sur le tout, maléficient toutes
les puissances créatrices du savoir humain.

Mais il n'en sera pas toujours ainsi. Aussi ténébreuse, aussi douloureuse que soit l'heure présente,
de grands espoirs nous sont permis.

Il n'est plus besoin, comme au temps de Lassalle, de gravir le sommet de la montagne de la pensée, pour voir émerger à l'horizon social des lueurs annonciatrices d'un nouveau cycle dans l'histoire du monde. Déjà, c'est l'aube qui blanchit tout un pan du ciel, chassant devant elle les séculaires ténèbres et portant une lumière vengeresse sur le chaos des vieilles choses, sur tout cet amoncellement d'ignorance et d'iniquités, de souffrances et d'erreurs, qui se manifeste par le désarroi moral, par les servitudes personnelles... politiques de tout genre, par l'état de guerre entre nations, et par ce fléau qui couronne tous les autres : l'exploitation de l'homme par l'homme.

Or toute iniquité ressentie et dénoncée est frappée dans son principe ; sa durée n'est plus qu'une affaire de temps et de circonstances, et le principe qui doit la détruire ne cesse de gagner en évidence et en puissance. Ainsi grandit le socialisme, annonciateur des novations réparatrices.

Comme le christianisme des temps de Tertullien, il est l'espérance des opprimés et des souffrants, la foi des vaillants et des agissants ; aux partisans du vieil ordre, il ne laisse pas même « leurs temples », qui retentissent souvent, tout comme les Parlements, tout comme les Académies, tout comme les Chaires professorales, des hérésies humanitaires et inattendues de prophètes subitement inspirés.

Que de fois on entend de nouveaux Balaam, catholiques ou protestants, obéissant malgré eux aux inspirations irrésistibles de l'esprit nouveau qui souffle, bénir, quand ils voulaient la maudire, la pensée novatrice du siècle et s'écrier : « O socialisme ! que fortes et généreuses sont tes justices ! Que justes et saintes sont tes pitiés ! Puissent les biens que tu veux pour tous illuminer et consoler la terre ! »

Si le socialisme s'impose ainsi aux milieux les plus réfractaires au progrès social, à plus forte raison, sève ruisselante d'une société en crise de révolution, il vivifie toutes les branches du savoir humain. Sous une forme scientifique, il transforme l'économie politique, lisez plutôt, en dehors de l'école sociale proprement dite, J.-S. Mill, E. de Laveleye, Schæffle, Schmoller, Vagener, Ch. Gide, Hector Denis, Rodolphe Mayer, Léon Walras, Georges Hansen, Menger, Loria, Martora, Schaw-Lefebvre, Savage, Gruenberg, Caroll-Wright et toute la pléiade des professeurs des Deux-Mondes, qui — plus heureux que les économistes de l'ancienne école française, les Simondi, les Adolphe Blanqui, les Eugène Buret, dont les efforts furent vains — parviennent à humaniser l'économie politique, à lui donner des buts moraux et humanitaires.

Dans la philosophie, la sociologie, la politique pure et la littérature, ce sont les livres des Fouillée, des Guyau, des Letourneau, des Hovelacque, des Jean Jaurès, des Albert Regnard, des Georges Renard, des Salméron, des Dühring, des Azcarate, des Oliveira Martins, des Py y Margall, des Colajanni, des De Amicis, des Graff, des Albertoni, des Hertzka, des Degreef, des Russel Wallace, des Charles Secrétan, des Léon Cladel, des Sully-Prud'homme, des George Elliot, et de combien d'autres qui annoncent plus ou moins ouvertement les justices nouvelles.

En somme, prolétariats impatients et de plus en plus conscients, savants et politiques dignes de ce nom, religionnaires inquiets, tout va au socialisme — le maudit d'hier — et prépare ses voies.

A quel plus solide rocher, pourrions-nous attacher nos espérances ?

Bien irrévocablement, nous sommes à l'un de ces tournants cycliques de l'histoire, où, selon la saisissante observation de Musset, « ce qui était n'étant plus et ce qui doit être n'étant pas encore », la minorité pensante et la majorité souffrante marchent parallèlement à la conquête de « nouveaux cieux et d'une terre nouvelle ».

De nouveaux cieux, c'est-à-dire d'une conception philosophique et éthique en harmonie avec les découvertes scientifiques et les progrès affectifs et moraux du siècle.

D'une terre nouvelle, c'est-à-dire d'institutions politiques et d'une organisation économique, conformes aux besoins plus élevés et plus ardemment ressentis de l'ensemble des travailleurs et des producteurs.

Époque palingénésique, à coup sûr.

À chacune de ces époques, l'ensemble des aspirations se précise dans une idée appelée à marquer de son sceau le nouveau stade de civilisation qui commence et à lui donner l'impulsion pour des siècles.

Il y a seize cents ans, lorsque les nautonniers antiques eurent entendu, dans le silence de la mer immense, retentir, par trois fois, le cri d'épouvante et de détresse qui annonçait la mort des anciens dieux, l'idée messianique apparut comme l'étoile rédemptrice éclairant soudain le ciel noir du Paganisme épuisé et la terre désolée du romanisme odieux ; une heure nouvelle avait sonné au cadran des siècles, et le Christianisme, méprisé, persécuté quelques années plus tôt, pouvait prendre l'empire du monde.

Notre époque, que trois siècles de philosophie ont

affranchie de la domination religieuse, qu'un siècle de
conquêtes scientifiques, de révolutions politiques, de
transformations économiques a rendu plus apte aux
splendides et audacieuses réalisations sociales, notre
époque attend son salut de l'idée socialiste qui fer-
mente dans toutes les profondeurs, dans toutes les
douleurs, dans toutes les aspirations contemporaines.

C'est pourquoi, malgré les tristesses, les troubles
conflits, les obscurités et les menaces de l'heure présente, le socialisme est devenu l'étoile conductrice des
peuples.

Voyez plutôt :

Son irrésistible puissance éclate si brillante que
même ses ennemis confessent sa force et lui prédisent
l'empire, tandis que dans la minorité lettrée et dans
les masses profondes des prolétariats, ses partisans,
« plus nombreux que le sable de la mer », abaissent
les frontières des États rivaux, arrachent les bornes
des vieux partis politiques et des écoles sectaires, pour
lui ouvrir, plus vite, la voie souveraine du triomphe.

Que ce soit notre consolation !

Sans doute, nous ne moissonnerons pas, nous ne
cueillerons pas dans cette terre promise du bien moral et social universel ; mais elle est là devant nous,
rayonnant à l'horizon bleu d'un avenir réparateur qui
se rapproche rapidement.

Comme le grand Hébreu de la légende biblique,
nous mourrons tout proches du but, en Moab, sur le
mont Nébo d'Abarim. Avant d'être clos par la dis-
pensatrice du grand repos, nos yeux auront vu les
Chanaans socialistes, où, plus heureux que nous,
profitant de nos travaux et de nos combats, entreront
les fils de notre peuple.

Les utopistes, ce sont ceux qui croient à la pérennité des absurdités et des iniquités actuelles, déjà condamnées dans les esprits et qui bientôt le seront dans les faits. En face de ces rétifs, les socialistes ne sont pas des poursuivants de la chimère, mais des allant vers l'étoile, des interprétateurs de l'histoire au nom de laquelle ils peuvent dire aux hésitants et aux apeurés : Ne restez pas sur la vieille rive, près des saules babyloniens, à regarder couler tristement le flot des choses qui passent et joignez-vous à l'armée, déjà innombrable, de la rénovation humaine. Vous hésitez parce qu'on vous a dit que le socialisme, c'est la spoliation universelle et le déchaînement des mauvaises passions. Mais c'est au contraire pour mettre fin à l'un et à l'autre de ces fléaux, qui déshonorent et meurtrissent la Société actuelle, que le socialisme veut changer la direction de la vie sociale.

Et il y a urgence.

Dévorée par le ver rongeur de l'individualisme, la Société actuelle n'a ni philosophie commune (le dessarroi moral est à son comble), ni pactes politiques équitables (c'est le fer homicide et non la volonté des peuples qui délimite les frontières), ni justice économique (l'exploitation de l'homme par l'homme est sa loi). Son organisation familiale est telle que les sentiments les plus intimes sont sacrifiés à de viles questions d'argent et que la femme est asservie, à côté de l'enfant sans droits.

Riche de toutes les accumulations passées et de la productivité d'un outillage inappréciable, elle laisse toutes ces richesses à quelques parasites, qui gaspillent les ressources communes et crèvent de pléthore, sous le poids d'un luxe scandaleux, pendant que des

millions et des millions d'êtres humains, tremblant de
froid, tombant de faim et gémissant de douleur,
crient lamentablemeut vers elle du fond de leur misère et lui demandent vainement de pouvoir vivre en
travaillant.

N'ayant pas le respect de l'Humanité, la Société
bourgeoise n'a pas davantage le respect de la Nature :
elle livre le Globe à la stupide et malfaisante rapacité
de propriétaires qui le détériorent, le stérilisent et bou-
leversent ses climatures, pour agripper un peu plus
de profit personnel, un peu plus de cette jouissance
exclusive, dont, sans souci du devoir social qu'ils
nient, ils vident toutes les coupes.

Elle favorise en toutes choses le gaspillage effréné ;
elle laisse déboiser les montagnes, épuiser tous les
trésors du sol et du sous-sol et même la vivante productivité des mers, sans souci de l'Humanité qui
viendra.

Que lui importe, en effet ?

L'Humanité qui viendra, comment s'en soucierait-
elle, cette société individualiste, quand on la voit
sacrifier follement, coupablement, l'être social tout
entier à quelques individus sans conscience ? Aussi
la haine et le mécontentement, la souffrance et l'iniquité sont-ils partout.

C'est pourquoi. au lieu d'une grande et heureuse
famille, la société actuelle n'abrite guère que des
oppresseurs et des opprimés, des spoliateurs et des spoliés, se heurtant dans les ténèbres, sur un champ de
bataille couvert de sang, couvert de ruines, et d'où
s'élève, pour accuser son imprévoyance et son injustice, un concert funèbre de malédictions et de sanglots qui appellent des réparations immédiates.

D'après cela, le socialisme n'est pas si mal venu de condamner, dans ce qu'elles ont de mauvais, les vieilles formes religieuses, économiques, politiques, familiales, propriétaires. Il est l'exécuteur des arrêts du temps, le seul et infatigable destructeur de tout ce qui a rempli sa destinée, de tout ce qui doit, conformément à la loi universelle du pérenne devenir, faire place à des formes supérieures qui auront, elles aussi, leur cycle d'évolution dans la civilisation socialiste, appelée demain à pacifier la terre et à réjouir l'Humanité, en marche vers des réalisations toujours plus hautes.

FIN

TABLE DES MATIÈRES

LIVRE PREMIER

Le Socialisme dans le passé

CHAPITRE PREMIER

LE SOCIALISME ET LA SOCIÉTÉ ANTIQUE

CHAPITRE II

LE SOCIALISME ÉVANGÉLIQUE ET LE CHRISTIANISME OFFICIEL

LIVRE DEUXIÈME

Le Socialisme idéaliste

CHAPITRE VI

LES TROIS PRÉCURSEURS DU SOCIALISME MODERNE
(Saint-Simon, Ch. Fourier, Robert Owen)

CHAPITRE VII

SAINT-SIMON ET SON ÉCOLE

CHAPITRE VIII

FOURIER ET LA THÉORIE SOCIÉTAIRE

CHAPITRE XII

LE COMMUNISME EN FRANCE DE 1830 A 1850

CHAPITRE XIII

LE SOCIALISME EN EUROPE APRÈS LE DEUX DÉCEMBRE

LIVRE QUATRIÈME

Le Socialisme réaliste

CHAPITRE XIV

KARL MARX ET SA DOCTRINE

LIVRE CINQUIÈME

Le Collectivisme moderne

CHAPITRE XIX

LA QUESTION MORALE ET LE SOCIALISME

CHAPITRE XX

DE LA PROPRIÉTÉ ET DE SES FORMES SOCIALES

CHAPITRE XXI

LA FAMILLE ACTUELLE ET L'ÉVOLUTION FAMILIALE

CHAPITRE XXII

LA CRISE POLITIQUE ET LE SOCIALISME

CHAPITRE XXIII

LA GRANDE INIQUITÉ ÉCONOMIQUE

LIVRE SIXIÈME

Les Réformes sociales urgentes

———

CHAPITRE XXIV

COOPÉRATION ET SOCIALISME

CHAPITRE XXV

LE DROIT A L'EXISTENCE

CHAPITRE XXVI

LE MINISTÈRE DU TRAVAIL ET SES ATTRIBUTIONS

CHAPITRE XXVII

DE L'AGIOTAGE ET DU CRÉDIT SOCIAL

CHAPITRE XXVIII

DE LA SOCIALISATION DES MINES

CHAPITRE XXIX

LA COMMUNE SOCIALE

CHAPITRE XXX

DE L'ÉTAT SOCIALISTE

LIVRE SEPTIÈME

Perspective

CHAPITRE XXXI

DES LIMITES DE LA PRÉVISION SOCIALE

CHAPITRE XXXII

DE L'ORGANISATION DU TRAVAIL DANS LA SOCIÉTÉ FUTURE

Base économique du collectivisme. — Amélioration
immédiate des conditions du travail dans la
société collectiviste. — La faim seul mobile actuel
pour les salariés. — Attrayances du travail futur,

CHAPITRE XXXIII

UN REGARD VERS L'AVENIR

FIN DE LA TABLE DES MATIÈRES

TOURS, IMP. E. ARRAULT ET Cⁱᵉ,

LA REVUE SOCIALISTE

FONDATEUR ET RÉDACTEUR EN CHEF :

BENOIT MALON

ABONNEMENTS

Le prix de l'abonnement est payable d'avance

FRANCE. Six mois . . . . . 9 fr. | ÉTRANGER. Six mois . . 10 fr.
— Un an . . . . . 18 » | — Un an . . . 20 »

On peut s'abonner sans frais dans tous les bureaux de
France et d'Algérie.

Le Numéro : 1 fr. 50 pour la France.
— 1 fr. 75 pour l'Étranger.

La rareté de quelques numéros de la Revue Socialiste nous
a empêchés jusqu'à présent de fixer, pour nos collections, des
prix de propagande.

Les vides ayant été comblés par des réimpressions, nous
avons le plaisir d'annoncer à nos lecteurs que nous sommes
en mesure de livrer les sept premières années aux prix suivants que nous nous sommes efforcés d'abaisser très sérieusement, afin de rendre cette série d'études accessible à tous
les partisans de la justice sociale et du progrès, et de contribuer ainsi à la diffusion des idées que nous défendons.

1er Janvier 1885 au 31 Décembre 1891

Sept années à **12** fr. . . . . **84** fr. »
Une année . . . . **15** fr.
Un numéro . . . . **1** fr. **50**

Envoi franco contre un mandat-poste à l'ordre de M. Rodolphe SIMON, administrateur.

EXTRAIT DU PROSPECTUS :

L'importance grandissante des questions sociales est le fait
capital de cette fin de siècle. Elles dominent dans le champ de

Contraste Insuffisant
NF Z 43-120-14

toutes les activités, aussi bien sur le terrain économique et sur le terrain politique que dans le domaine plus vaste de la spéculation. Travailleurs, administrateurs, politiques, penseurs, tout le monde est contraint de constater aujourd'hui combien est urgente la solution à apporter aux contradictions de toute nature qui perturbent notre société contemporaine. Aussi, nul ne saurait rester étranger à l'étude sincère des désordres qui retentissent si douloureusement à tous les degrés de la vie sociale, ni se désintéresser des projets de solutions présentés.

La *Revue socialiste* fut fondée, en 1884, dans le but de grouper toutes les bonnes volontés dévouées à l'étude impartiale des problèmes sociaux, et c'est ce qui explique la faveur croissante qui s'est attachée à elle depuis sa fondation. Par ce temps de byzantinisme politique, ce recueil des hautes études sociales, le plus complet qu'il soit en ce genre, voit grandir le nombre de ses lecteurs et abonnés, comme si, détournant leurs regards des affligeantes luttes politiques actuelles, les libres esprits se réfugiaient sur les sommets d'où l'on aperçoit l'avenir consolateur.

Si nous avons réussi dans la tâche difficile qui consistait à grouper en nombre suffisant, pour assurer l'existence de notre recueil, les laborieux et studieux amis de la science sociale, nous le devons, sans nul doute, à la scrupuleuse probité avec laquelle nous avons rempli le programme d'études et de direction annoncé dans le prospectus initial paru en octobre 1884, et dans le programme inaugural publié en tête de notre premier numéro, en janvier 1885.

Conformément aux déclarations de ce programme, la *Revue socialiste* est demeurée, au cours de ces huit années, le « terrain neutre » où tous les socialistes et tous les partisans de l'intervention de l'État dans les relations entre le capital et le travail ont pu se rencontrer, se combattre à armes courtoises, et dégager ainsi les éléments sociologiques dont la combinaison, encore à opérer, formera l'indispensable synthèse des idées et des faits du prochain avenir social.

Chaque numéro (de 128 à 144 pages) de la *Revue socialiste* contient plusieurs articles sociologiques, philosophiques, littéraires, économiques, un *Bulletin*, une *Revue du mouvement social*, un article sur la *Question sociale devant les corps élus*, et une importante *Revue des Livres*.

TOURS, IMP. E. ARRAULT ET Cie, 6, RUE DE LA PRÉFECTURE.